权威·前沿·原创

皮书系列为
"十二五""十三五"国家重点图书出版规划项目

四川蓝皮书

BLUE BOOK OF SICHUAN

四川社会发展报告（2019）

ANNUAL REPORT ON SOCIAL DEVELOPMENT OF SICHUAN (2019)

乡村振兴与乡村治理

主　编／黄　进
副主编／刘　伟

图书在版编目(CIP)数据

四川社会发展报告.2019：乡村振兴与乡村治理/黄进主编.--北京：社会科学文献出版社，2019.5
（四川蓝皮书）
ISBN 978-7-5201-4774-3

Ⅰ.①四… Ⅱ.①黄… Ⅲ.①社会发展-研究报告-四川-2019 Ⅳ.①D677.1

中国版本图书馆 CIP 数据核字（2019）第 080660 号

四川蓝皮书
四川社会发展报告（2019）
——乡村振兴与乡村治理

主　　编／黄　进
副 主 编／刘　伟

出 版 人／谢寿光
责任编辑／王　展
文稿编辑／李惠惠

出　　版／社会科学文献出版社·皮书出版分社（010）59367127
　　　　　地址：北京市北三环中路甲29号院华龙大厦　邮编：100029
　　　　　网址：www.ssap.com.cn
发　　行／市场营销中心（010）59367081　59367083
印　　装／三河市东方印刷有限公司
规　　格／开本：787mm×1092mm　1/16
　　　　　印张：18　字数：269千字
版　　次／2019年5月第1版　2019年5月第1次印刷
书　　号／ISBN 978-7-5201-4774-3
定　　价／128.00元

本书如有印装质量问题，请与读者服务中心（010-59367028）联系

▲ 版权所有 翻印必究

四川蓝皮书编委会

主　任　李后强　向宝云

副主任　姚乐野

编　委（按姓氏拼音为序）

　　　　陈井安　陈　智　陈　映　柴剑峰　达　捷
　　　　范　毅　郭晓鸣　甘庭宇　侯水平　黄　进
　　　　李明泉　廖冲绪　李晟之　彭　剑　庞　淼
　　　　盛　毅　杨　钢　张立伟　张克俊　张鸣鸣

主要编撰者简介

黄 进 法学博士，研究员，现任四川省社会科学院社会学研究所所长、社会发展与公共政策研究中心主任、"社会治理"学科建设首席专家，兼任四川省社会学学会会长、四川省政府推进职能转变协调小组专家、四川省灾后恢复重建专家服务团成员，四川省有突出贡献的优秀专家、四川省先进工作者。主要从事社会政策和社会治理研究，近年来，主持国家社科基金课题2项，作为骨干参与国家社科基金课题3项，主持省部级课题12项。合作出版《新形势下农民工社会政策研究》《社会协商论》《重大危机应对》等学术专著4部，发表论文30余篇。国家社科基金课题成果曾被全国社科规划办《成果要报》采用。18项研究报告（含对策建议）获得省委省政府领导批示，其中6项被时任省委书记批示。获得省部级社会科学优秀成果一等奖1项，二等奖4项。

刘 伟 硕士，副研究员，研究兴趣为城乡基层治理、民族问题研究。近5年，主持国家社科基金课题1项，主研国家社科基金重点课题1项，主研国家社科基金一般项目3项，主持省部级科研项目3项（含成都市哲社规划项目1项），主持和主研各级各类横向课题若干。出版学术专著《四川城市流动劳动力的城市适应研究》。曾获中国社会学会2015年全国学术年会优秀论文一等奖，中国社会学会2018全国学术年会优秀论文二等奖，全国首届社科青年论坛优秀论文一等奖等荣誉。发表各级期刊论文十余篇，参与撰写的对策建议被省委常委以上领导正向批示7件。

摘 要

《四川社会发展报告（2019）：乡村振兴与乡村治理》是四川省社会科学院社会学研究所主持编撰的年度报告，四川省社会科学院、四川省民政厅的相关领导对本书的调研、基础资料供给和写作给予了大力指导和帮助。

本年度，报告聚焦乡村振兴与乡村治理。全书共包括2篇主报告和11篇分报告，由主报告、治理内容篇、治理能力篇、治理案例篇、附录五个篇章组成，力图全面、客观呈现四川省年度社会发展与社会治理，系统梳理、预测、研判四川省乡村治理正面临的时代挑战，并对四川省的乡村治理路径提出对策建议。本报告内容涉及农村社会组织、集体经济组织、乡村社会发展、乡村教育事业、民族地区的乡村治理、农村女性参与乡村治理等，力图从不角度呈现城乡四川乡村治理的不同面向。

本报告的研究方法依然坚持实证研究的基本取向，研究资料力图客观、全面、权威，能有效反映四川省的基本状况。在四川省各级民政部门的帮助下，本书作者先后在四川省成都市、简阳市、南充市、遂宁市、乐山市、眉山市、德阳市、绵阳市、宜宾市、攀枝花市、甘孜藏族自治州、阿坝藏族羌族自治州、凉山彝族自治州的典型乡村开展了深度田野调查与问卷调查，收集了大量宝贵的一手资料，能较为客观、权威地反映四川省乡村治理的全景全貌。

乡村治理是乡村振兴战略的重要方面，四川省乡村类型多元，既有超大城市周边现代乡村，也有老少边穷地区欠发达乡村；既有高原少数民族聚集村落、民族走廊地区的多元主体融合村落，又有浅丘平原地的汉族村落和秦巴深处的山地村落，还有总书记一直挂牵的大小凉山深度贫困村落。四川区域间的发展不平衡不充分矛盾十分突出,但这种多样性也可为我国乡村治理的不同发展路径贡献多样性的样本。

关键词: 四川省 乡村振兴 乡村治理

目 录

Ⅰ 主报告

B.1 2019年四川省社会发展形势分析与预测………… 黄 进 崔 玲 / 001
B.2 2019年四川乡村治理现状分析与对策
　　　　………………………… 冉敬军 黄 进 童浩男 刘 伟 / 038

Ⅱ 治理内容篇

B.3 四川乡村社会工作发展现状研究………………… 黄熹微 蒋晨曦 / 060
B.4 四川省农村社会组织发展报告…………………… 黄 进 程淑玲 / 077
B.5 四川农村集体经济组织发展报告………………… 金小琴 龙兴云 / 093
B.6 四川省乡村教育事业发展报告…………………… 杨华军 张祥荣 / 104

Ⅲ 治理能力篇

B.7 四川民族地区乡村移风易俗现状及对策报告
　　　——以四川乐山峨边彝族自治县为案例
　　　………………………… 四川省社会科学院社会学研究所课题组 / 116

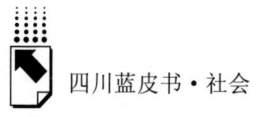

B.8 集体林权改革与社区治理体系
　　——以阿坝州理县为案例 ………………………… 程淑玲 / 143
B.9 非正式制度视角下乡村治理研究
　　——基于彭州宝山村经验做法 …………………… 胡　勇 / 156
B.10 四川农村女性参与乡村治理研究报告 ……… 刘宗英　李兴睿 / 172

Ⅳ　治理案例篇

B.11 多民族杂居区社会治理模式
　　——北川羌族自治县桃龙藏族乡实例 …………… 昝宝毅 / 197
B.12 四川乡村治理之行动研究案例
　　……………………… 王　楠　罗　丹　李　蓉　黎　鹏 / 212
B.13 乡村治理的有力支撑：攀枝花市农康产业融合发展
　　…………………… 四川省社会科学院社会学研究所课题组 / 237

Ⅴ　附　录

B.14 2018年四川省城乡社区治理大事记 ……………… 黎　鹏 / 253

后　记 ………………………………………………………………… 259

Abstract ……………………………………………………………… / 261
Contents ……………………………………………………………… / 263

主报告

General Reports

2019年四川省社会发展形势分析与预测

黄进 崔玲*

摘 要： 党的十八大以来，四川走过了不平凡的六年。2018年是汶川大地震十周年，包括灾后重建在内的社会建设取得了卓越成就。一是加强和改善社会治理，由"大政府、小社会"向"大政府、大社会"转变；二是进一步加大民生投入，优化公共服务，提高人民幸福生活指数，推进全面小康社会建成；三是快速推进九寨沟地震、芦山地震灾后重建工作，总结灾后重建的经验教训，提高应对自然灾害的能力；四是攻克精准扶贫"硬骨头"，精确瞄准现实需求，保障贫困人口稳定脱贫。四川省社会建设取得的成就，既是从中央到地方一系列保障和创新政策顺利实施的结果，也是政府、社会和民众

---

* 黄进，博士，四川省社会科学院社会学研究所所长、研究员，研究方向为社会政策和社会治理；崔玲，四川省社会科学院社会学硕士研究生，研究方向为社会治理。

良好互动的结果。脱贫攻坚和决胜全面建成小康社会时间紧、任务重,四川社会建设依然面临一些挑战和结构性矛盾,但是四川仍然拥有良好的发展机遇,完全有条件乘势而上,在社会建设方面再上新台阶。最后,本文从民生、就业、财政保障、社会治安、乡村振兴等角度提出四川社会发展的对策建议。

关键词: 四川　社会治理　社会发展

一　党的十八大以来四川省社会治理和社会建设成就

党的十八大以来的六年,是四川社会跨越式发展的六年,四川同时经受住严峻的考验。汶川大地震灾后重建完成不久,又相继发生了芦山地震(2013年)、九寨沟地震(2017年),灾后重建令四川历经苦难却又高速发展。连续六年,四川扎实推进以"就业促进、扶贫解困、民族地区帮扶、教育助学、社会保障、医疗卫生、百姓安居、民生基础设施、生态环境、文化体育"为主要内容的民生工程,每年投入上千亿元,公共服务水平和社会治理能力明显提升。

(一)社会治理结构创新

社会治理是社会管理创新的延续,其重心在基层,也就是社区治理。2018年四川省出台了《关于进一步加强和完善城乡社区治理的实施意见》,立足省情社情民情实际,努力转变社区管理方式,营造和谐社区。

1. "三治"并举,重点推进法治德治

四川省在基层治理层面注重自治、法治、德治"三治"融合,在自治基础上强化法治、德治。促进法治国家、法治政府、法治社会共同体建设,第一位是治"公"权。依据《四川省法治政府建设实施方案(2016—2020年)》,积极构建法治政府,以法治手段创新社会治理,立规矩、讲规矩、守规矩。省政府印发了《四川省行政执法公示规定》《四川省行政执法全过程记录规定》《四川省重大行政执法决定法制审核办法》三项制度，以公开、公正的新高度，将行政执法制度化、常态化。

为落实"法定职责必须为""法无授权不可为"等法治理念，四川省制定《2018年度省直部门依法治省工作考核方案》《2018年度市（州）依法治省工作考核方案》。从"实"方面，在依宪执政、优化营商环境、加强基层治理、"三大攻坚战"等重点领域不虚不空、实地查看，对市（州）考核单独规定，提高对禁毒防艾等地区重点工作考核权重。从"严"方面，既有年终考核也有日常暗访，不预设考核路线、地点，临时抽签决定检查点，约谈考核结果中排序后三位和退步最多的负责人。从"新"方面，对省直部门加增量化考核评价，对市（州）新设"深入推进宪法实施"等重点考核，对基层治理领域提出"推动政府治理和社会调节、居民自治良性互动"项目。

实施《四川省社会信用体系建设规划（2014—2020年）》，推进乡村优秀传统文化、家风文化、民风文化传承发扬，建立乡村德治体系。大多数村制定了村规民约，建立了民间调解组织、道德评议委员会等机构，依据村规民约，引导村民自我约束、自我监督。

2. 政务公开，聚焦探索智慧治理

借鉴推广"不见面审批"等典型经验和做法，创新网上办事服务方式，及时公开"互联网+政务服务"政策的落实情况及阶段性成果。围绕建设法治政府，推进政务公开。优化审批办事服务，提升实体政务大厅服务能力。2017年，全省各级行政机关承担政府信息公开日常工作的专门机构有2547个，具体从事政府信息公开工作人员12039人，其中专职人员2090人、兼职人员9949人。全省各级行政机关纳入财政预算的政府信息公开专项经费共2764.8万元，其中市（州）占93.85%，省本级占6.15%[①]。

第一，着力加强公开解读回应工作，围绕重点领域加大主动公开力度，

---

① 《2017年四川省政府信息公开工作年度报告》，四川省人民政府网站，2018年3月30日，http://www.sc.gov.cn/zcwj/t.aspx?i=20180330143627-217667-00-000。

实现公开信息可检索、可核查、可利用;围绕稳定市场预期,加强政策解读,落实信息发布的主体责任,履行好重大政策"第一解读人"职责,重点抓好防范化解重大风险、精准脱贫、污染防治三大攻坚战相关政策措施的解读工作;围绕社会重大关切加强舆情回应,准确把握社会情绪,讲清楚问题成因、解决方案和制约因素,更好引导社会预期。

第二,着力推进政务公开平台建设,落实《政府网站发展指引》,强化政府网站建设管理,充分发挥政务微博、微信、移动客户端灵活便捷的优势,整合各类政务热线电话,规范有序开展政府公报工作。

第三,贯彻落实政府信息公开条例,做好基层政务公开标准化规范化试点总结验收工作、政府信息公开审查工作,落实好主动公开基本目录制度和公共企事业单位信息公开制度。

3. 构建完善的社区治理体系

围绕"加强社区党建、突出政治引领,坚持政府主导、厘清权责边界,优化社区布局、深化居民自治,培育多元主体、增强社会协同"等四个方面的工作,构建基层社区组织架构。一是依据居民规模组建社区治理体系,原则上城市按2000~4000户、城镇按700~2000户、农村按300~1500户常住居民的规模设置一个社区。二是明确基层社区权责边界,制订县(市、区)职能部门、街道办事处(乡镇政府)在社区治理方面的权责清单;厘清街道办事处(乡镇政府)与社区居民委员会的权责边界。三是提升城乡社区治理水平,按照每百户居民30平方米的标准,配套建设城乡社区综合服务设施。到2020年,实现城市社区综合服务设施全覆盖,中心城区在15分钟基本公共服务圈建设多功能社区党群服务中心,农村社区综合服务设施覆盖率达到50%。2017年四川省共有社区服务机构和设施22608个,其中城镇社区服务机构和设施12029个,是2013年的4.09倍[①]。

---

① 《2017年四川省国民经济和社会发展统计公报》,四川省人民政府网站,2018年2月28日,http://www.sc.gov.cn/10462/10464/10797/2018/2/28/10445753.shtml。

（二）公共服务创新优化

党的十八大以来，四川省财政民生投入占一般公共预算支出比重稳定在65%左右。2017年民生支出达到5651.7亿元，规模创历史新高。其中，各级财政实际下达十项民生工程和20件民生实事预算1379.8亿元，为年初计划的119.2%；实际拨付资金1264.7亿元，为计划的109.3%。2018年实施十项民生工程及20件民生实事，各级财政共计划安排资金1017.94亿元。近年来，四川居民生活物价平稳，居民消费价格连续五年涨幅低于3%的调控目标，其中2014~2018年涨幅都在2%以下，且高低仅相差0.5个百分点，是改革开放以来四川物价运行最为平稳的时期之一。

1. 教育

教育是个体社会化的过程，也是一个国家发展水平和发展潜力的体现。习近平指出"教育兴则国家兴，教育强则国家强"。近年来，四川加大对教育事业的投入，2017年全省教育经费支出1414.0亿元；居民平均受教育年限逐步提高，达到8.56年；共有各级各类学校2.4万所，在校生1546.0万人，教职工107.8万人，其中专任教师88.8万人[1]。

在学前教育方面，按照《四川儿童发展纲要（2011—2020年）》《四川省中长期教育改革与发展规划纲要（2010—2020年）》，预计到2020年基本普及学前教育，学前三年毛入园率达到75%。为保障四川省学前教育从"公共福利"走向"公益普惠"，开展的主要工作如下。①从2011年开始，各地以县为单位，编制实施2017~2020年第三期学前教育行动计划，旨在基本解决"入园难""入园贵"问题，推动两孩政策落地，重点解决农村地区的学前教育发展问题。②四川省教育厅印发《四川省幼儿园办园行为督导评估实施办法》，以规范、落实幼儿园办园行为。③2012年以来，四川省教育厅根据教育部启动"全国学前教育宣传月"活动下达的通知，宣传科

---

[1] 《改革开放铸辉煌 社会事业谱新篇——改革开放40年四川经济社会发展成就系列报告之十》，四川省统计局网站，2018年9月12日，http://tjj.sc.gov.cn/tjxx/tjfx/qs/201809/t20180911_266850.html。

学的教育理念。近年来，学前教育蓬勃发展，师生规模有所扩大，2017年四川有幼儿园13243所、在园专任教师11.7万人，比2013年增加1.15万人，增长10.85%；在园儿童262.5万人，增长0.67%。学前三年毛入园率为82.14%，比2006年提高23.52个百分点，学龄儿童"入园难"的问题得到有效缓解。①

在义务教育方面，由基本普及逐步迈向优质均衡，主要举措有：①严格按照《四川省义务教育学校办学条件基本标准（试行）》，全面加强乡村小规模学校和乡镇寄宿制学校建设；②按照《中共四川省委 四川省人民政府关于全面深化新时代教师队伍建设改革的实施意见》和《四川省人民政府办公厅关于印发〈乡村教师支持计划实施办法（2015—2020年）〉的通知》要求，推进教师"县管校聘"，优先支持艰苦边远贫困地区，落实教师职称向乡村教师倾斜，将中小学教师到乡村学校、薄弱学校任教1年以上的经历作为申报高级专业技术职务和特级教师的必要条件。

2017年小学适龄儿童入学率为99.83%，九年义务教育巩固率为94.25%。全省有小学专任教师32.5万人，小学专任教师学历合格率为99.99%，小学生师比为16.98∶1。全省有初中专任教师20.13万人，初中专任教师学历合格率为99.97%，初中生师比为12.37∶1。2017年共有中、小学教师62.4万人，中小学师生比由1∶29提升到1∶15。

在高中教育阶段，2017年全省有普通高中754所，普通高中招生46.5万人，普通高中在校生141.3万人。全省有中等职业教育学校520所，中等职业教育学校招生39.6万人，中等职业教育学校在校生97.4万人。

高等教育为四川省经济发展提供了强有力的智力支持。2017年全省有普通高校102所、普通高等学校教师8.4万人、在校学生150.0万人，② 研究生培养单位37个、招生3.7万人、在校研究生10.2万人（见表1）。

---

① 《纲要规划定方向 儿童事业铸辉煌——改革开放40年四川经济社会发展成就系列报告之十四》，四川省统计局网站，2018年9月14日，http://tjj.sc.gov.cn/tjxx/tjfx/qs/201809/t20180914_267255.html。
② 四川省统计局：《四川省情》2018年第201期，第21页。

四川省先后对藏区落实"9+3"免费教育计划、对民族地区落实15年免费教育计划,民族地区基础教育质量和水平不断提高。①

其他类教育同步发展,拓宽了居民受教育渠道,教育的公平性、普惠性得到充分体现。2017年,全省有特殊教育学校127所,特殊教育招生2650人,在校生1.5万人。全省有成人本专科在校生30.8万人,网络本专科在校生48.4万人,接受各种非学历高等教育的注册学生60.1万人(含普通预科生、研究生课程进修班、其他进修及培训和开放教育学生),接受各种非学历中等教育的注册学生264.3万人次。

表1 2017年四川省教育事业基本情况

单位:所,万人

教育类型		学校	招生	在校生
义务教育	小学	5721	91.1	551.8
	初中	3722	87.1	249.1
	特殊教育	127	0.265	1.5
高中教育	普通高中	754	46.5	141.3
	中等职业教育	520	39.6	97.4
高等教育	普通本专科	58	46.1	150.0
	研究生	37	3.7	10.2

资料来源:《2017年四川省国民经济和社会发展统计公报》。

2. 医疗卫生

健康是促进人全面发展的必然要求,是经济社会发展的基础条件。实现国民健康长寿,是国家富强、民族振兴的重要标志,也是全国各族人民的共同愿望。《"健康中国2030"规划纲要》提出医疗卫生从"以治病为中心"向"以人民健康为中心"转变的新思路。四川省加大对医疗卫生经费的投入,保障医疗事业的发展。2017年,全省医疗卫生与计划生育财政支出863.3亿元。近几年,四川主要围绕基本医疗卫生服务可及性、构建多元化

① 四川省统计局:《四川省情》2018年第201期,第9页。

多层次全民医保体系、提升医疗卫生质量、将大健康理念融入社会政策等目标开展工作，取得的主要成就如下。

第一，医疗资源日益丰富，医疗卫生保障水平不断提高。2017年四川省有医疗卫生机构80480家，其中医院2218家，基层医疗卫生机构77496家，医疗卫生机构床位56.3万张；卫生技术人员53.1万人，其中执业医师16.3万人，执业助理医师3.3万人，注册护士22.9万人；妇幼保健机构202家，执业医师和执业助理医师0.7万人，注册护士1万人；乡镇卫生院4466家，执业医师和执业助理医师3.3万人，注册护士2.9万人。①

第二，看病难、看病贵问题得到缓解。民营医院、网络就医等"互联网+医疗"的快速发展，不断满足人们日趋多元化、多层次的就医需求。分级诊疗制度建立，就医秩序逐步规范，医疗资源和医疗力量逐步实现"双下沉"，基本实现了大医院"减量"、基层医疗机构"守门"。2017年四川省、市级大型医疗机构门（急）诊疗量增速明显低于前三年平均增速，社区、农村卫生事业快速发展，"看病难"问题得到缓解，职工医保政策范围内住院报销比例超过8成，个人医疗费用负担大幅下降；因县级公立医院取消药品加成，2017年门诊病人次均节约药费8.98元，出院病人次均节约药费248.02元，"看病贵"问题得到缓解。②

第三，居民健康水平大幅提升。全省传染病发病率得到有效控制，孕产妇、婴儿死亡率大幅降低。2017年，全省39种法定传染病，发病率为每十万人353.33例，连续五年低于全国平均水平；婴儿死亡率为5.6‰，较2013年下降3.5个千分点；孕产妇死亡率为每十万人18.6例，5岁以下儿童死亡率为7.62‰。居民健康意识大幅增强，全省参加健康体检的居民累计1546万人次，健康体检的覆盖范围逐步扩大，早诊早治率进一步提高。

---

① 《改革开放铸辉煌　社会事业谱新篇——改革开放40年四川经济社会发展成就系列报告之十》，四川省统计局网站，2018年9月11日，http：//tjj.sc.gov.cn/tjxx/tjfx/qs/201809/t20180911_266850.html。
② 《2017年四川省卫生和计划生育事业发展统计公报》，"四川卫生计生"搜狐号，2018年4月28日，http：//www.sohu.com/a/229803536_355522。

平均预期寿命提高至 76.38 岁，较 2013 年增加了 0.73 岁。

3. 就业

就业是民生之本，更是社会经济发展的驱动力和优先目标。在工业化社会中，失业就意味着失去基本生活来源。四川以法律保障就业，2018 年 1 月 1 日起开始实施《四川省就业创业促进条例》。最近几年，四川在就业方面取得了如下成绩。

第一，就业总量比 2013 年增加 54.7 万人，四川省就业人员从 2013 年的 4817.3 万人增加到 2017 年的 4872 万人，平均每年增加 10.94 万人。第二，城乡就业结构进一步优化。全省城镇就业人员 1642 万人，乡村就业人员 3230 万人，城乡就业人员比为 33.7∶66.3。第三，第二、第三产业就业吸纳能力由弱转强。三次产业就业比为 36.8∶27.0∶36.2。其中第一产业就业人员为 1793 万人，第二产业就业人员为 1315 万人，第三产业就业人员为 1764 万人。第四，劳动者工资水平逐年提升，城乡差距微减。2017 年城镇全部单位就业人员平均工资为 58671 元，其中 2017 城镇居民人均可支配收入为 30727 元，农村居民人均可支配收入为 12227 元，城乡收入差距由 2013 年的 2.83 倍减小到 2.51 倍。第五，城镇登记失业率逐步减小。2017 年城镇登记失业率为 4.01%。第六，居民消费水平逐步提高。人民生活由解决温饱向追求美好生活迈进。2017 年，全省城镇居民人均消费性支出 21991 元，农村居民人均消费性支出 11397 元，城乡居民恩格尔系数分别为 33.3% 和 37.2%①。

4. 社会保障

社会保障是社会的风险分散机制，也是通过再分配来确保社会公平的重要机制。2017 年四川省社会保险基金征缴总收入达到 3613.4 亿元，年末全省离退休人员总数为 831.5 万人。②

第一，在社会保险方面。2017 年四川省社会保障体系逐步建立，各类

---

① 《2017 年四川省人力资源和社会保障事业发展统计公报》，http://www.sc.hrss.gov.cn/zwgk/zfxxgongkai/ghcwtj/rstj/201808/t20180816_77112.html。
② 《2017 年四川省人力资源和社会保障事业发展统计公报》，《四川日报》2018 年 8 月 10 日。

保险覆盖人群不断扩大。截至2017年末，全省参加城乡基本养老保险的总人数已达5410万人，其中参加城乡居民社会养老保险参保人数为3074.9万人，参加城镇职工养老保险人数为2335.1万人。连续第13年调整企业退休人员基本养老金，惠及约685万名企业退休人员。2017年四川省参加失业保险人数为776.7万人，参加工伤保险人数为876.0万人，参加生育保险人数为776.3万人，参加城镇基本医疗保险人数已达8173.4万人（见表2）。①居民基本养老、社保基金规模稳步扩大，连续提高企业退休人员养老金水平，提高失业保险金标准，2018年居民基础养老金标准提高到每人每月95元。

表2 2012~2016年年四川与全国社会保险参保情况

单位：万人，万人次

类型		2012年		2013年		2014年		2015年		2016年		2017年	
		全国	四川	全国	四川	全国	四川	全国	四川	全国	四川	全国	四川
生育保险	参保人数	15429	654	16392	689	17039	730	17771	670	18451	713	19300	776.3
	享受待遇人次	353	12	522	18	613	22	642	25	914	32	1113	34.3
工伤保险	参保人数	19010	689	19917	690	20639	710	21432	753	21889	799	22724	876
	享受工伤保险人数	191	8	195	8	198	9	202	8	196	8	193	7.7
失业保险	参保人数	15225	585	16417	613	17043	636	17326	661	18089	702	18784	776.7
	领取失业保险金人数	204	25	197	24	207	30	227	33	230	30	220	39.8
城镇基本医疗保险	享受职工基本医疗保险人数	26486	1241	27443	1282	28296	1329	28893	1379	29532	1441	30323	1531.3
	享受城镇居民基本医疗保险人数	27156	1143	29629	1204	31451	1247	37689	1272	44860	3616	87359	6642.1

---

① 《2017年四川省人力资源和社会保障事业发展统计公报》《2013年四川省人力资源和社会保障事业发展统计公报》。

续表

类型		2012年		2013年		2014年		2015年		2016年		2017年	
		全国	四川	全国	四川	全国	四川	全国	四川	全国	四川	全国	四川
基本养老保险	享受城镇职工基本养老保险人数	30427	1615	32218	1720	34124	1840	35361	1939	37930	2158	40293	2335.1
	享受城乡居民基本养老保险人数	48370	2828	49750	3002	50107	3014	50472	3020	50847	3052	51255	3074.9

资料来源：根据《中国劳动统计年鉴2017年》整理得到。

第二，在社会救助方面。在城乡低保方面，2017年纳入城市低保人员118.9万人，农村低保人数367.9万人，城乡低保资金116.1亿元。城乡居民最低生活保障标准均大幅度提高，2017年城市居民最低生活保障标准为460元/月，农村居民最低生活保障标准为275元/月。在农村五保及城市特困人员方面，符合条件的城乡特困人员共有51.5万人，已全部纳入救助供养范围，其中集中供养五保人数为17.4万人，集中供养率为33.8%。在医疗救助及社会救济方面，救助规模日益扩大，兜底能力明显增强。2017年医疗救助补助208.6万人次，生活不能自理特困人员集中供养率达33.0%。① 享受国家抚恤补助的优抚对象人数为85.1万人；优抚对象年均抚恤水平为每人每年7486.6元。残疾儿童康复救助工作成效明显。2017年末，全省共有开展残疾儿童康复活动的残疾人康复中心599家，接受康复训练和服务的0~6岁残疾儿童达12021人。进一步提高困难残疾人基本生活保障水平，困难残疾人生活补贴标准由每月60元提高到70元，为84万名重度残疾人发放护理补贴。

第三，在社会服务方面。支持建成保障性住房34.7万套，开工改造危旧房棚户区25.3万套，完成农村危房改造24.4万户。着力改善群众住房条件，2017年末，城镇居民人均住房建筑面积达到40.9平方米，农村

---

① 四川省统计局：《四川省情》2018年第201期，第21页。

居民人均住房建筑面积达到48.6平方米。健康养老服务模式创新发展。"互联网+健康"向纵深推进，群众健康养老等有了更多、更优质选择，养老服务和保障水平逐步提高。2017年末，有15家医疗机构开展互联网医疗试点，全省建成养老机构达3270家，其中，医养结合机构1113家，医养结合机构总床位数达3.5万张，接受医养结合机构服务老人达27.2万人；注册家庭医生10334名，接受家庭医生签约式服务的老人达253.5万人次。

5. 人居环境

2017年四川省发布《四川省环境保护条例》《四川省散装水泥管理条例》《四川省农村公路条例》《关于修改〈四川省农村能源条例〉的决定》，并实施技术改造与淘汰落后产能资金支持工业节能节水工程建设项目、绿色低碳发展示范项目合计33个，其中节能项目11个、资源综合利用项目6个、循环经济发展项目4个、节能环保技术产品产业化项目2个、清洁生产示范项目3个、其他绿色低碳发展示范项目7个。

2017年，四川省安排环保专项资金12.6亿元，完成4台240万千瓦燃煤火电机组超低排放改造；清理整治"散污乱"企业3万多家；淘汰燃煤锅炉2200余台；出台挥发性有机物（VOCs）地方排放标准，列出首批100家挥发性有机物（VOCs）重点企业实施综合整治；淘汰黄标车、老旧车20余万辆；确定1764家四川省土壤污染重点监管企业名单，完成40个省级土壤污染防治项目入库工作；完成1979个建制村环境综合整治任务；完成全省地级及以上集中式饮用水水源地120个环境问题的整改。

生态保护和监管不断强化，退耕还林还草取得显著成效，森林覆盖率不断提高，生态环境持续改善。2017年末，全省森林面积为18.40万平方千米，森林覆盖率达38.03%，高于全国平均水平16.37个百分点；拥有自然保护区123个、湿地公园43个、地质公园30个；水资源总量2220.5亿立方米，地表水劣Ⅴ类水体比例下降至2.3%。2017年，四川省累计建成自然保护区167个，面积8.3万平方千米，占全省土地面积的17.1%。

2017年末,有国家级生态县(市、区)15个、省级生态县(市、区)51个、国家级环保模范城市2个、省级环保模范城市34个、国家生态文明建设示范县1个。

环境保护取得显著成效,城市环境质量基本稳定,城市荣誉品牌逐渐增多。2017年末,四川省共有14个国家园林城市、11个省级园林城市、10个国家级森林城市和9个国家级生态城市,建成区绿化覆盖率为37.9%,人均公园绿地面积达11.94平方米。雾霾综合防治成效显著,城市空气质量改善明显,可吸入颗粒物(PM10)年均浓度自2013年以来逐步下降,由85微克/立方米降至2017年的67.7微克/立方米。2017年四川省城市用气人口为2258.47万人,乡镇用气人口为697.3万人,是2006年的3倍。① 城市生活垃圾无害化处理率达94.7%,较2005年提高43.5个百分点;城市污水处理率达88.6%,较2005年提高45.9个百分点;农村卫生厕所普及率达83.4%,较2013年提高12.4个百分点。

6. 健身运动

全民健身是国家战略、民心举措,四川省人民政府印发了《四川省全民健身实施计划(2016—2020年)》,提出"将体育文化融入体育健身的全周期和全过程,以举办体育赛事活动为抓手,大力宣传运动项目文化,弘扬奥林匹克精神和中华体育精神,挖掘传承传统体育文化,发挥区域特色文化遗产的作用"。"2018中国·成都(彭州)生态运动季暨龙门山国际户外生态三项赛"是成都绿道首次举办的国际比赛,其将生态旅游与体育结合,旨在提高全民健康素养。2017年四川省健儿在第13届全运会上取得优异成绩。2018年四川举办了成都市第五届全民健身运动会、四川省第13届运动会、四川省第15届少数民族传统体育运动会、第9届全国残疾人运动会和四川省第9届老年人运动会,激起全民的健身热情。截至2017年,四川有国家级青少年体育俱乐部265个,较2013年增加22个;共建设全民健身路径20866条,是2013年的2.95倍;新

---

① 四川省统计局:《四川省情》2018年第201期,第21页。

建农民体育健身场所2050处,最受农村百姓欢迎的农民体育健身工程将覆盖全部行政村。①

(三)灾后重建快速推进

安居乐业是灾区人民最大的生活期望,这包括灾区社会经济的重建与灾民生产生活的恢复。四川省地质构造复杂、海拔高差大,湖泊、堰塘、山地、丘陵、平原、高原次第分布,容易引发自然灾害。2017年四川省受灾人口占全国的3.9%,直接经济损失达到77.5亿元(见表3)。2018年,四川省治理60处地质灾害隐患点,搬迁安置农户0.6万户。在总结汶川大地震经验教训的基础上,2012年四川省人大常委会修订了《四川省防震减灾条例》,该条例更加切合四川的实际,为芦山地震和九寨沟地震的灾后重建提供了法律支持。

表3 2017年全国和四川受灾情况

地区	人口受灾情况				农作物受灾情况			房屋倒损情况			直接经济损失(亿元)
	受灾人口(万人次)	死亡人口(人)	失踪人口(人)	紧急转移安置人口(万人次)	受灾面积(千公顷)	成灾面积(千公顷)	绝收面积(千公顷)	倒塌房屋(万间)	严重损坏房屋(万间)	一般损坏房屋(万间)	
全国	18911.7	1432	274	910.1	26220.7	13670.3	2902.2	52.1	77.8	256.2	5032.91
四川	741.7	68	14	10.9	410.6	242.1	60.9	0.8	2	10.2	77.5

资料来源:《2017年中国民政统计年鉴》。

1. 芦山地震灾后重建全面完成

2013年4月20日8时02分,四川省雅安市芦山县发生7.0级强烈地震,21个县(市、区)受灾,196人死亡,21人失踪,11470人受伤,受灾人口达到152万,受灾面积达12500平方千米。2013年7月,国务院

---

① 《〈四川省人民政府关于印发四川省全民健身实施计划(2016—2020年)的通知〉解读一》,四川省人民政府网站,2016年11月30日,http://www.sc.gov.cn/10462/10464/13298/13301/2016/11/30/10405881.shtml。

发布《芦山地震灾后恢复重建总体规划》，明确用三年时间完成恢复重建任务，确保灾区生产生活条件和经济社会发展得以恢复并超过震前水平。截至2016年12月，芦山地震灾后恢复重建各级各类医疗卫生计生项目共计166个，建筑总面积79.03万平方米，总投资23.96亿元。其中，极重灾区和重灾区项目131个，建筑面积63.64万平方米，规划投资21.73亿元；一般灾区项目35个，建筑面积15.39万平方米，投资2.23亿元[1]，圆满完成三年重建任务。

2. 九寨沟地震灾后重建稳步推进

2017年11月，四川省人民政府印发了《"8·8"九寨沟地震灾后恢复重建总体规划》，明确提出力争用三年时间基本完成灾后恢复重建任务，确定九寨沟灾后恢复重建项目222个、总投资118亿元。2017年12月，中共四川省委发布《关于推进九寨沟地震灾区科学重建绿色发展，加快建设美丽新九寨的决定》，提出充分运用芦山地震灾后恢复重建的成功经验，注重恢复重建与生态环境保护、旅游产业提档升级、脱贫攻坚和全面建成小康社会、民族文化传承、提升基础设施和公共服务水平相结合，突出生态环境修复保护、地质灾害防治、景区恢复提升和产业发展、基础设施和公共服务重建、城乡住房恢复重建等重点，推进科学重建、绿色重建、人文重建、阳光重建，探索世界自然遗产抢救修复、恢复保护、发展提升的新模式。[2] 此外，四川省人民政府还发布了《关于支持"8·8"九寨沟地震灾后恢复重建政策措施的意见》，明确四川省财政统筹中央和省级相关资金给予州县包干补助，支持建立大九寨文化旅游产业振兴基金。

九寨沟灾后重建工作的做法与成效如下。第一，加强次生灾害防治工作，对震后地质灾害的危险性进行评估，实现震后一年重大自然灾害零伤

---

[1] 《芦山地震灾后恢复重建项目实施情况》，四川省卫生健康委员会网站，2016年12月2日，http://www.scwst.gov.cn/xx/zdgzgk/zdjsxm/201612/t20161202_12803.html。
[2] 《中共四川省委关于推进九寨沟地震灾区科学重建绿色发展加快建设美丽新九寨的决定》，《四川日报》2017年12月16日。

亡。第二，加快景区恢复提升与产业发展，建设世界自然遗产地旅游大数据中心。第三，恢复重建城乡基础设施与公共服务，统筹推进过渡安置，完成14809户农村居民住房与3503户城镇居民住房维修加固，193户农村居民住房与201户城镇居民住房重建。第四，加强生态环境修复保护工作，生态环境恢复保护项目共有13个，估算总投资3.07亿元，截至2018年11月13日，累计开工13个，已完成累计投资0.94亿元，占年度投资任务的66%（见表4）；对震损林草湿地进行修复，截至2018年8月，治理水土流失面积18平方千米。第五，整合灾后重建与脱贫攻坚资源，联动推进基础设施建设、就业保稳、绿色旅游产业发展、人才培养。第六，灾后重建与乡村振兴联动发展，三个飞地工业园区在四川绵竹，浙江嘉善县、平湖市落地开建。

表4　以九寨沟县为实施主体的灾后恢复重建项目进展情况

项目名称	项目总数（个）	估算总投资（亿元）	累计开工项目（个）	开工率（%）	累计完工项目（个）	完成累计投资（亿元）	已完成年度投资任务（%）
生态环境恢复保护	13	3.07	13	100.0	—	0.94	66
地质灾害防治及治理	13	5.32	13	100.0	3	3.05	122
公共服务及城乡建设	70	14.89	68	97.1	26	5.05	55.5
交通基础设施	3	1.58	3	100.0	1	0.34	49.3
全域旅游和文化产业	12	3.62	12	100.0	4	0.77	43.3
农业农村	3	0.92	3	100.0	—	0.27	44
合计	114	29.4	112	—	34	10.42	64.6

资料来源：根据《"8·8"九寨沟7.0级地震灾后恢复重建一周年大事记》整理，截至2018年11月13日。

（四）精准扶贫精准落地

四川省的贫困人口大多分布在盆周山区、地震灾区、川西北高原和大小凉山地区，扶贫对象规模大，贫困程度深，制约发展的因素多。四川各地高度重视精准扶贫工作，确保扶贫政策精准落地。

1. 政策措施

四川省以切实解决贫困问题为工作导向,努力将扶贫投入与社会建设和社会治理相结合,因地制宜处理政府、市场、社会和贫困户的关系,先后制定了《中共四川省委关于集中力量打赢扶贫开发攻坚战 确保同步全面建成小康社会的决定》《四川省农村扶贫开发纲要(2011—2020年)》《四川省农村扶贫开发条例》《贯彻〈关于创新机制扎实推进农村扶贫开发工作的意见〉实施方案》《四川省深度贫困地区教育脱贫攻坚实施方案(2018—2020年)》《四川省关于贯彻落实"十三五"促进民族地区和人口较少民族发展规划的实施意见》《四川省"农村土坯房改造行动"实施方案》等政策。截至2017年底,四川尚有未脱贫家庭户51.6万户、未脱贫人口171万人,脱贫攻坚的任务仍然艰巨。2018年,四川省各级财政投入22个扶贫专项的资金达到765亿元。

2. 深度贫困地区的反贫困

深度贫困是四川省脱贫攻坚的重中之重。国家认定的深度贫困地区(三区三州)①就覆盖了四川省主要的少数民族地区,凉山彝族自治州、甘孜藏族自治州、阿坝藏族羌族自治州属于深度贫困地区,深度贫困县占了四川贫困县的大部分(见表5)。四川省出台《深度贫困县脱贫攻坚专项2018年实施方案》,确定了藏区彝区45个贫困县(甘孜州18个县、阿坝州13个县、凉山州11个县、乐山市4个县)、2126个深度贫困村、73.9万建档立卡贫困人口,作为深度贫困地区脱贫攻坚重点对象。

针对凉山彝族地区贫困发生率高、脱贫任务艰巨的现实情况,四川出台了《关于精准施策综合帮扶凉山州全面打赢脱贫攻坚战的意见》和《凉山州脱贫攻坚综合帮扶工作队选派管理实施方案》,从12个方面采取34条政策措施精准支持凉山脱贫攻坚,共选派5700多名干部组成综合帮扶工作队,分赴凉山州11个深度贫困县开展为期三年的脱贫攻坚和综合帮扶工作。

---

① 国家层面将"三区三州",即西藏、四省(青海、四川、甘肃、云南)藏区、南疆四地州(和田地区、阿克苏地区、喀什地区、克孜勒苏柯尔克孜自治州)以及四川凉山州、云南怒江州、甘肃临夏州,确定为深度贫困地区。

表5　2018年四川省贫困县名单

地区	市(州)	个数				县(区/市)名单
		总数	民族地区	国定	省定	
秦巴山区 34(1)	广元市	7	0	6	1	朝天区、青川县、昭化区、苍溪县、旺苍县、剑阁县(利州区)
	巴中市	5	0	4	1	巴州区、南江县、通江县、平昌县(恩阳区)
	达州市	7	0	2	5	宣汉县、万源市(通川区、达川区、大竹县、开江县、渠县)
	广安市	6	0	1	5	广安区(前锋区、华蓥市、岳池县、武胜县、邻水县)
	南充市	7	0	4	3	南部县、嘉陵区、仪陇县、阆中市(蓬安县、高坪区、营山县)
乌蒙山区 9(3)	绵阳市	2	1	2	0	北川县、平武县
	泸州市	3	0	2	1	叙永县、古蔺县(合江县)
	宜宾市	5	0	1	4	屏山县(高县、筠连县、珙县、兴文县)
大小凉山 彝区 14(13)	乐山市	4	2	2	2	沐川县
						马边县(金口河区、峨边县)
	凉山州	11	11	11	0	雷波县、甘洛县、盐源县、木里县、普格县、美姑县、布拖县、昭觉县、金阳县、喜德县、越西县
高原藏区 31(31)	阿坝州	13	13	13	0	理县、茂县、马尔康市、汶川县、九寨沟县、小金县、金川县、若尔盖县、松潘县、红原县、黑水县、阿坝县、壤塘县
	甘孜州	18	18	18	0	泸定县、康定市、稻城县、九龙县、乡城县、丹巴县、色达县、石渠县、理塘县、德格县、甘孜县、新龙县、雅江县、炉霍县、得荣县、道孚县、巴塘县、白玉县
合计		88	45	66	22	

注：县（市、区）名单中，括号内为省级贫困县（简称省定），非括号内的为国家级贫困县（简称国定）。片区外含有脱贫任务的县和非国定非省定的县没有纳入。

资料来源：根据四川省扶贫和移民工作局公开数据和《中国民族统计年鉴2017年》整理。

3. 脱贫成效

尽管贫困人口规模大、贫困程度深，但是四川省脱贫攻坚任务仍然稳步推进，逐步取得新突破。2018年，大力推进22个专项，实现104万贫困人口脱贫、3513个贫困村退出，30个计划摘帽贫困县达到验收标准，贫困发生率降至1.1%。针对"一方水土养不起一方人"的情况，易地扶贫搬迁建成住房15.5万套，涉及建档立卡贫困户55.1万人，搬迁入住52.1万人；预计2019年，再实现50万贫困人口脱贫、1482个贫困村退出、31个贫困县摘帽，藏区贫困县全部摘帽。[①]

四川脱贫攻坚在"六个结合"方面具有特色。一是当前脱贫与长期脱贫和代际脱贫相结合，治贫先治愚，扶贫先扶智，通过发展教育脱贫一批，解决了77万贫困学生的就学问题。二是扶持政策与贫困人口的自我脱贫相结合，形成贫困户持续性生产能力，培养贫困群体自我"造血"功能。转移就业贫困劳动力85.2万人，其中开发公益性岗位安置特困劳动力8.3万人。三是农业帮扶与非农业帮扶相结合，首先引进现代化农业提高农业收入；其次加大土地流转等资产收益试点，努力增加财产性收入，通过金融扶贫帮助贫困户拓宽非农收入渠道，形成增收多元格局。四是政策与市场预期相结合，为农村生产能力实现其价值积极提供市场机会，增派高校、医院、国企等帮扶力量，深化专业扶贫、行业扶贫、社会扶贫，鼓励发达地区与贫困县开展跨区域经济合作，为贫困户建立农畜产品产销一体化链条。五是扶贫与生态文明相结合，做好扶贫与生态环境的互动。六是由救济式扶贫转向生产与生活扶贫相结合。

二 2018年四川省社会发展总体形势

2018年是改革开放40周年，也是四川决胜全面小康、建设经济强省、实施"十三五"规划承上启下的关键一年。四川始终专注发展，统筹做好稳增长、促改革、调结构、惠民生、防风险工作。全省地区生产总值超过4万亿元（增长8%），全社会固定资产投资增长10.2%，社会消费品零

---

① 《2019年四川省政府工作报告》，四川省人民政府网站，2019年1月22日，http://www.sc.gov.cn/10462/10464/10797/2019/1/22/32a9f0ffc9f84488864089511c9189cd.shtml。

售总额增长11%，城乡居民人均可支配收入分别增长8.1%和9.0%，居民消费价格上涨1.7%，地方一般公共预算收入增长9.3%。① 保民生方面支出6326.6亿元，占一般公共预算支出的比例为65.1%，比2017年提高0.1个百分点。②

（一）居民收入和消费水平较快增长，生活水平继续提升

2018年，四川常住人口达到8341万，其中，城镇人口4361.5万人，占比为52.29%；乡村人口3979.5万人，占比为47.71%；2018年四川省常住人口城镇化率为52.29%，比2017年提高1.5个百分点。③

2018年四川省城镇居民人均可支配收入为33216元，同比增长8.1%，其中工资性收入占比较高，为55.79%，同比增加7.1个百分点；转移净收入增长较快，同比增长11.1%。农村居民人均可支配收入为13331元，同比增长9.0%，其中工资性收入占比较高，为32.34%，同比增加7.3个百分点；财产净收入为人均379元，同比增长17.7%，增速最快；转移净收入为人均3524元，同比增长14.9%，增速较快。说明政府对城乡低保、五保等贫困人口，尤其是农村贫困人口的保障力度有所加大。

2018年四川省实现社会消费品零售总额18254.54亿元，同比增长11%。其中城镇消费品零售额14390.13亿元，同比增长10.7%；乡村消费品零售额3864.41亿元，同比增长12.5%。

四川城镇居民恩格尔系数由2017年的33.3%降至2018年的31.8%，下降1.5个百分点；农村居民恩格尔系数由2017年的37.16%

---

① 《2019年四川省政府工作报告》，四川省人民政府网站，2019年1月22日，http：// www.sc.gov.cn/10462/10464/10797/2019/1/22/32a9f0ffc9f84488864089511c9189cd.shtml。
② 《关于四川省2018年预算执行情况和2019年预算草案的报告》，四川省人民政府网站，2019年1月29日，http：//www.sc.gov.cn/10462/10464/10797/2019/1/29/24b7fc7ab7024d 5aac4c8ef3f838930.shtml。
③ 《四川常住人口实现8年连续增长》，四川省统计局网站，2019年2月12日，http：// tjj.sc.gov.cn/tjxx_171/qs/201902/t20190211_275588.html。

下降至2018年的35.20%，下降1.96个百分点，四川居民生活消费水平稳步提高。①

（二）生产总值平稳增长，物价水平控制较好

四川省经济平稳增长，第三产业增长较快。2018年四川省生产总值达40678.13亿元，增速为8.0%，高于预期目标0.5个百分点。总体来看，四川省经济总量继续位居全国第六、西部第一，延续总体平稳、稳中有进的良好运行态势。分产业来看，第一产业实现增加值4426.66亿元，同比增长3.6%；第二产业实现增加值15322.72亿元，同比增长7.5%；第三产业实现增加值20928.75亿元，同比增长9.4%。第三产业贡献率最高，为53.5%；其次为第二产业，贡献率为41.4%。工业方面，2018年四川省规模以上工业增加值同比增长8.3%。2018年四川省地方一般公共预算收入完成3910.9亿元，增长9.3%，高于预期目标1.8个百分点。2018年四川进出口总额5947.9亿元，增长29.2%，高于全国19.5个百分点。

投资方面，2018年四川省全社会固定资产投资28065.26亿元，同比增长10.2%，高于预期目标0.2个百分点。2018年四川省基础设施对投资增长的贡献率达50%左右。2018年民间投资增长10.2%，同比提高2.4个百分点。

消费方面，旅游业及旅游景区建设提质增效，全年旅游总收入超过1万亿元。网络消费、体验消费、智能消费等新业态新模式快速发展，"双十一"期间全省网络零售额位居全国第六、中西部第一。

物价方面，2018年四川省社会消费品零售总额达18254.5亿元，增长11.1%，高于预期目标1.1个百分点。2018年四川省居民消费价格指数（CPI）比上年上涨1.7%，其中教育文化和娱乐类上涨1.5%，医疗保健类上涨2.8%，居住类上涨2.6%，农业生产资料价格比上年上涨1.8%。工业

---

① 《2018年四川居民人均可支配收入2万多元》，四川省人民政府网站，2019年1月22日，http://www.sc.gov.cn/10462/10464/10797/2019/1/22/63a9380d0b1a4e69824b410002478aec.shtml。

生产者出厂价格（PPI）比上年上涨3.6%，其中生产资料价格上涨4.6%，生活资料价格上涨1.1%；工业生产者购进价格（IPI）比上年上涨5.3%①。

（三）人力资源供求总体匹配，就业形势相对稳定

主要民生就业指标实现"双超"。2018年，全省城镇新增就业107.1万人，完成全年目标任务的125.99%，同比增加0.2万人，增幅为0.24%；失业人员再就业31.6万人，完成全年目标任务的143.46%，同比增加4.0万人，增幅为14.41%；就业困难人员就业11.2万人，完成全年目标任务的185.82%，同比增加2.6万人，增幅为29.02%。城镇新增就业继2015～2017年连续三年突破百万人大关后，实现四破百万人大关并再创新高，创造了就业主要指标超进度、超计划额（"双超"）完成目标任务的好形势。出台农民工服务保障16条措施和促进返乡创业22条措施，特别是"返乡人员创业计划"10万元无息创业贷款政策，近两年扶持10万余名返乡农民工回川创业。城镇失业率保持较低水平。2018年四川省城镇登记失业率为3.47%，较上年下降0.54个百分点，环比下降0.07个百分点。2018年全省人力资源市场供求数据显示，全省人力资源市场提供岗位288.0万个，增加37.8万个，增幅为15.10%；进场求职人数237.4万人，增加11.2万人，增幅为4.96%，岗位需求数均高于求职者人数。据人社部门统计，截至2018年12月底，在实名登记的6.17万名2018年离校未就业高校毕业生中，已就业和应征入伍、升学、出国的占比为98.18%，其中已就业的占比为94.13%。累计引进1008名高端人才、92个团队到四川创新创业。近5年，四川省留学回国人员数每年以30%以上速度递增，2017年四川科技创新创业者突破20万人，科技对经济增长的贡献率提升到54%。四川实施"大学生创业引领计划"，405个大学生创业项目获得投资金额总数达8.25亿元。

---

① 《物价（上年同期=100）（2018年12月）》，四川省统计局网站，http://tjj.sc.gov.cn/html/2018/1692/12.html，最后访问时间：2019年4月12日。

（四）探索医药卫生体制改革，国民营养计划稳步推进

2018年四川省开展城乡居民健康档案管理、健康教育、慢性病管理等14类基本公共卫生服务，城乡居民健康档案电子建档率达到93%；为城乡符合生育政策的计划怀孕夫妇免费提供孕前优生健康检查；完成食品抽检2.13万批次、药品抽验1.51万批次；建设3个职业健康示范园区、10户示范企业。

出台了《四川省深化医药卫生体制改革规划（2017—2020年）》，该规划对完善四川医药卫生相关制度、提高医疗服务能力和推进医疗改革有重要的指导意义和现实意义，重点涉及以下几方面的工作。

第一，推进全民预防保健，将人均基本公共卫生服务经费财政补助标准提高到55元，新增经费主要用于基本公共服务项目提质扩面。

第二，完善分级诊疗制度，开展"优质服务基层行"活动，完善基层医疗卫生机构管理体制机制，提升基层医疗卫生机构"健康守门"的能力；做实做细家庭医生签约服务工作，开展上级医疗机构赋予家庭医生团队诊疗预约权试点，优先做好老年人、儿童、孕产妇、贫困人群、残疾人、健康特殊家庭以及慢性病患者等重点人群签约服务，推进电子化签约；完善不同级别医疗机构差别化医疗服务价格、医保支付政策，合理确定医保报销比例。

第三，开展现代医院管理制度建设试点，四川省卫生健康委和中医药局直属医疗机构、各市（州）20%的二级以上公立医院、10%的社会办非营利性医院开展制定章程试点工作；探索建立公立医院"以事定费、购买服务、专项补助"的财政投入方式；推进军队医院参与驻地城市公立医院综合改革，并纳入区域卫生规划和分级诊疗体系。

第四，深化医保制度改革，提高基本医保和大病保险保障水平，城乡居民基本医保人均财政补助标准增加40元，一半用于大病保险；个人缴费标准同步提高，城乡居民基本医保政策范围内住院费用报销比例达75%左右；重点推行按病种付费改革，逐步将日间手术和符合条件的中西

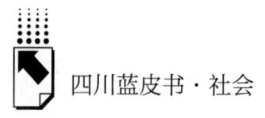

医病种门诊治疗纳入按病种收付费范围；探索建立长期护理保险制度；切实解决农民工和"双创"人员跨省异地住院费用结算问题；探索通过政府购买服务方式，引导社会力量发展商业健康保险。

第五，实施全民健康保障工程规划建设，确保50%的50万人口以上的县（市、区）疾控中心达到二级甲等以上标准；研究制定三岁以下婴幼儿照护服务发展的政策；完善医养结合政策体系；打好健康扶贫攻坚战，推进"三个一批"（大病集中救治一批、慢病签约服务管理一批、重病兜底保障一批）行动计划；整合支援人才力量，实现贫困地区"一乡一全科""一村一医"。

2018年，四川还出台《四川省国民营养计划实施方案》，推进"健康中国2030"计划。主要是加强营养标准体系和能力建设，制定以食品安全为基础的地方营养健康标准并开展标准跟踪评价，提升营养和食品安全监测与评估水平。发展食物营养健康产业，积极开展传统食养服务，加强营养健康基础数据共享利用。开展营养健康知识宣教，编写《四川省居民膳食指南》和科普宣传资料，推进孕产妇、婴幼儿、学生、老年人等群体营养改善行动，以及临床、贫困地区营养干预。

（五）完善社会保障制度，政府托底职责进一步体现

2018年四川省先后发布《四川省特困人员救助供养工作规程》《四川省临时救助工作规程》《四川省最低生活保障工作规程》《关于修改〈四川省劳动和社会保障监察条例〉的决定》，加强社会保障工作。2018年，省级社会保障和就业支出725.3亿元。

1. 社会保险

2018年四川省城乡居民参保率达到97%，全省社会保险基金收入4367.6亿元，社会保险基金支出3955.4亿元，主要用于足额兑现各项社会保险待遇，提高医疗保险、工伤保险、生育保险和退休人员基本养老金待遇水平。收入总量减去支出后，全省滚存结余5674.1亿元。参保居民住院医疗费用政策范围内报销比例达到75%。全面统一城乡居民医保制

度,异地就医直接结算范围持续扩大,开通省内异地就医直接结算医院达1229家。

2. 社会救助

2018年,四川将近500万人纳入最低生活保障和特困人员救助供养范围。从2018年1月1日起,城市居民最低生活保障标准低限为500元/月,农村居民最低生活保障标准低限为310元/月,较上年分别提高了40元和35元。①

在城市居民最低生活保障及其他社会救济方面,2018年四川省城市低保共有702040户1184095人,其中女性457904人,占比为38.67%;残疾人174651人,占比为14.75%。按照年龄分类,老年人240296人,占比为20.29%;成年人775362人,占比为65.48%;未成年人168437人,占比为14.23%。②

在农村居民最低生活保障方面,2018年四川省农村低保共有2180895户3663099人,其中扶贫建档立卡对象人数为131462人,占比为3.59%。按照人员性质分类,女性1174409人,占比为32.06%;残疾人549868人,占比为15.01%。按照人员年龄分类,老年人1608418人,占比为43.91%;成年人1647552人,占比为44.98%;未成年人407129人,占比为11.11%。

在特困人员救助供养方面,2018年四川省城市特困人员救助供养49504人,其中老年人数量最多,为38014人,占比为76.79%。在医疗救助方面,2018年四川省民政部门资助参加基本医疗保险4258658人,其中重点救助对象3026414人,民政部门直接救助2085832人次,传统救济58337人,临时救助467791户次。按照属地分类,本地户籍462027户次,占比为98.77%;非本地户籍5764户次,占比为1.23%。

---

① 《今年四川省城乡居民最低生活保障标准低限发布》,人民网,2018年5月10日,http://sc.people.com.cn/n2/2018/0510/c345167-31558854.html。
② 《2018年四川民政统计年鉴》。

3. 社会服务

四川是人口大省，也是老年人口大省，养老服务工作一直得到政府的高度重视。四川省政府制定了《四川省医疗卫生与养老服务相结合发展规划（2018—2025年）》，新修订了《四川省老年人权益保障条例》，首次提出子女护理假、65岁老人景区免门票、约4万栋老旧小区加装电梯、80周岁以上老年人享受高龄津贴、50%以上社会福利事业彩票公益金应当用于支持发展养老服务业等举措。①

住房保障工程顺利推进，2018年四川省城镇危旧房棚户区改造完成25.5万套，农村危房改造完成20.1万户，农村土坯房改造开工62万户。全面完成溜索改桥，边远山区群众彻底告别了溜索过江的历史。

（六）重视污染防治工作，人居环境持续改善

积极践行"绿水青山就是金山银山"的发展理念，加快构建长江上游生态屏障。全面落实河长制、湖长制，深入开展"清河、护岸、净水、保水"行动。编制长江经济带战略环评"三线一单"，推进沿江5家危险化学品生产企业搬迁，取缔非法码头82座，有力整治河砂违法乱采。绿化全川行动持续推进，造林1083万亩，退耕还林还草55万亩，治理沙化、旱区土地35万亩，新增治理水土流失面积4900平方千米。大熊猫国家公园正式挂牌，各类自然保护区整改管理得到加强。新增4个国家生态文明建设示范县。

2018年四川省制定或修订了《四川省城市园林绿化条例》《四川省固体废物污染环境防治条例》《四川省〈中华人民共和国大气污染防治法〉实施办法》《四川省环境空气质量考核激励暂行办法》《四川省挥发性有机物污染防治实施方案（2018—2020年）》《四川省水污染防治激励约束考核办法》《四川省水污染防治资金使用办法》《〈水污染防治行动计划〉四川省

---

① 《四川省老年人权益保障条例》，四川人大网，2018年7月27日，http://www.scspc.gov.cn/flfgk/scfg/201807/t20180727_34727.html。

工作方案》等，真正打响了防治污染的攻坚战。2018年四川完成节能减排的年度目标任务，单位地区生产总值能耗下降4%左右，单位地区生产总值二氧化碳排放下降4%左右。2018年四川省PM10下降7.5%、PM2.5下降10.6%，优良天数率达84.8%，同比提高2.6个百分点。87个国考断面地表水水质优良比例提升至88.5%，10个出川断面水质全部达到国家考核标准。老百姓明显感受到巴蜀大地蓝天多了、水变清了、环境更美了。

实施城市生态修复"双百工程"项目135个，启动公园城市建设试点。新开工地下综合管廊项目27个97.3千米，16个试点城市建成海绵城市141平方千米。大力实施"百镇建设行动"，试点镇由300个增至600个。

建设国家清洁能源示范省，推动金沙江、雅砻江、大渡河"三江"水电基地建设和乌东德、两河口、双江口等一批大型水电站建设，全省水电装机容量达7674万千瓦，位居全国第一。发展风电、光伏发电，风电并网装机达到253万千瓦，光伏并网装机达到181万千瓦。建成"四直六交"电力外送通道，额定外送容量3060万千瓦。全年生产天然气310亿立方米，增长9.9%；页岩气产量41亿立方米，增长36.6%。[①]

积极开展省际合作。与重庆、云南、贵州建立跨省河湖保护治理联动机制。2018年云南、贵州、四川签订了《赤水河流域横向生态保护补偿协议》，共同出资2亿元设立赤水河流域水环境横向补偿资金，出资比例为1:5:4，补偿资金分配比例为3:4:3。

（七）加大资金投入力度，教育事业持续均衡发展

出台了《四川省教育督导条例》，省本级教育支出155.8亿元，新增39个县（市、区）通过义务教育基本均衡发展国家验收，新增高职院校10所。积极改善学校办学条件，大班额得到有效控制，2018年基本消除了66人以上超大班额。

---

① 《关于四川省2018年国民经济和社会发展计划执行情况及2019年计划草案的报告》，四川省人民政府网站，2019年1月25日，http://www.sc.gov.cn/10462/10464/10699/10701/2019/1/25/c3149d5e75bf41ab9304c53384740e37.shtml。

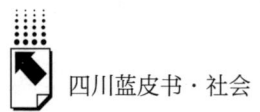

全面统一城乡义务教育"三免一补"政策,为"老少穷"地区补充特岗教师近4000名,推进义务教育均衡发展。在义务教育"三免"基础上,为120万名家庭经济困难寄宿学生提供生活补助;为国家和省级试点地区330万名农村义务教育阶段学生提供营养膳食补助,解决28万名高海拔民族地区义务教育阶段学生取暖问题。

普通高中生均公用经费省级补助标准由300元提高到400元,公办高职院校生均拨款基本标准达到1.2万元,支持15所高校32个学科纳入"双一流"建设。[1] 中职学校招生35万人,免除除艺术类相关表演专业外的76万名中职学生学费,资助3万名建档立卡贫困家庭中职学生。

为36万名地方属普通高等学校家庭经济困难学生发放国家助学金,为3.9万名地方属普通高等学校家庭经济困难优秀学生提供国家励志奖学金。资助4.8万名2016年及以后新入学的建档立卡贫困家庭本专科学生。[2]

积极推进第三期学前教育行动计划,全面构建学前教育激励奖补机制,努力扩大普惠性学前教育资源。减免民族待遇县(市、区)18万名在园幼儿保教费,减免非民族地区26万名家庭经济困难在园幼儿保教费。

(八)完善社会治理机制,社会稳定得以保障

截至2018年底,四川省共有社区居委会7410个、居委会成员33192人。四川各市(州)积极探索城乡社区治理路径,加大财政对基层社区治理的投入支持力度。2018年四川省安排资金4700万元专项资金,用于支持全省社区公共服务设施建设、设备更新、社区信息化建设。同时,从2018年起,分三年支持19个市(州)建设城乡社区公共服务综合信

---

[1] 《四川省人民代表大会预算委员会关于四川省2017年财政决算审查结果的报告》,四川省人民政府网站,2018年8月3日,http://www.sc.gov.cn/10462/10464/10699/10702/2018/8/3/10456295.shtml。

[2] 《教育助学工程》,四川省人民政府网站,2018年2月6日,http://www.sc.gov.cn/10462/10778/10876/2018/2/6/10448822.shtml。

息平台。① 建设2980个城乡社区儿童之家，招募省级西部计划志愿者400人。

深入推进"平安四川"建设，省本级公共安全支出77.3亿元。开展扫黑除恶专项斗争，全省刑事案件数下降9.4%。落实安全生产责任制，事故数量下降14.9%，死亡人数下降11.1%。严格食品药品监管。依法妥善化解信访积案，公共法律服务体系基本形成。

三 2019年四川省推进社会建设面临的机遇和挑战

（一）机遇

1. 协作机遇：区域协调发展新机制

四川深入推进"一干多支、五区协同""四向拓展、全域开放"等重大部署，与中央倡导的区域协调发展新机制相契合，为四川的社会发展提供了良好的国际国内环境。

党的十九大提出，实施区域协调发展战略，建立更加有效的区域协调发展新机制。中央全面深化改革委员会于2018年9月召开会议审议通过该意见并强调，建立更加有效的区域协调发展新机制，立足发挥各地区比较优势和缩小区域发展差距，围绕努力实现基本公共服务均等化、基础设施通达程度比较均衡、人民基本生活保障水平大体相当的目标，深化改革开放，坚决破除地区之间的利益藩篱和政策壁垒，加快形成统筹有力、竞争有序、绿色协调、共享共赢的区域发展新机制。

中共中央办公厅、国务院办公厅印发《关于进一步加强东西部扶贫协作工作的指导意见》，确定浙江省帮扶四川省，广东省帮扶四川省甘孜藏族自治州，佛山市帮扶四川省凉山彝族自治州，确定对口支援工作在现有机制下继续坚持向基层倾斜、向民生倾斜、向农牧民倾斜，更加聚焦精准扶贫、

---

① 《我省投入4700万元支持全省社区建设》，四川省人民政府网站，http://125.64.4.135/10462/10464/10797/2018/4/11/10448756.shtml。

精准脱贫,瞄准建档立卡贫困人口精准发力,增强对口支援实效。

国务院办公厅发布《关于进一步动员社会各方面力量参与扶贫开发的意见》,确定对四川省高原藏区、大小凉山彝区、乌蒙山区以及秦巴山片区,即依靠市场和自身力量发展艰难的地区,提供人财物的支持,具体为国家财力支援、重大项目倾斜、对口帮扶以及引导企业和社会力量投入。

2018年,中央单位直接投入四川省的帮扶资金达10.8亿元,帮助引进各类资金3.3亿元,实施了283个项目。四川省接收浙粤两省财政援助资金26.3亿元,是2017年的4.9倍;引进两省企业469家,实际投资114.7亿元;干部人才双向交流、贫困群众就业等取得新进展。2018年,凉山向佛山成功输出劳动力6718人,其中建档立卡贫困户6159人;吸引24家企业投资落地,实际投资额逾14亿元。佛山发动112家佛山企业与凉山州112个村开展村企结对帮扶,"以购代捐"帮助凉山贫困群众销售1.1亿元农特产品。

2. 脱贫机遇:全面建成小康社会的重要推手

对贫困人口众多的四川而言,脱贫攻坚是最大的政治责任,也是最大的民生工程和最大的发展机遇。大规模的资金投入四川农村,大规模的人才进驻四川农村,大规模的中央和兄弟省市单位帮扶四川农村,四川农村的基础设施、产业、人才队伍、住房条件、办学条件等必将得到极大改善和提升。因此,脱贫攻坚是四川全面建成小康社会的重要推手,为乡村振兴打下了良好基础。

2019年,四川将全面落实《关于打赢脱贫攻坚战三年行动的指导意见》,再实现50万贫困人口脱贫、1482个贫困村退出、31个贫困县摘帽,藏区贫困县全部摘帽。继续推进住房、产业、就业、教育、健康、基础设施、生态等攻坚行动。进一步完善凉山州综合帮扶政策,加强禁毒防艾、控超保学、移风易俗等综合治理。抓好"回头看""回头帮",完善稳定脱贫长效机制。继续强化东西部扶贫协作和对口支援,整合用好各种帮扶力量。

3. 国家中心城市：成都带动四川发展

2016年4月，国家批准发布的《成渝城市群发展规划》将成都定位为国家中心城市。近几年来，成都市快速发展，取得的成就获得国际认可。成都作为四川省会城市，其经济对四川省贡献最大。2018年成都实现地区生产总值15342.77亿元，比上年同期增长8.0%，增速比全国高1.4个百分点，与全省持平。成都生产总值约占四川省生产总值的1/3，同时成都也是中国所有省会城市中地区生产总值排第二位的城市。

成都基础设施和关键产业领域高速发展。成都双流机场是中国内地第四大国际机场，而第二座机场——天府国际机场也正在建设之中。新机场将于2020年投入使用，成都也将成为中国内地继北京、上海后第三座拥有双国际机场的城市。从成都出发的中欧班列（蓉欧快铁）运输网络已拓展至境内14个城市、境外16个城市，成都成为连接亚欧的重要枢纽。

285家世界500强企业相继落户成都，其中境外企业198家，境内企业87家，这些企业投资的领域主要是金融服务、商业零售、物流、电子信息、工业制造等。随着英特尔、IBM、格罗方德等世界500强和国际知名行业公司的落户，成都的电子信息产业从集成电路、新型显示、整机制造到软件服务的全产业链条已经形成。按照规划，到2020年，电子信息产业有望成为成都第一个主营业务收入超万亿元的产业。

2018年，成都市居民人均可支配收入达36142元，同比增长8.8%。其中，城镇居民人均可支配收入达42128元，同比增长8.2%，增速高于全国0.4个百分点，高于全省0.1个百分点；农村居民人均可支配收入达22135元，同比增长9.0%，增速高于全国0.2个百分点，与全省持平。城乡居民收入连续四年平稳增长，城乡居民收入倍差为1.90，居全国15个副省级城市第三位。①

---

① 《2018年成都市经济运行总体平稳》，成都市统计局网站，2019年1月31日，http://www.cdstats.chengdu.gov.cn/htm/detail_134558.html。

成都市坚持以新开放观服务"一带一路"建设，打造"向西向南"开放门户，主动参与和推动经济全球化进程，发展更高层次的开放型经济。

（二）挑战

1. 就业结构性矛盾依然存在，缺工与"招工难"并存

与2017年同期相比，2018年四川省高校毕业生初次就业率较高，但还有相当部分毕业生没有就业，加上沉淀的往届未就业毕业生，高校毕业生就业压力仍然较大。毕业生和家长对就业的期望，正在由"能就业"向"就好业"转变，就业观念、就业选择、就业方式更加多元多样，慢就业、怠就业现象有所增加。2018年脱贫攻坚目标任务为100万贫困人口脱贫，但是大龄人数较多、文化水平不高、缺乏技能的问题突出，就业扶贫工作难度大。

根据2018年前三季度企业用工调查，353家企业中，缺工的有269家，占比为76.2%。从缺工种类看，普通员工（普通销售人员、服务人员等）占比最高，为47.2%；其次是经营管理人员，占比为39.4%。存在"招工难"问题的企业占比达53.5%。招工难的原因主要有两方面：一是求职者对薪酬、就业环境期望过高，占78.8%；二是符合岗位要求的应聘者减少，即人岗不适应，占57.1%。从调查结果看，缺工企业数与招工难企业数比重都较高，反映出就业结构性矛盾仍然突出。

2. 四川生产总值占全国比重高，但人均地区生产总值较低

2017年四川省地区生产总值虽然名列全国第六，但是人均地区生产总值为44759元，在全国排名倒数第十，而2013～2017年，四川省人均地区生产总值一直低于全国平均水平，且四川人均地区生产总值与全国平均水平差距逐渐拉大（见图1）。预计2018年四川人均地区生产总值仍然低于全国平均水平，且差距将进一步拉大。

3. 人口结构老龄化严重，人口红利明显减弱

截至2017年底，四川省60周岁以上人口为1751万人，占常住人口的21.09%，较全国平均水平高3.79个百分点，其中80周岁以上高龄老年人

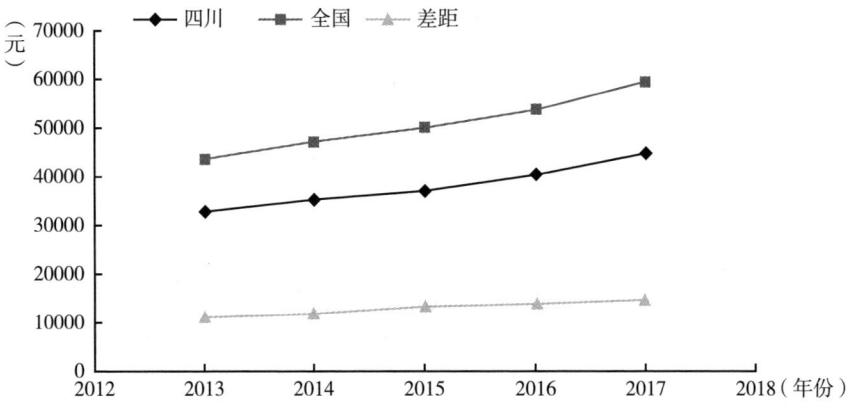

图 1　四川人均地区生产总值和全国人均 GDP 对比

资料来源：国家统计局。

口数量为 215 万人，百岁以上老年人有 5499 人。①

2012~2016 年四川人口自然增长率逐渐提高，但增速放缓（见表6），未来自然增长率将维持在一定的水平，四川省的总人口也将保持在 0.8 亿人左右。由于城镇化率不断提高，未来四川省将更加关注人口质量，而非人口数量。

表 6　2012~2016 年四川省年末常住人口及自然增长率

年份	年末常住人口（万人）	城镇化率（%）	出生率（‰）	死亡率（‰）	自然增长率（‰）	人口密度（人/平方千米）
2012	8076.20	43.53	9.89	6.92	2.97	167
2013	8107.00	44.90	9.90	6.90	3.00	167
2014	8140.20	46.30	10.22	7.02	3.20	167
2015	8204.00	47.69	10.30	6.94	3.36	169
2016	8262.00	49.20	10.48	6.99	3.49	170

从表 7 可以看出，2015 年四川省各年龄阶段人口均较 2010 年有所增加，其中 65 周岁及以上年龄人口占比从 11.0% 提高到 12.9%（远远高

---

① 《新修订的〈四川省老年人权益保障条例〉本月起实施》，四川省人民政府网站，2018 年 10 月 18 日，http：//www.sc.gov.cn/10462/12771/2018/10/18/10461037.shtml。

于世界人口老龄化标准7%，同时高出全国平均水平2.4个百分点），且15~64岁年龄阶段人口比重下降0.9个百分点，即未来四川省人口构成中，劳动力人口逐年减少，却需要供养更多老年人，青年人、中年人生活负担加重。也就是说，社会负担加大，养老问题不再具有个别性，而呈现社会性。

表7　四川在全国以及中西东部年龄人口及年龄构成

地区	年龄人口					
	2010(万人)			2015(人)		
	0~14岁	15~64岁	≥65岁	0~14岁	15~64岁	≥65岁
全国	22246	99843	11883	3521811	15559965	2230465
东部	7959	42107	4928	1307496	6590637	935587
中部	7371	31167	3713	1164390	4833566	700710
西部	6822	25981	3229	1049927	4135764	594168
四川	1364	5797	881	202831	909185	165273
	年龄构成(%)					
全国	16.6	74.5	8.9	16.5	73.0	10.5
东部	14.8	75.2	10.0	14.8	74.6	10.6
中部	17.3	73.3	9.4	17.4	72.2	8.5
西部	19.3	71.1	9.6	18.2	71.6	10.3
四川	17.0	72.1	11.0	15.9	71.2	12.9

注：2010年系人口普查数据，2015年系全国1%人口抽样调查样本数据，抽样比为1.55%。

4. 居民人均可支配收入低于全国，增速低于人均地区生产总值增速

虽然四川工资性收入、经营性收入、财产净收入和转移净收入四大类收入均有所增长（见图2），但是近年来四川居民人均可支配收入低于全国。同时，四川居民人均可支配收入增速一直高于全国居民人均可支配收入增速，值得庆幸的是两者的差距正在不断缩小，说明四川省的经济越来越好，居民人均可支配收入逐渐赶上全国水平。不过，值得注意的是，从经济与收入增速来看，2017年四川居民人均可支配收入增速低于四川省人均地区生产总值的增速，这表明四川省的经济水平提高了，但是贫富差距可能在未来进一步增大（见表8）。

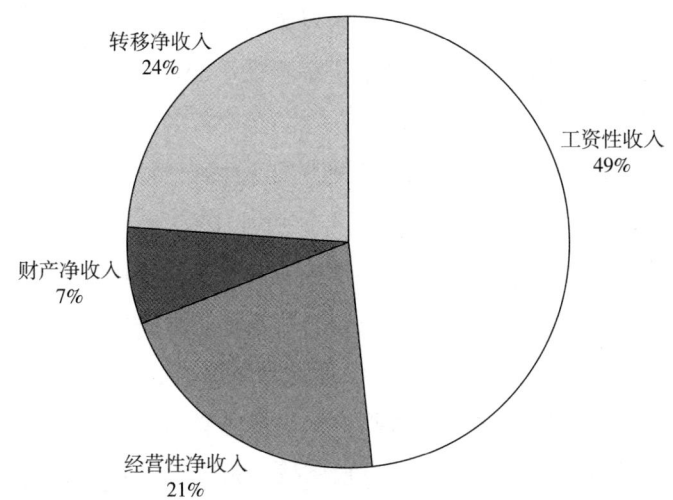

图 2 2017 年四川省居民人均可支配收入

资料来源:《2018 中国统计年鉴》。

表 8 2013~2017 年全国/四川居民人均可支配收入(增速)与人均地区生产总值增速

单位:元,%

地区	选项	2013 年	2014 年	2015 年	2016 年	2017 年
全国	人均收入	18310.8	20167.1	21966.2	23821.0	25973.8
	人均收入增速		10.14	8.92	8.44	9.04
	人均地区生产总值增速		7.60	6.43	7.30	10.29
四川	人均收入	14231.0	15749.0	17221.0	18808.3	20579.8
	人均收入增速		10.67	9.35	9.22	9.42
	人均地区生产总值增速		7.70	4.69	8.78	11.62

注:居民人均收入增速以及人均 GDP 增速均采用名义增长,公式为(本年 GDP - 上年 GDP)/上年 GDP。

资料来源:《2018 中国统计年鉴》。

四 四川省社会发展的对策建议

不断保障和改善民生、加强社会治理仍然是全省工作的重点,基本目标是城镇调查失业率控制在5%以下，居民消费价格涨幅控制在2.5%以下，城镇和乡村居民人均可支配收入的增长率不低于8%和9%，全面完成国家下达的环境保护和节能减排目标任务。

继续坚持就业优先，着力化解就业的结构性矛盾，统筹抓好高校毕业生、退役军人、农民工、贫困人口等群体就业工作，支持企业稳定就业岗位，及时开展就业帮扶，鼓励农民工返乡创业，确保全省城镇新增就业90万人。着力拓展居民的收入来源，提高消费水平。继续实施十大民生工程，办好30项民生实事。深入实施全民参保计划，促进法定人员全覆盖，推进基本养老保险基金省级统筹。加强城乡养老服务体系建设，完善社会救助、社会福利等保障制度。继续打好脱贫攻坚战，完成脱贫年度任务。完善住房市场体系和住房保障体系，继续改造城镇危旧房棚户区、农村危房、农村土坯房。

提升财政保障水平，优先支持教育事业发展，巩固提升民族地区"一村一幼"、"9+3"免费教育和15年免费教育，进一步促进县域内义务教育均衡发展，促进高中阶段教育普及。继续推进"健康四川"建设，加强重大疾病防控，深化公立医院综合改革，完善分级诊疗制度，提高医疗服务和保障水平，把更多救命救急的好药纳入医保，传承发展中医药事业。切实保障妇女儿童、老人、残疾人等群体的合法权益，鼓励生育二孩。

强化社会治安防控体系建设，持续开展扫黑除恶专项斗争。抓好反分维稳、反恐防暴、反邪教、禁毒斗争等重点工作。严厉打击非法集资，加强互联网金融风险整治。加强重点行业领域安全生产监管，坚决遏制重特大安全事故。健全应急管理机制，做好防震减灾工作，加强应急救援队伍建设。加强思想道德建设和群众性精神文明创建，提高全社会文明素质。提升社会治理社会化法治化智能化专业化水平，强化源头治理和网格化服务管理。加强城乡社区治理，抓好第11届村（居）民委员会换届工作。

把乡村振兴战略作为"三农"工作的总抓手，推动县域经济特色化发展，促进城乡一体化发展。推进"美丽四川·宜居乡村"建设，发展现代农业园区，建设优质农产品生产基地，增加优质绿色农产品供给。健全农户与企业的利益联结机制，带动更多的农民致富。

参考文献

李小云、徐进、于乐荣：《中国减贫四十年：基于历史与社会学的尝试性解释》，《社会学研究》2018年第6期。

张翼：《当前中国精准扶贫工作存在的主要问题及改进措施》，《国际经济评论》2016年第6期。

王瑞芳：《精准扶贫：中国扶贫脱贫的新模式、新战略与新举措》，《当代中国史研究》2016年第1期。

尉建文、谢镇荣：《灾后重建中的政府满意度——基于汶川地震的经验发现》，《社会学研究》2015年第1期。

邓维杰：《精准扶贫的难点、对策与路径选择》，《农村经济》2014年第6期。

陈升、吕志奎、罗桂连：《非常态下地方政府政策执行评价比较研究——以汶川地震灾后重建政策为例》，《公共管理学报》2010年第4期。

陈伟东：《城市基层社会管理体制变迁：单位管理模式转向社区治理模式——武汉市江汉区社区建设目标模式、制度创新及可行性研究》，《理论月刊》2000年第12期。

B.2
2019年四川乡村治理现状分析与对策

冉敬军 黄进 童浩男 刘伟*

摘　要： 课题组先后到成都、达州、资阳、绵阳、广安、遂宁、阿坝州等市州的26个乡镇59个村深入调研，对全省乡村治理能力的基本情况、存在问题进行比较深入的调查了解，形成研究报告。研究发现，四川乡村治理取得了如下成效：坚持党建引领，促进组织建设新旧动能转变；激活自治能力，促进基层组织内生活力生长；探索"三治"共生，夯实乡村多元共治底部基础。同时，本报告针对四川乡村治理存在的治理技术的"静态"思路与乡村社会的"流动"特征之间存在差距等困局，从组织体系、内容体系、乡村自治体系、乡村法治体系等方面提出了健全现代乡村治理体系的相关建议。

关键词： 乡村治理　基层自治　现代乡村治理体系

党的十九大提出实施乡村振兴战略，并提出"产业兴旺、生态宜居、乡风文明、治理有效、生活富裕"20字方针，成为新时代"三农"工作的总目标与总抓手。继十九大报告首次提出"乡村振兴"战略后，2018年中

---

* 冉敬军，四川省民政厅基层政权与社会建设处处长；黄进，博士，四川省社会科学院社会学研究所所长、研究员，研究方向为社会政策和社会治理；童浩男，四川省民政厅基层政权与社会建设处副处长；刘伟，硕士，四川省社会科学院社会学研究所副研究员，研究方向为城乡基层治理、民族问题研究。

共中央、国务院发布一号文件《关于实施乡村振兴战略的意见》，对乡村振兴战略做了更为具体、细致的部署，其中"乡村振兴，治理有效是基础"被特别强调。随后中共中央、国务院印发《国家乡村振兴战略规划（2018—2022年）》，对科学有序推动乡村产业、人才、文化、生态和组织五大振兴做了详尽阐述。乡村治理这一中国社会学、政治学界长期关注的研究领域，逐渐受到从国家到地方社会的广泛关注，乡村治理成为理论与实践领域的共同关切。

长期以来，在工业化、现代化，特别是城镇化的发展驱动下，四川乡村作为城市发展主导形成的社会结构的功能性主体，为城市发展提供了大量流动劳动力，并消化因流动劳动力新陈代谢而可能出现的社会稳定风险，成为城市发展的"安全阀"。但四川农村社会的发展却始终较为滞缓，共享现代化成果的现代农村社会结构亟待建立，形成现代化乡城社会双结构良性互动的发展格局。在这一逻辑之下，不同于城市基层治理，乡村治理当更注重村庄内原本的运行秩序，将注意力放到乡村，聚焦乡村自身、乡村内部的结构与互动关系，令村庄原本的自组织秩序有效嵌入国家治理体系。国家治理体系现代化的战略安排落地乡村，将面临现代国家治理理念与传统乡村秩序如何有效融合的难题。本报告基于对四川省的实证调研，结合年鉴数据与各级政府公布的信息，直面四川省乡村治理能力现状，以描述现状、识别问题、提出对策为思路，开展四川乡村治理能力提升的现状与对策研究。

一　四川省乡村治理现状

四川自古为我国的农业大省，围绕发展农业，以农业为核心生计，形成基于血缘、亲缘关系的以"不流动"为基本特征的乡村治理秩序，这些秩序至今仍对四川的乡村治理有重要影响。近年来，随着经济社会快速发展，四川成为我国主要的劳动力输出地，以"流动"为特征的乡村社会治理形态为四川乡村治理带来了新的、具体的挑战。四川省以"党建引领下的自治"为破题路径，探索了以基层党组织为核心，以村（社）民委员会为主体，基层群众和社会各界共同参与的基层治理模式，在乡村治理能力方面取得了相应的成效。

（一）强化党建引领，促进组织建设的新旧动能转换落地落实

1. 着力优化党员结构

截至2016年，尽管四川省农村党员中60岁以上的占比达37.9%，但35岁及以下、36~45岁、46~54岁、55~59岁等各年龄段的党员比例已较为均衡，农村党员的年龄结构不断优化（见图1）。但初中及以下学历的党员数量占71.3%，学历结构还需进一步优化（见图2）。

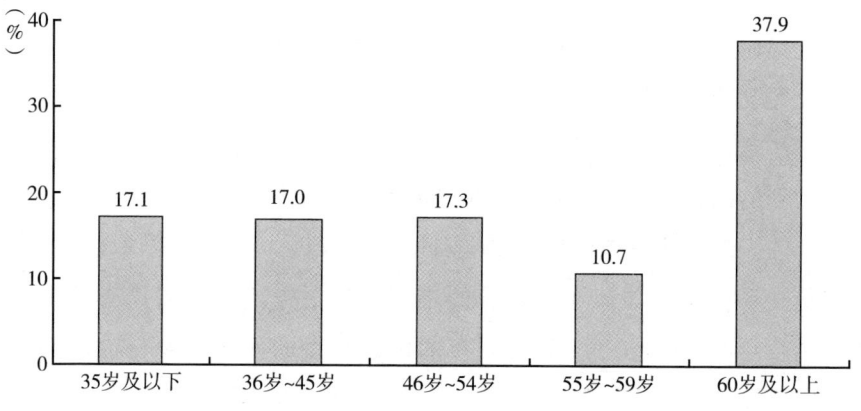

图1　农村党员队伍年龄结构

资料来源：四川省民政厅提供。

2. "三委"联动建强组织

为夯实党支部核心堡垒作用，四川各地围绕乡村治理如何建强组织体系这一问题，在村两委之外，探索设立村监督委员会，并在村（社）党支部、村（社）委会以及村（社）监督委员会三委联动机制方面进行有益探索。村（社）党支部是核心领导，全面领导村（社）各项事务；村（居）委会为执行与自治组织，全面组织自治组织的各项公共事务与活动；村（社）

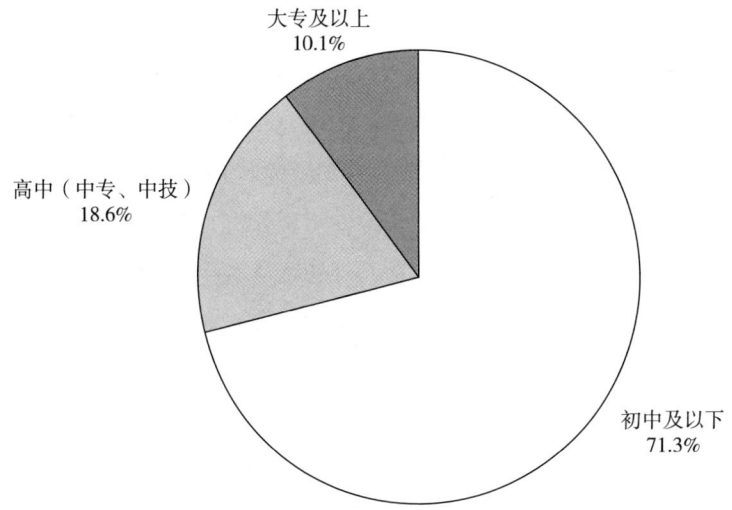

图 2　全省农村党员队伍文化程度

监督委员会是监督组织，对前述两委的决策决议，村（社）党务、财务、重大事项等进行日常监督工作。村三委基本实现了三同步，即同步选举、同步培训与同步考核。

3. 夯实基层组织动能

以提升基层党组织组织力为重点，突出政治功能。四川各地以村（社）党群服务中心（综合服务中心）为阵地，全覆盖开展基层组织阵地标准化建设，通过常态化组织三会一课、主题党日活动、党群集中活动、农民夜校等，全面加强党员教育培训，激活党员队伍，以阵地建设和系列活动的开展，夯实传统工作中的组织动能。

4. 探索开展智慧党建

充分运用现代科学技术，将现代科学技术运用到党建工作中，立足未来社会发展，以符合当代性的治理手段服务治理难题，不断提升工作效能。眉山市洪雅县实施智慧党建工程，自贡市荣县开发智慧党建 App 等，推动基层党建上电脑、上手机、上电视，提升党员教育信息化水平，依托现代科学技术开展党建活动，激活组织建设的现代化动能。

5. 灵活组织设置

党组织建设在基层可不囿于行政区划，四川各地创新实践飞地党支部、联合党支部等方式，整合基层党组织，实现对村际治理资源的有效整合。如雅安市洪雅县在将军乡、花溪镇等3个乡镇的特色村分别成立3个联合党委，涵盖5个村2个社区1个单位。雅安市雨城区探索实践经济发达村与发展滞后村之间的飞地联合党组织，在合江镇成立魏家、塘坝两村的魏家塘坝联合总支部委员会，不断寻找依靠党组织建设实现村际治理资源整合的破题思路，延展了组织的治理权能。

6. 成立流动党组织

四川是劳动力外出务工大省，乡村的流出劳动力是乡村治理重要且不能忽视的群体。四川各地以建立流动党组织的方式，建立起外出务工者与家乡之间的组织连接。在四川的实践中，流动党支部发挥了外出务工组织与家乡党委、政府之间的连接功能，家乡党委、政府通过流动党支部，开展互动活动，为外出务工组织提供必要的保障。如荣县以乡镇为单位，针对全县3433名外出务工的流动党员，建立了10个流动党支部，协助外出务工组织协调务工地的纠纷事务。安岳县组建县流动党工委，研究制发《在流动党员集中地建立党组织的通知》，要求以乡镇为单位，依托在外商会、行业协会、在外人士新办的企业或经济实体建立党支部，近年来先后建立了32个流动党组织。全省有外出务工党员268291人，占全省农村党员总数的13.8%，目前全省已组建农民工党组织494个。

（二）着力激活自治，激发基层组织的内生活力有序生长

乡村自治，主要回答如何使基层百姓有序参与治理，如何激活基层社会，令基层社会活力更充沛，以及基层政权更稳固的路径问题，涉及民主选举、村务公开、村务监督等。

1. 村级结构，多样和流动为基层村庄特征

截至2017年底，新一轮民主换届选举结束，四川省共计有45683个村委会，其中居民规模在1000户以下的有36319个，占比为79.50%；居民规

模在1000~3000户的有7574个,占比为16.58%;居民规模在3000户以上的有1790个,占比为3.92%(见表1)。尽管居民在1000户以下的村庄依然占据绝对高比例,但1000户及以上的大村庄数量不容忽略,规模多样成为四川村级结构的一个特征,这增大了乡村治理难度。截至2016年底,四川乡村户籍人口为6139.5万人,常住人口为4196.5万人,相差1943万人,可见"流动"是四川乡村结构的又一重要特征。

表1 四川省村委会数量及规模结构

单位:个,%

规模	数量	占比
1000户以下	36319	79.50
1000~3000户	7574	16.58
3000户以上	1790	3.92
总计	45683	100

资料来源:《2018年四川省民政年鉴》。

2. 依法直选,夯实基层乡村治理底部基础

实行民主选举,是民主决策、民主管理、民主监督的前提,是村民自治活动的最重要环节和底部基础。坚持依法直选,是促进基层社会稳定和基层自治活力有序的重要保障,四川省民政厅始终坚持将依法直选作为乡村自治的重要工作。一是加强领导、明确责任。督促各市政府发文,明确换届选举的指导思想、方法步骤和注意问题,确定县(市)、乡(镇)两级党委书记为第一责任人,为换届选举工作提供了坚强的组织保证。二是强化指导、严格把关。在换届选举中,成立专门工作组,深入基层调查了解情况,指导各乡镇工作,制定相关应急预案。三是市、县、乡、村逐级对选举工作人员进行分阶段培训,不断提高选举人员的素质。四是规范运作,选好村委班子。严格按照《村委会组织法》的规定,采取公开、公正、平等、竞争、直接、差额、演讲、无记名秘密投票的方式进行选举。在2017年换届选举中,全省完成25844个村(社)的选举工作,登记选

民1995.78万人，参加投票人数1620.94万人，委托投票人数378.86万人，产生了189.42万名村民代表，其中女性25.13万人。当选村干部既为村（社）注入了新鲜血液，又保持了村（社）干部队伍的基本稳定和村（社）委会工作的连续性。

3. 多措并举，探寻乡村社会参与内生动力

乡村百姓参与活力不足，是乡村治理的痛点，究其根本，是百姓的参与动力不足、参与渠道滞后。调查发现，四川各地正在自下而上采取多重举措，激活乡村社会参与动力。

第一，完善议事制度，搭建村级自治民主协商平台。成都市在2017年开展的村级党组织和自治组织换届选举中，探索完善了村民大会对村民议事会的授权，从法理上明确了村民议事会被授权为村级事务的议事决策组织，村委会的职责得到有序规范和限制，使村民自治的决策权、执行权、监督权相互分离又相互协调，规范了各治理参与主体的职能定位。第二，发展"互联网+"，形成线上线下双重参与通道。如大部分村（社）通过微信公众号、微信群、QQ群等网络新媒体进行村（社）务公开，有效破解了公开内容不完整、公开时间不及时、公开形式单一等难题，切实保障了村（社）民的知情权、参与权、表达权和监督权。第三，探索积分制度，形成个体事务与公共事务的关联。如眉山市青神县正在探索村（社）积分制管理试点，通过社会治安类、公益美德类、村内建设类、奖励惩罚四大类行为来累计积分，积分可兑换相应的服务、物质奖励及享受有关政策。第四，探索企社共建，形成个体与公共的利益关联。如乐山市沙湾区开展"百企帮百村"工作。组织30家工业企业帮助30个市列贫困村发展集体经济，拟投入资金2500万元以上，建设集体经济项目28个，现已经建成12个，并依托村企共建项目拓宽就业渠道。通过企社共建，将个体发展与公共治理关联起来，架起个体与公共之间的利益关联桥梁。第五，推进"三社联动"，以制度建设促进三社均衡发展。"三社联动"是创新社会治理方式和提升社会治理能力的重要手段，是创新社区治理与服务的具体实践。"三社联动"同经济社会发展水平密切相关，但是，四川省大多数市州的"三社联动"发展处在

初级阶段。基于此，四川省在全省范围内自上而下推动"三社联动"，建立起一整套同"三社联动"相关的制度安排，以制度建设促进和倒逼三社之间均衡联动、协调发展。

4. 空间营造，打造乡村社会参与公共空间

四川各地正积极开展农村社区建设工作，将乡村社区党群服务中心打造成为社区居民的社会参与活动阵地，营造村民公共活动空间。成都市正全面推进社区党群服务中心去行政化、去形式化、去办公化和改进服务的"三去一改"工作，致力于把社区党群服务中心打造成为社区居民"易进入、可参与、能共享"的社区公共空间。乐山市农村社区建设工作按照"一个阵地六个中心"（"两委"活动阵地和教育培训中心、便民服务中心、文化体育中心、卫生计生中心、综治调解中心、农家购物中心）的思路，积极拓展农村社区服务功能，初步形成以综合服务设施为主体，以专项服务设施为配套，以服务站点为补充的农村社区服务设施网络，为村民提供安全、方便、快捷的生产生活服务。

5. 聚焦经济，扩充村级组织社会治理资本

不同于城市社区治理，经济发展是乡村治理的重要基础，主要表现有二。一是没有个体的经济发展，就没有乡村居民的安居乐业，也就很难达成乡村的治理有序；二是没有乡村集体经济的发展，乡村自治中的公共事务与公共服务便很难维持。因此，聚焦乡村经济发展，特别是乡村集体经济的发展，是激发乡村自治内生动力，扩充村级组织的社会治理资本的重要路径。尽管四川省在乡村发展与集体经济建设方面发展较弱，但依然有一部分成功案例，实践着经济发展与治理之间的良性互动模式。如成都等地正在探索推进村级组织社会职能与经济职能相分离，通过确权颁证、组建合作社或集体股份公司等手段，实现了村集体经济组织逐步从自治组织中剥离，独立开展经济资产的经营、管理、服务，并以此壮大社区治理的社会资本。郫都区战旗村组建集体资产公司，对集体资产进行股份量化，由村民自主商议入市方式和收入分配方式，成为通过壮大集体经济和提升村民社会保障水平以支持社区治理的典型。眉山市洪雅县依托项目建设，倒逼乡村治

理。七里坪、柳江古镇、瓦屋山旅游综合开发、森林康养基地、大峨眉西环线、农业园区等重大项目建设，涉及项目区拆迁安置、资源重新分配、生产生活方式转变等方面，洪雅县通过制定安置方案和后续发展政策，建立完善财务管理等制度，以及推进安置区集中管理，探索村集体资产经营管理，进一步规范和全面促进了"自治、法治、德治"相结合的乡村治理体系。同时，各地村（社）依托专业合作组织，引领产业发展，截至2016年，全省农民专合组织达20229家。通过专合组织的桥梁和纽带作用，采取"公司+专合组织（协会）+农户"、公私合营、入股分红等模式，破解土地和资金等发展难题，带动特色果蔬种植、观光体验及民宿经济发展。

6. 强化监督，完善村务公开监督保障机制

一是全面强化村务监督机制。如前所述，四川省在村级层面正在实现村（居）务监督委员会全覆盖，在村（社）党组织领导下、在乡镇（街道）指导下开展工作，独立行使监督权，接受群众监督。村（社）务监督委员会成员通过列席村（社）民代表会议，村"两委"会议参与现场监督等方式认真开展财务收支、集体资产管理、重点项目建设等方面的监督。这对于完善村（社）民权益保障、促进村（社）民参与自治管理、规范村（社）干部用权行为、密切党群干群关系发挥了积极作用，促进了社会和谐稳定。

二是全面规范村（社）务公开机制。按照《四川省村务公开条例》的规定和要求，各地纷纷出台了一系列加强村务公开工作的文件通知和操作规范，督促和指导各村（社）进一步建立健全公开制度、民主决策制度和民主管理制度。部分市州、区县民政局会同组织部，结合十九大精神和省、市、区对党务、村（社）务公开的要求，统一设计制作了涵盖党务、村（社）务等内容的党建墙，分批次制作上墙使用。部分地市制定《村（居）民委员会班子绩效考核实施细则（试行）》，将该项工作纳入对村（居）委会班子的绩效考核，采取听、看、访、谈等形式，重点对村（居）务公开事项、时间、程序等内容进行督查。

（三）探索"三治"共生发展，识别融合共治的现实基础

1. 以法治宣传为突破，扩大农民法治意识

农民是知法、用法、守法的重要主体之一，农民法律意识与法律思维的建设是农村法治建设的重点与难点。近年来，在中央一号文件的指导下，农村法治建设逐步推进，并取得了一定的成效。《农业法》的修订，使农、林、牧、副、渔等各项生产活动都有法可依。四川省在乡村依法治理方面取得一定成效。通过开展依法治村（社）示范创建活动，深入推进村民自治。创建过程中，四川省民政厅指导各市州民政局与组织部、司法局等相关部门分工合作，组织部指导组织建设，民政局指导民主建设和村（社）民公约，司法局指导法治建设。通过开展创建省级法治示范村（社），以点带面推进全省全面依法治村（社）水平。发挥道德法治宣讲团的作用，进乡村有针对性地实施菜单式普法，增强村（社）干部、群众的法律意识和法治观念，使广大村（社）民学法、懂法、守法、用法的氛围更加浓厚，为开展乡村治理法治建设奠定一定的群众基础。

2. 以扫黑除恶为契机，净化乡村法治环境

以扫黑除恶专项工作为契机，四川各地成立了专门工作机构（扫黑办），制定了专项工作方案，在省、市、县、乡镇、村（社）五级形成纵到底、横到边的信息（线索）发现、收集、上报通道。对农村社区矫正人员，通过定期教育、分类管控、贴靠跟踪等管控措施，预防和减少了重新违法犯罪的发生。通过"大调解"工作体系，畅通群众诉求表达渠道，常态排查化解矛盾纠纷；通过网格化治理体系，降低乡村社会稳定风险，基本达到了"小事不出网格、中事不出网站、大事不出中心"的目标。

3. 以核心价值为载体，增强农民德治能力

村规民约及其作用发挥状况，是乡村德治的重要体现。2017年，结合第十届村（居）委会换届选举，全省统一部署，积极指导各地结合各村（社）社会公共道德、民俗风俗、精神文明建设内容，坚持以人民为主体，

因地制宜、与时俱进,大力开展规范完善村规民约工作,进一步修改完善了全省各村(居)村规民约,使之更具针对性和操作性。通过对村规民约的完善和落实,以前随处乱丢病死家畜,村民在婚丧嫁娶及随礼中碍于面子的相互攀比、借债撑脸面的现象大为减少,将环境治理、随礼限额、丧事简办等写进村规民约很快得到了大家的认同。村规民约(居民公约)在加快基层民主法治建设,化解基层社会矛盾,引导村(居)民实现自我管理、自我教育、自我服务、自我监督等方面发挥了积极作用。

(四)乡村干部的治理能力评估

在乡村治理能力中,乡村干部的治理能力是重要的变量。课题组以四川省乡镇、村(社)干部为调查对象,通过问卷调查,收集501个有效样本,对乡村干部的治理能力进行评估,结论如下。

1. 乡村干部由管理向治理的服务意识转化较弱

农业税费改革之后,国家与基层农村之间通过收取农业税而建立起的政社关联不再,"项目制"被认为是重建农村基层政社关联的替代办法。这一于农村而言由"出"转"进"的关系转换,要求基层政府与村(社)干部的思想意识同时转换,即转变传统的管理意识,建立起服务意识,这也是实现乡村治理能力现代化的核心要素之一。在乡村干部层级,变传统管理思维为服务意识的一个表现,是乡村干部以什么样的态度评价服务对象(普通村民)。若乡村干部以更加积极的态度或趋于正向的方式评价百姓,同时更多从自身工作不足进行反思,那么乡村干部的服务意识较强;反之,若乡村干部以更加消极的态度或趋于负向的方式评价百姓,缺乏从自身不足的方面进行反思,那么乡村干部的服务意识便相对薄弱。基于此,课题组设计了一组乡村干部对本地普通居民的评价指标,具体包括本地居民素质评价、本地居民明辨是非状况、本地居民讲理状况、本地群众工作难易度、本地群众易受煽动情况、本地群众思查想开放程度、本地居民信任政府状况和本地居民信任乡村干部状况。

由表1可见,乡村干部对本地居民的总体评价趋于负面。在乡村干部对本地居民的评价中，平均得分均没有超过4分，表明乡村干部对本地居民的总体评价不高，而排名前两位的均为乡村干部所认为的本地居民对其评价的相关选项，分别为本地居民信任政府状况（3.83分）、本地居民信任乡村干部状况（3.59分）。换言之，在乡村干部的认知中，基于本地乡村干部的工作现状，本地居民是会对本地政府（自身的工作）做出较高的正面评价的。本地居民明辨是非状况得分尽管处在良好分段，但处在良好和及格的得分边界处。本地居民讲理状况、本地群众工作难易度、本地群众易受煽动情况、本地居民素质评价等几项对本地居民的评价项得分均仅在及格分段。而本地群众思想开放程度的得分更是仅有2.63分。总体而言，乡村干部对本地居民的评价呈现出较强的"俯视感"，负面评价明显，管理意识较强，服务意识较弱。而这种"俯视感"所延伸出来的干部"我群体"、群众"他群体"的群体边界正在形成。

表1 乡村干部对本地居民的评价状况统计

单位：分

对本地居民评价内容	得分均值	标准差	得分排名
本地居民信任政府状况	3.83	0.810	1
本地居民信任乡村干部状况	3.59	0.827	2
本地居民明辨是非状况	3.50	0.817	3
本地居民讲理状况	3.49	0.875	4
本地群众工作难易度	3.28	1.005	5
本地群众易受煽动情况	3.16	0.983	6
本地居民素质评价	3.11	0.798	7
本地群众思想开放程度	2.63	0.946	8
有效的N(列表状态)	246		

注：此类问题的每一题项的得分区间为1~5分。越接近5分，表明被调查群体对该题项所反映的问题更为积极；越接近1分，表明被调查群体对该题项所反映的问题更为消极。

2. 对自我行动能力的高度认同与应用性基础能力较为"脆弱"共存

本部分，我们将在政社互动的逻辑下，试图回答四川省乡村干部如何评价自身所属群体的工作及能力现状的问题。对此，我们设计了一组对乡村干部的评价指标，具体为乡村干部群众易见到程度、乡村干部易接近程度、乡村干部工作忙碌程度、乡村干部值得信任、乡村干部工作压力、乡村干部服务意识、乡村干部的群众威望、乡村干部工作积极程度、乡村干部应对突发稳定事件能力、乡村干部胜任本职工作能力、乡村干部的法治意识、乡村干部带领群众脱贫致富能力、乡村干部学习新知识能力、乡村干部待遇理想程度。

首先，乡村干部普遍存在"相对剥夺感"。在乡村干部的自我评估中，乡村干部群众易见到程度（4.23分）、乡村干部易接近程度（4.06分）、乡村干部工作忙碌程度（4.12分）、乡村干部工作压力（3.77分）等几项同基层干部承担事务相关的选项均得到较高分数。随着事权不断下沉，体制内自上而下的"千线一针"现象，逐渐从乡镇层级进一步下沉到村（社）层级，需要乡镇及村社干部应付的事情更多，他们的工作压力更大。乡村干部一方面需要应付上级交办的各类事项和处理百姓的种种事务，另一方面还需要贯彻服务型政府的理念，改变传统管理的行动惯性。对承担事务的评价得分趋于饱和，恰恰说明乡村干部存在对较强工作量的抱怨，正在形成群体性的"相对剥夺感"。

其次，乡村干部对自我行动能力较为认同。在与乡村干部行动能力相关的几项测评指标中，乡村干部普遍给出较高分值，如乡村干部值得信任（3.90分）、乡村干部服务意识（3.76分）、乡村干部的群众威望（3.67分）、乡村干部工作积极程度（3.66分）、乡村干部应对突发稳定事件能力（3.61分）等。这在一定程度上反映出四川省乡村干部具有较强的社会动员能力与行动自信。

再次，乡村干部的应用性基础能力具有"脆弱性"。在乡村干部的自我评估中，乡村干部的法治意识（3.40分）、乡村干部带领群众脱贫致富能力（3.32分）、乡村干部学习新知识能力（3.13分）等几项得分较低，而这几项恰是社会转型与社会变迁的情况下，乡村干部提供基层服务与进行有效治理的基础能力，这几项能力的较低评分，揭示乡村干部在有效治理的应用性基础能力上存在"脆弱性"（见表2）。

表2 乡村干部对自身能力及表现的评价状况统计

单位：分

得分段	对乡村干部的评价内容	得分均值	标准差	得分排名
优秀段	乡村干部群众易见到程度	4.23	0.802	1
	乡村干部易接近程度	4.06	0.772	2
	乡村干部工作忙碌程度	4.12	0.862	3
良好段	乡村干部值得信任	3.90	0.893	4
	乡村干部工作压力	3.77	0.889	5
	乡村干部服务意识	3.76	1.044	6
	乡村干部的群众威望	3.67	0.700	7
	乡村干部工作积极程度	3.66	0.954	8
	乡村干部应对突发稳定事件能力	3.61	0.895	9
	乡村干部胜任本职工作能力	3.55	0.769	10
	乡村干部的法治意识	3.40	1.012	12
	乡村干部带领群众脱贫致富能力	3.32	0.975	13
	乡村干部学习新知识能力	3.13	0.948	14
较差段	乡村干部待遇理想程度	2.34	0.980	15
有效的N(列表状态)		246		

注：满分为5分。

二 四川省乡村治理及治理能力现状之困局

（一）治理技术的"静态"思路与乡村社会的"流动"特征之间存在差距

简言之，在乡村治理中尚未形成对流动的乡村社会的有效治理技术。当下，不论是治理方式的"一核三治"、治理主体的"一核多元"，抑或自治、法治、德治的有效融合，在治理技术层面，即具体的制度安排和机制建设，主要针对的是相对静态的乡村社会，鲜有对乡村流动社会的观照，常常陷入以解决过去问题的固定思维来解决新的治理问题的困局。对乡村的有效治理，需要在制度安排和机制设置上，正视并回应四川乡村的流动性特征。一是人员的流动性。表现为农村老龄化、（人员的）空心化日益严重，农村有才能的人大多外出务工经商，缺乏治理型人才。二是信息的流动性。信息时代的到来，使农村也能够快速便捷地获得各种信息，农民眼界更宽。尤其是村中能准确把握商机的致富能手，他们不仅理念新、思维开阔，而且擅长沟通，基层干部若运用固有思维看问题、用老办法解决问题，显然会落后。三是市场的流动性。市场的流动性，早已改变农民的生计获取方式，这一方面滋生了功利主义，另一方面削弱了集体主义思想观念。这直接导致部分农民认为村里事务是村干部的事，不配合、不参与村务，但涉及个人利益，又拼命想得到，甚至不择手段获取。同时，中央和四川省多予少取的惠农政策使一些人形成"等靠要"思想。

（二）治理面向的"压力向上"与治理供给的"服务向下"要求存在差距

随着事权下沉，乡村的基层干部面临的"上面千条线、下面一根针"的境况有增无减。乡村基层干部的工作压力也由"朝下"供给服务与"朝上"应付各类事务并举，转向主要"朝上"应付各类事务。村（社）两委在"压力型"体制下，在乡村治理方面时间花费不足，业务下沉精力不足。据不完全统计，乡镇层级全年平均收到上级部门各类文件近6000份、各类会议通知近700次以及各类迎检、督查和调研通知100余份。基层党组织领导干部的大量精力放在了开会传达、完善资料和迎接检查上面，疲于应付上级布置的工作任务，没有足够的精力和时间去思考和探索乡村治理。治理面向的"压力向上"与治理供给的"服务向下"要求之间存在差距，这是当下乡村治理需要破解的难题。

（三）治理现状的"分而治之"与治理体系的"融合共治"诉求存在差距

一是在治理板块方面，乡村治理的"一核"与"三治"分而治之。部分地区的村（社）党组织建设工作重点为政治宣传，尚未形成有效的运行机制参与乡村社会的各项工作。同样，乡村自治与法治、德治之间尚未形成有效的互助互促、相互成全的融合共治体系。二是在治理理念方面，四川尚有部分地区，尤其是偏远山区、民族地区仍偏重传统的自上而下的政府单向管理，"系统治理、依法治理、综合治理、源头治理"的理念还没有根植到干部群众意识中，乡村治理人人参与、成果共享的局面还远未实现。三是在体制机制方面，治理资源尚未形成合力，各部门"单打一"现象突出，政府、市场、社会组织、居民等多元主体在社会治理中协同合作、互动互补、相辅相成的作用还没有被充分调动，"党委领导、政府负责、社会协同、公众参与、法治保障"的治理体制尚未完全形成。四是在方法手段方面，重视行政的"硬管控"，忽略了社会自我调节的"软约束"。注重事后处置、弱化事前预防和事中化解的情况还较为普遍。

（四）乡村治理的发展"首位"与治理实践的经济"次位"之间存在差距

城镇化高速发展带来乡村社区结构的异质化、居民生计方式的非农化转变与城镇化依赖、利益诉求的多元化，给处于过渡转型期的四川各地乡村治理带来挑战。但同城市社区相比，四川的乡村社区在治理路径方面依然有一个共同适用的特征，即以发展带动治理，治理离不开发展。在当下乡村治理的政策视阈中，尽管发展乡村经济也被放置在十分重要的位置上，却不是最为核心的位置。大部分地区的村集体经济发展滞后，难以反哺乡村公共事业，集体经济反哺乡村公共事业的机制还需进一步完善，经济发展与乡村治理的良性互动水平还需要进一步提升。总而言之，乡村治理的发展"首位"，与治理实践中经济发展同治理内容之间的关联并不密切，在治理中居"次位"，经济发展与治理实践之间存在一定的差距。

（五）乡村干部的能力现状与现代治理的诉求保障之间存在差距

四川正进入经济社会形态快速转变的时期，这一时期社会思潮复杂多变，传统与现代之间呈现冲突和融合的双向互动过程，对基层干部适应新形势、新变化，及时做出新改变的能力要求较高。目前乡、村两级干部对新形势的适应性与灵活性显得不足,且基层干部无法得到有效的激励。一是干部素质还须进一步提高。调查中,很多地方的组织部门反映,2017年换届以来,全区村两委班子人员变动小。部分村党组织书记,尤其是偏远地区的两委班子成员年龄较大,学习能力较差,对信访维稳、矛盾化解、环境治理等工作仍采用老方式、土办法,乡村治理工作成效不高。农村大学生不愿意回乡发展,青年人才后备力量缺乏,专业化人才队伍选育难度较大,进一步限制了乡村治理工作的开展。二是干部出口窄,形成负向激励,更加重了乡村干部的群体相对剥夺感,影响基层治理成效。三是乡村干部的工作量大,激励保障不足。工作量大,令乡村工作力量严重不足。作为全面建成小康社会的短板地区——民族地区,乡镇干部还需要懂双语、有维稳经验和群众工作能力强,这样的干部少,工作开展难度大。与此相对应,乡村干部的待遇还比较低,尤其是村(社)干部的待遇更低。总之,乡村干部应对现代治理的能力相对缺乏,无法满足现代乡村治理对乡村干部的能力诉求,且得到的激励保障又相对较少,阻碍乡村治理有序推进。

(六)自上而下的群众动员与乡村居民的参与动力之间存在差距

一是群众主体意识相对淡薄。长期以来,在传统社会管理体制下,乡村群众是被管理的对象,主人翁意识淡薄,常常是被动员的对象,遵循"动员—行动"的参与模式,发挥主体能动性、主动参与社会治理的行为习惯在部分地区尚未形成。二是群众参与动力尚显不足。乡村社会同城市社会不同,对公共文化娱乐活动的诉求不及谋得生计的诉求强烈,而自上而下的群众动员活动,如果同群众的核心生计无法产生必然关联,则很难形成村民参与乡村治理的根本动力。三是群众法律意识相对淡薄。农民群体以自身日常生活之智慧形成既定的行为与规范秩序,而对于法律相关知识却了解不多,既缺乏通过法律手段维护自身合法权益的观念,也存在因不懂法而侵犯他人合法权益的现象。同时,法律的权威性在部分地区的村民中还没有完全树立。四是乡村社会组织发展滞缓。目前大部分乡村社会组织停留在文化兴趣类自组织,或发展相对粗浅的集体经济组织层面,距离本土社会组织参与乡村治理还有较大的差距。总之,目前自上而下的群众动员内容,往往难以激活村民的内生动力,乡村治理依然缺乏有效的载体。

三 四川省乡村治理之策:健全现代乡村治理能力体系

社会治理的基础在基层,薄弱环节在乡村。基于四川省乡村发展区域间、民族间不平衡不充分的现实省情,将夯实基层基础作为固本之策,建立健全党委领导、政府负责、社会协同、公众参与、法治保障的现代乡村社会治理体制,推动乡村组织振兴,打造充满活力、和谐有序、多元多样的善治乡村,是提升四川乡村治理能力的工作目标。而四川乡村治理能力建设,当重在观照四川境内多元多样的乡村社会现实,分步骤、分类别地推进,通过制度安排与机制设置,以及对加强各乡村治理主体农村基层基础工作,健全乡村治理体系,确保广大农民安居乐业、农村社会安定有序的能力建设,打造共建共治共享的现代乡村社会治理格局。

(一)完善党组织为核心的组织体系建设,强化组织联动能力

一是以农村基层党组织建设为主线,强化党组织建设。首先,突出政治功能,把农村基层党组织建成宣传党的主张的主阵地。其次,在上述前提下,着重提升党组织的治理执行力,尤其要发挥党组织协调各类组织(自治组织、企业、社会组织等)在基层治理中互动互助、互补互促的功能。鼓励在乡镇(街道)层面以下、村(社)层面以上形成区域化的党组织与"三治"(自治、法治、德治)组织之间有效结合的组织体系。鼓励针对外出务工人口建立流动党支部,鼓励通过组织建设,形成乡村与务工地的协同化治理。二是重视联动机制建立,健全以党组织为核心的组织体系。鼓励创新探索,并形成党组织引领协调,自治组织、集体经济组织、社会组织联动的乡村治理组织体系和运行机制。明确与上级组织的组织互动关系,在以建

制村为基本单元设置党组织的基础上，创新党组织设置。三是加强农村党员队伍建设。

（二）完善"三治"互动的内容体系建设，强化融合治理能力

厘清"三治"的具体内容，形成三治的良性互动关系。坚持自治为基、法治为本、德治为先，健全和创新村党组织领导的充满活力的村民自治机制，强化法律权威地位，以德治滋养法治、涵养自治，让德治贯穿乡村治理全过程。

（三）完善"赋能、归位"的乡村自治体系建设，强化自治实践能力

一是进一步完善农村民主选举、民主协商、民主决策、民主管理、民主监督制度。二是做实村民代表联系村民制度，及时做到对村民群众的意见收集和决策反馈，使民主协商制度有效运转。三是厘清治理主体权责，构建新型合作关系。明晰基层党组织、基层政府、村级自治组织、集体经济组织、社会组织等治理主体在乡村治理中的职责和边界，构建各类治理主体责权清晰、各安其位、合作有序的新型合作关系，构建领导权、决策权、执行权、监督权、经营权相互分离，运转协调的运行机制，并全面向治理主体赋能。四是建立健全村务监督委员会，以点带面实践务实管用的村务监督机制，推行村级事务阳光工程。

（四）推进"夯实根基"的乡村法治体系建设，强化法治保障能力

一是不断完善农村司法体系。增加和提高农村法律工作人员的数量和素质，畅通农村的司法渠道，使农村居民能更加便捷高效地通过法律来维护自身合法权益。二是加大农村法治宣传力度。注重法治宣传成效，不断创新农村普法形式，将法律知识宣传与农民日常生活相结合，注意向群众阐明与其生活息息相关的法律概念以及发生纠纷时可以采取的法律手段，提高农民对法律的接纳度和认可度。三是增强基层干部法治观念。四是深入推进综合行

政执法改革向基层延伸。五是加强乡村人民调解组织建设，建立健全乡村调解、县市仲裁、司法保障的农村土地承包经营纠纷调处机制。六是不断提高农村法律服务质量和水平。

（五）推动乡村"熟人秩序"的价值观念升级，强化现代德治能力

在德治方面，乡村的传统价值规范与治理秩序以道德规范的方式影响乡村治理。应当深入挖掘乡村熟人社会蕴含的道德规范与治理秩序，并将其应用到新时代乡村治理的新秩序建构中，引导农民向上向善、孝老爱亲、重义守信、勤俭持家。建立道德激励约束机制，引导农民自我管理、自我教育、自我服务、自我提高，实现家庭和睦、邻里和谐、干群融洽。积极发挥新乡贤作用。

（六）强化乡村振兴与治理人才队伍建设，提高人力资源质量

一是加强乡镇领导班子建设。有计划地选派省、市、县机关部门有发展潜力的年轻干部到乡镇任职。加大从优秀选调生、乡镇事业编制人员、优秀村干部、大学生村官中选拔乡镇领导班子成员的力度。加强民族地区农村基层政权建设工作。二是加强乡村治理带头能人队伍建设，实施村党组织带头人整体优化提升行动。三是实行更加积极、更加开放、更加有效的人才政策，培育新型职业农民、加强农村专业人才队伍建设，鼓励社会人才投身乡村建设，推动乡村人才振兴，让各类人才在乡村大施所能、大展才华、大显身手。

（七）立足现代科技的智慧治理技术建设，提升智慧治理能力

一是全面推进智慧党建工作。通过 App 开发与使用，将现代科学技术运用到党建工作中，提升党员教育信息化水平，不断提升工作效能。二是以智慧治理推进群众参与。以农村雪亮工程为群众参与社会治理的桥梁，打通电视机顶盒和手机 App 的连接，吸引群众参与社会治安防控，运用一键报警模式将发现的线索情况汇报给综治中心工作人员和派出所，消除安全隐患，维护社会长治久安。

（八）推动乡村基层干部的治理能力建设，提升干部治理能力

一是大力开展乡村干部的能力培训。针对乡村干部提高自身能力的迫切需求，积极拓宽培训渠道，制定长远培训规划，全面实现基层干部培训模式从"短、频、快"到"长期、集中、系统"的转型。设立乡村干部培训基金。争取培训资金和师资力量支持，确保乡村干部每年能够参加一次县级以上集中培训，每两年能到发达地区的乡村调研学习一次。培训内容以带领群众脱贫致富能力、法律知识和法治意识、农村工作政策和农牧科技、公文处理等为主。选拔一些优秀的远程教育课件，确保远程教育有实效，构建乡村干部教育培训新格局。借力乡村治理能力建设平台，选派乡村干部外出挂职、考察学习、集中培训、实践锻炼，围绕提高乡村干部推动精准扶贫开发等能力，突出培训重点，创新培训内容，构建更加开放、更具活力、更有实效的乡村干部教育培训新格局。

二是研究出台村（社）干部待遇提升办法。积极探索村（社）干部离职补贴和补助购买社会保险等办法，进一步巩固提高村（社）干部报酬待遇，提高离任村干部、"三老"干部补助。

（九）完善村（社）工作的事项准入机制，规范治理内容边界

设立村（社）工作事项准入机制。按照"政府依法行政、村（社）依法自治"的原则，建立完善村（社）事项准入机制，加快村（社）职能转变；厘清（社）村职责，理顺职能部门与（村）社关系，减轻村（社）工作负担，促进村（社）依法自治；明确基层自治组织法定责任事项，协助政府工作事项，合理调整村（社）购买社会服务项目清单；按照"权随责走、费随事转"的原则，全面落实村（社）工作事项准入制度，积极推进基层群众组织职能归位，进一步激发村（社）自治活力，促进政府行政管理和社会自我调节、村民自治管理良性互动。依法开展村（社）确认前置事项的清理行动，切实减轻村（社）负担。梳理制定"基层群众自治组织依法履行职责事项"和"基层群众自治组织协助政府工作事项"两份清单。

合理调整村（社）购买社会服务项目清单。建立社区工作事项经费保障机制，各部门制定工作方案、计划涉及社区协助的，应附带合理的奖补方法，清单外事项社区应当拒绝执行。

（十）落实"扫黑除恶"的平安乡村建设，维护良性治安环境

健全落实社会治安综合治理领导责任制，健全农村社会治安防控体系，推动社会治安防控力量下沉，加强农村群防群治队伍建设。深入开展扫黑除恶专项斗争。依法加大对农村非法宗教、邪教活动的打击力度，严防境外渗透，继续整治农村乱建宗教活动场所、滥塑宗教造像。完善县、乡、村三级综治中心功能和运行机制。健全农村公共安全体系，持续开展农村安全隐患治理。加强农村警务、消防、安全生产工作，坚决遏制重特大安全事故。健全矛盾纠纷多元化解机制，深入排查化解各类矛盾纠纷，全面推广"枫桥经验"，做到小事不出村、大事不出乡（镇）。落实乡镇政府农村道路交通安全监督管理责任，探索实施"路长制"。以网格化管理为抓手，推动基层服务和管理精细化、精准化。推进农村雪亮工程建设。

治理内容篇
Governance Contents

B.3
四川乡村社会工作发展现状研究[*]

黄熹微 蒋晨曦[**]

摘 要： 随着社会发展与社会工作的成长，乡村社会工作在乡村治理中可发挥的重要作用越来越得到社会各界的认可。四川省乡村社会工作自灾后救援重建开始蓬勃发展，立足本省实际，在乡村社区建设、脱贫攻坚、特殊群体服务、互联网时代新兴社会工作方法等各个领域已取得了一定成绩。然而目前四川省乡村社会工作格局还存在诸多阻碍未来发展的问题，表现为资金来源局限、专业认可局限、专业人才局限、服务评估局限等，亟待政府、学界、实务界等社会各界合作解决。

---

[*] 感谢四川海惠助贫服务中心、成都云峰社会工作服务中心给予的大力支持。
[**] 黄熹微，四川省社会科学院社会学研究所研究实习员，中级社工师；蒋晨曦，成都市社会组织社区和社工人才服务中心中级社工师。

关键词： 社会工作　乡村社会工作　社会治理

2018年9月，中共中央、国务院印发了《乡村振兴战略规划（2018—2022年）》①（以下简称《规划》），其中强调了社会工作在农村社会保障体系和基层服务体系中处于不可或缺的重要位置。《规划》指出，应当"推动各地通过政府购买服务、设置基层公共管理和社会服务岗位、引入社会工作专业人才和志愿者等方式，为农村留守儿童和妇女、老年人以及困境儿童提供关爱服务"，"大力培育服务性、公益性、互助性农村社会组织，积极发展农村社会工作和志愿服务"。

随着社会发展的历史衍变，四川省对社会工作的需求也与日俱增并且逐渐趋近多元化。尽管在《规划》印发之前四川就已经开展了乡村社会工作的探索性尝试，然而面临社会经济发展水平较低、社会组织发展水平参差不齐等普遍问题，乡村社会工作受到了诸多制约。乡村社会工作应秉承《规划》精神，立足四川省区域特征，落实本土化转型，在政府主导、多元参与的理念下，整合资源，拓展介入领域，为远期发展夯实基础。

一　乡村社会工作的含义

何谓乡村社会工作？这一概念，不论是在学界，还是在实践领域，常常难以界定。有学者认为乡村社会工作就是在党和政府的领导下，以预防和解决乡村社会问题、增进乡村社会福利、推动乡村社会发展为目的，广泛发动各种社会力量在农村所开展的社会服务。②也有学者认为社会工作脱

---

① 《中共中央　国务院印发〈乡村振兴战略规划（2018~2022年）〉》，新华社，2018年9月26日。
② 陈晓平：《新农村建设中的社会工作创新——以江西"万载模式"为例》，《江西社会科学》2014年第6期。

胎于对贫困问题的积极应对，乡村社会工作的任务就是化解当代中国乡村贫困问题。①

社会工作以受助人的需求为中心，提高受助人的整体福祉，秉承这样的理念，我们认为乡村社会工作就是向乡村居民提供的以增进社会福利、推动社会发展为目的的社会工作服务，它运用社会学和心理学的科学原则与方法，解决乡村生活中的特殊问题，帮助受助人脱离生活逆境和减轻压力。

二 发展历程

由于历史发展的特殊性，四川省社会工作事业的实践与发展同"5·12"汶川地震密不可分。地震后的救援和重建作为原点，倒逼乡村社会工作迅猛发展。总体看来，四川省乡村社会工作的发展可以大致分为三个阶段：一是"5·12"汶川地震前的乡村社会工作发展，二是基于灾害社会工作的乡村社会工作发展，三是乡村社会工作的普遍发展。

（一）阶段一："5·12"汶川地震前的乡村社会工作发展

在"5·12"汶川地震以前，四川省社会工作的相关实践十分缺乏，相关制度也处于缺位状态，社会工作研究尚未大范围展开，社会工作专业的社会认可度偏低。总体情况如此，更遑论在经济相对欠发达、公共资源相对缺乏的乡村地区开展乡村社会工作了。但仍有少数社会工作专业力量深入四川省乡村地区参与新农村建设。例如NGO组织国际小母牛组织自1984年将中国地区总部设在成都起，一直在四川省开展扶贫工作，2004年开始招募社工专业学生作为志愿者。2004年香港土房子开始进入四川凉山、甘孜两个少数民族自治州开展助学服务，主要关注贫穷、青少年教育、孤儿帮扶等，

---

① 杨发祥、闵慧：《中国农村社会工作发展探析》，《福建论坛》（人文社会科学版）2011年第1期，第156~160页。

尤其是对少数民族的贫穷家庭青少年上学进行支助。① 由中央民族大学、西南民族大学和西昌学院联合创办的凉山彝族妇女儿童发展中心从2005年开始建立乡村工作站，开展禁毒防艾教育、儿童救助、青少年培训、妇女发展等工作。

社会工作自21世纪初起在四川省被逐步推广开来，继2002年西南石油大学、西华师范大学开设社会工作专业招收本科生之后，2004年四川农业大学也开设了社会工作专业，招收本科生。② 四川农业大学作为一所重点农业高校，将重心放在培养心系"三农"、面向西部、服务新农村建设的"三农"社工人才。③

2007年，为加强社会工作人才队伍建设，四川省委托西南财经大学等四所高校按照各自的教学特点，分类分级实施首批社会工作人才培训基地建设项目，其中四川农业大学重点培训城郊社区和农村社会工作人才，服务三州和周边地区。④ 自此，四川省乡村社会工作的发展得到了更多本土专业力量的支持。同年，四川省民政厅人事处增挂了社会工作处牌子，各市州也或成立社工科或在相关科室明确了社工人才队伍建设和相关志愿者队伍建设职责，⑤ 这确保了四川省乡村社会工作实践和发展得到官方机构的支持和指导。

实施于2007年的四川省"社工人才百人计划"，从全日制普通高校及相关专业应届毕业生中招募了100名志愿者，将他们派遣至城乡社区和基层民政服务机构从事协调社会关系、化解社会矛盾、解决社会问题、提供社区

---

① 韦克难：《2003～2013四川社会工作发展民间观察》。
② 范召全、赵晓霞、朱雨欣：《农业高校社会工作专业本科生实践能力培养探索》，《社会工作下半月（理论）》2009年第2期。
③ 范召全、赵晓霞、朱雨欣：《农业高校社会工作专业本科生实践能力培养探索》，《社会工作下半月（理论）》2009年第2期。
④ 《分类培训社工人才 四川四所高校成基地》，四川新闻网，ww.sc.gov.cn/zwgk/zwdt/bmdt/200707/t20070704_190027.shtml。
⑤ 《四川省社会工作十年发展报告》，http：//mzzt.mca.gov.cn/article/sggzzsn/jlcl/201611/20161100887304.shtml。

服务、促进社会和谐的志愿服务,① 为大量专业人才走上职业化道路奠定了良好开端。

(二)阶段二:基于灾害社会工作的乡村社会工作发展

"5·12"汶川地震给四川省的经济社会发展带来了全方位的影响。在灾害的场域中,农村地区急需社会工作专业服务。社会工作对灾后救援、重建的介入不仅推动了社会工作实践发展,也反哺了社会工作研究的进程。②社会工作者的加入一方面给灾后重建工作带去了新的理论视角和方法,另一方面在农村灾害场域中,又使得乡村社会工作以灾害社会工作的发展为突破,实现了从无到有的发展。

以灾后救援和重建为发展契机,四川省乡村社会工作的发展脉络与社会工作在四川省的整体发展脉络是一致的。与北京、上海、深圳等地不同,四川省的社会工作具有独特的发展模式,在不同的发展阶段呈现不同的特点,即移植性、嵌入性及融合性。③

在紧急救援阶段主要体现出移植性特点。由于四川省社会工作专业力量薄弱、灾后社会工作专业服务需求量大,来自省外的社会工作专业力量将组织、人员、技术、资金等各种要素移植到灾区,介入灾后救援,主要开展危机心理干预、社区康娱恢复、弱势人群照顾等服务。④ 然而社会工作者在开展服务时,其身份的合法性、资源的稳定性、工作的制度性、服务的本土性等几个方面都受到较大限制。⑤

在过渡安置阶段主要体现出嵌入性特点。随着社会工作服务逐步得到政

---

① 《四川实施"社工人才百人计划"》。
② 徐选国:《"国家—社会"关系范式下灾害社会工作生成机制的范式研究——以四川社会工作实践为例》,《天府新论》2014年第2期。
③ 徐选国:《"国家—社会"关系范式下灾害社会工作生成机制的范式研究——以四川社会工作实践为例》,《天府新论》2014年第2期。
④ 徐选国、戚玉、周小燕:《社会工作介入农村社区生计发展的理论创新与经验反思——以社会治理创新为分析视角》,《中国农业大学学报》(社会科学版)2014年第4期。
⑤ 姚琴:《灾害救援社会工作的嵌入性发展路径初探——以湘川情社会工作服务队服务事件为例》。

府和社会的认可,社会工作各界不断地深化与政府的对话,社会工作专业力量开始嵌入灾后服务中。这种嵌入性主要体现在制度和服务两方面,社会工作团队一是将自己主动纳入灾区的行政体制;二是积极整合利用灾区既有社会资源,尽可能地将社会工作服务理念、方法、技巧嵌入灾区的服务体系。[①]

其间在安置社区内,社会工作者还立足灾民实际文化心理特征,探索出一系列具有本土特色的服务方式,例如来自上海的社会工作服务团队就在援助都江堰的过程中开展了"巷巷会""火凤凰"等贴近当地灾民日常生活的特色服务。随着服务越来越贴合灾民实际需求,社会工作服务不仅从原先的危机心理干预、社区康娱恢复、弱势人群照顾拓展到社区建设、社会关系重建、社区生计发展,还在本土化道路上跨进了一大步。

在恢复重建阶段主要体现出融合性特点。首先,融合性表现为外来力量与当地的融合。随着社会工作力量逐渐在四川灾区扎根,社会工作力量在当地提供的服务更具组织性、正当性和合法性,许多外来社会工作力量在四川省注册登记为正式合法的机构,或力图在当地孵化、培育社会工作机构和人才。其次,融合性表现为社会工作与政府工作机制的深度融合。社会工作服务普遍被纳入灾后重建体系规划中,使得社会工作介入灾区乡村得到了制度性保障,例如汶川县于2010年出台了《中共汶川县委 汶川县人民政府关于加强社会工作人才队伍建设推进社会工作发展的意见》。

社会工作在灾后的乡村得到了全面的实践和发展,乡村社区社会工作、残疾人社会工作、学校社会工作等领域都迅速开启了实务实践的先河,学术研究、宏观政策也在实务发展的基础上不断向纵深发展,大大填补了四川省乡村社会工作发展的空白,为四川省新农村建设发挥了重大作用。

(三)阶段三:乡村社会工作的普遍发展

四川省乡村社会工作脱胎于灾害社会工作,而后逐渐摆脱与灾害社会

---

① 张粉霞:《社会工作介入灾后重建跨部门合作机制研究——以上海社工介入5.12地震服务为例》。

工作的共生关系，迎来了普遍性发展。2008年，成都市为乡村社区设立了公共服务与社会管理专项资金，由社区居民自主商议其用途并参与项目实施与监督，开始培育自下而上满足居民内生服务需求的自主公共服务模式。

自2010年起，四川省内各地陆续成立社会工作者协会，衔接政府和社会工作专业力量，为社会工作专业力量介入社会问题、提供专业服务铺平了道路。各地还搭建起社工组织孵化平台，孵化培育社工组织。政府通过设置社工岗位、购买社会服务、开发社会工作服务项目、提供专业能力培训等方式，发掘和培养社会工作人才。泸州、广元、遂宁蓬溪等地，尤其重视乡村社会工作的发展，采取了多方面措施为乡村社会工作发展保驾护航。

成都市对乡村社会工作的倾斜力度也逐步加大，自2013年起开始探索社区、社会组织、社工人才"三社"联动，推动了大量乡村社区、涉农社区引入社工组织，通过专业社会工作服务引导居民参与新农村建设，破解农村治理难题。2017年成都市在全国范围内率先成立了城乡社区治理委员会。作为市委职能部门之一，城乡社区治理委员会旨在推动城市社区和乡村社区治理从传统管理向现代治理转变。2018年成都市民政局成立了成都市社会组织社区和社工人才服务中心，力图更加精细化地开展城乡基层治理工作，更好地发挥社会组织、社会工作在社会治理中的重要作用。

三 发展现状

2016年，四川省委办公厅、省政府办公厅联合下发了《关于开展农村社区建设试点工作的实施意见》①，提出从当年起，每个市选择2%的村，阿

---

① 《2016年起我省每年按1000个村的规模开展农村社区建设试点工作》，四川省人民政府网，http://www.sc.gov.cn/10462/10464/10797/2016/5/3/10378583.shtml。

坝、甘孜、凉山各选择5至15个村,按全省每年1000个村的规模开展农村社区建设试点工作,其中提出了要引导、支持乡村社区社会组织参与社区公共事务和公益事业,并特别指出要大力支持发展乡村社会工作服务机构。全省各地以公益创投、购买社会服务等形式催生出一批乡村社会工作服务项目,如遂宁市安居区的"亲亲家园"关爱农村留守儿童公益创投项目、① 什邡市的"和睦家园"公益创投项目、② 成都市朗力社会工作中心执行的邛崃市冉义镇乡村社区营造项目。③

四川省的乡村社会工作发展现状当然还远谈不上完美,但其在经历了从无到有的初创后,总体发展呈现格局清晰、发展有序、步伐稳健的特点。自2013年起,四川省民政厅联合多部门持续实施"四川省边远贫困地区、边疆民族地区和革命老区人才支持计划社会工作专业人才专项计划"④,共计派出525名社会工作专业人才到四川省贫困地区开展服务。⑤ 四川省民政厅向社会征集的省级2018年度社会工作服务储备项目⑥中,也包含了面向农村留守儿童、乡村社区老年人的社会工作项目,以及社会工作介入脱贫攻坚的专业项目。

随着乡村基层社会管理体制的变迁,目前乡村社会工作服务开展较多的领域可概括为三方面:乡村社区建设、脱贫攻坚、特殊群体服务。⑦ 同时,互联网发展对人们的生产生活方式都产生了深远的影响,社会工作专业领域也不可避免地受其影响,网络时代的新型社会工作方法应运而生,正在蓬勃

---

① 《安居区启动2018年农村留守儿童关爱公益创投项目》,遂宁文明网,http://scsn.wenming.cn/qxdt/201811/t20181102_5524881.html。
② 什邡市人民政府,http://www.shifang.gov.cn/default/news/shownews/20111220171920949/2018010710009641.html。
③ 《社工故事 | 一个东北80后在四川的乡村造梦》,中国公益新闻网,http://www.cpwnews.com/content-24-5155-1.html。
④ http://www.scmz.gov.cn/article/detail?id=14025。
⑤ 《四川社会工作以新姿态迈入新时代地位日趋凸显》,新华网,http://www.xinhuanet.com/gongyi/2018-01/03/c_129781907.htm。
⑥ http://www.scmz.gov.cn/Article/Detail?id=22912。
⑦ 全国社会工作者职业水平考试教材编写组:《社会工作实务:中级》,中国社会出版社,2007。

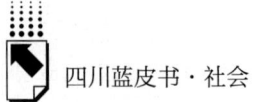

发展。本节将从乡村社区社会工作、社会工作介入脱贫攻坚、乡村特殊群体社会工作服务、互联网时代新兴社会工作方法四个方面，简述四川省乡村社会工作发展现状。

（一）乡村社区社会工作现状

归根结底，乡村社区社会工作与城市语境下社区社会工作的本质并无二致，两者都是将社区和社区中的居民视为案主，通过激发居民内生动力，找到社区问题与需求，动员社区资源，引导居民有序进行集体活动，解决或预防社会问题，加强社区凝聚力。

通过政府购买社会服务的方式，成都市朗力社会工作中心以专业力量介入邛崃市冉义镇斜江社区的社区营造。① 乡村驻点社工从问需入手，先通过社区走访等形式宣传社区营造项目，然后根据居民的兴趣爱好组织小组活动，逐步与居民建立关系。在获得居民信任的基础上，驻点社工再收集、梳理居民的需求，设计、执行具体的社会工作项目。

四川光华社会工作服务中心作为乡村社区治理的补充力量，被引进了崇州市桤泉镇群安村。② 群安村经历了从分散居住到集中居住的新农村建设改造，存在公共空间侵占严重的问题，同时该村基础配套设施尚不齐全，村民自律意识、维权意识均偏弱。与大多社会工作项目落地之初的困境一样，驻点社工也遭遇了村民的不理解和排斥。通过引导社区热爱舞蹈的村民组成舞蹈队，引入大学生志愿者为社区儿童开设夏令营等方式，驻点社工迅速与村民拉近关系，促使村民的态度转变为主动参与。随后，驻点社工在社工站以召开业主委员会会议的形式，引导村民讨论对社区发展的设想，通过个别访问、小组讨论、田间收集、院落坝坝会，收集村民的意见建议，形成了村民公约初稿。经过村民间的多次商讨、修改，最终的村民公约依靠村民自主筹

---

① 《社工故事｜一个东北80后在四川的乡村社造梦》，中国公益新闻网，http：//www.cpwnews.com/content‐24‐5155‐1.html。
② 《社工介入新农村乡约建设纪实》，公益时报网，http：//www.gongyishibao.com/html/yaowen/8473.html。

集、政府支持和相关企业单位赞助三条途径相结合的方式,以公约墙的形式得到了呈现。在形成村民公约的过程中,村民参与乡村社区治理的意识和能力得到了激发和培育。

广东绿耕社会工作发展中心从 2001 年开始在云南平寨探索从事乡村社会工作,积累了丰富的工作经验。① 2013 年广东绿耕社会工作发展中心联合四川农业大学社会工作系、广州市、中山大学社会学与社会工作系、香港理工大学应用社会科学系四家单位与雅安市雨城区上里镇人民政府共同签订了在上里镇开展灾后农村社区发展工作的合作协议,并在上里镇庙坝村建立了社工站,还孵化出了一家成都本土的社会工作服务中心。

(二)社会工作介入脱贫攻坚现状

正如有学者指出的一样,大力发展农村社会工作,是化解当代中国农村贫困问题的重要途径。② 2017 年 8 月,民政部、财政部、国务院扶贫办联合出台了《民政部 财政部 国务院扶贫办关于支持社会工作专业力量参与脱贫攻坚的指导意见》。③ 响应脱贫攻坚战的号召,社会工作应成为一股不容忽视的专业力量,发挥社会工作者组织协调、资源链接、宣传倡导的专业优势,帮助贫困群众建立健全社会支持系统,促进、协助贫困群众提升自我脱贫能力和自我发展能力。尤其是在脱贫攻坚的"扶志"难点上,社会工作者可以从心理、社会等方面对贫困户进行专业干预,通过个案、活动、座谈、引导等方式促进贫困户找寻并激发脱贫的内生动力,从心理到行动上都积极参与到社会中。

为了向政府扶贫工作输出有效补充,民政部计划从 2017 年至 2020 年,从社会工作先发地区遴选 300 家社会工作服务机构一对一牵手帮扶贫困地

---

① 《雅安灾害社会工作》,绿耕网,http://www.lvgeng.org/projectcat/yaanzaihaishehuigongzuo/。
② 杨发祥、闵慧:《中国农村社会工作发展探析》,《福建论坛》(人文社会科学版) 2011 年第 1 期,第 156~160 页。
③ 《三部门关于支持社会工作专业力量参与脱贫攻坚的指导意见》,中华人民共和国中央人民政府网,http://www.gov.cn/xinwen/2017 - 08/19/content_ 5218659. htm。

区，引导先发地区社会工作服务机构结对帮扶贫困地区社会工作服务机构，支持贫困地区为特殊、困难群众提供300个社会工作服务项目。[1] 扎根四川省的成都市同行社会工作服务中心就是第一批参与"牵手计划"的机构之一，结对帮扶对象是理县湘川情社会工作服务中心。[2] 在评估后，成都市同行社会工作服务中心制订了"理论课+工作坊+参访学习+参与式实训"的专业督导计划，以全面建设社会工作体系为目标进行能力建设。在帮扶期间，理县湘川情社会工作服务中心承接了理县上孟乡木尼村脱贫攻坚社会工作服务项目。

四川海惠助贫服务中心是一家将社会工作介入精准扶贫的专业社会组织，服务范围覆盖丹巴、美姑、昭觉、通江、布拖、喜德等省内贫困地区，最具代表性的社会工作扶贫项目之一便是生计发展项目。该项目首先呼吁当地有种植或养殖意愿的农户来报名参加，通过社工带领互助组的形式促使农户转变观念，从被动脱贫转变为主动脱贫求发展。对于满足基本条件的农户，项目通过资金和技术支持，帮助其在几年后实现种植或养殖增收，然后根据签订的协议，把原始资金和养殖技术作为礼品传递给下一位村民。2018年，四川海惠助贫服务中心帮助了四川省内外15个县（含7个深度贫困县）超过2000户贫困户通过发展养殖业增加收入；为四川省扶贫移民局项目中心执行的世行六期（四川）产业扶贫项目提供项目管理和合作社发展顾问服务，为分布于6个县的115个农民专业合作社、30000户农户提供能力建设支持。[3]

（三）乡村特殊群体社会工作服务现状

四川省乡村地区外出务工群体较为庞大，产生了大量留守儿童、留守妇

---

[1] 《民政部召开社会工作服务机构"牵手计划"启动实施会议暨首批"牵手计划"实施工作专题培训班》，中华人民共和国民政部，http://www.mca.gov.cn/article/xw/ywdt/201711/20171115006905.shtml。

[2] 《全国仅3家 成都一社工机构扶贫"牵手计划"获肯定》，人民网，http://m.people.cn/n4/2018/1113/c1439-11888565.html。

[3] 数据由四川海惠助贫服务中心提供。

女、留守老人。由于社会历史因素，儿童、妇女、老人本就属于三类社会工作重点关注的弱势群体，身处生产生活条件、资源条件劣于城市的乡村地区，其只会面临更多挑战。

仁寿县面向留守儿童开展的社会工作服务走在全省前列。仁寿县政府一是委托县未成年人保护中心开展了留守儿童受委托监护人、受监护情况、留守儿童需求等调查评估，建立农村留守儿童档案17855份；二是以政府购买服务的形式引进了成都培力社会工作服务中心，孵化、培育、督导仁寿本土的社会工作组织与人才；三是先后投入资金160.8万元，依托仁寿友爱社会服务中心，启动了"益路童伴"农村留守儿童关爱保护项目，截至2018年7月，已服务农村留守儿童3.6万人次。①

社会工作机构的生存发展现状导致乡村社区普遍缺乏老人社会工作服务机构和项目，大部分独居老人无法得到足够的支持和服务，其情感需求也无法得到适当满足。② 为了破解留守老人的困境，四川省民政厅已于2018年8月联合多部门发布了《关于加强农村留守老年人关爱服务工作的实施意见》，③ 提出要在2020年全面建立农村留守老年人关爱服务工作机制和基本制度，初步形成关爱服务体系，并强调了社会工作专业人才的培育和使用。以灾害为契机曾开展过的乡村社区老年人社会工作项目也将成为未来大力推进相关工作的宝贵经验来源，例如成都市一天公益社会工作服务中心承接的民政部农村特殊困难老年人社会工作服务示范项目"4·20"地震灾后宝兴县灵关镇农村社区老年人服务项目，④ 深圳市慈卫公益事业发展中心承接的民政部农村特殊困难老年人社会工作服务示范项目芦山地震灾区特殊困难老

---

① http：//www.scmz.gov.cn/Article/Detail? id =26401.
② 宿丽文、伍海霞：《农村高龄独居老年人的情感慰藉需求及社会工作介入探究——以四川省G村为例》，《老龄科学研究》2018年第6期。
③ 《我省制定出台〈关于加强农村留守老年人关爱服务工作的实施意见〉》，四川省人民政府网，http：//www.sc.gov.cn/10462/10464/10797/2018/8/31/10457980.shtml? cid =303。
④ 《成都6个老人社工服务示范项目获民政部立项》，四川新闻网，http：//scnews.newssc.org/system/20140824/000480692.html。

年人社会工作服务示范项目。①

乡村地区的妇女群体正得到社会工作研究与实践越来越多的关注。广东绿耕社会工作发展中心设于四川省汶川县映秀镇的社工站缘起于"5·12"汶川地震后的灾害社会工作介入,后来向乡村社区恢复重建、乡村社区治理过渡,尤其在妇女生计能力建设方面以妇女为本、弱势优先的原则帮助了一批乡村妇女改善自己的生活,也改变了她们在权利与资源分配、两性关系中遭受的不公境遇。② 四川海惠助贫服务中心在贫困地区也开展为留守妇女赋能的社会工作项目,项目为留守妇女提供牲畜、农用物资及养殖技术培训等,帮助她们提升生活技能,建立对生活的信心。③

(四)互联网时代新兴社会工作方法

乡村社会工作面临缺人、缺物、缺资金的困境,不得不承认乡村范围有诸多领域未能被社会工作机构或项目覆盖,乡村居民有诸多需求未能得到社会工作专业方法的帮助。然而互联网时代的技术更迭催生的新兴社会工作方法,或许可以在一定程度上缓解这种困局。当现今的社会工作专业组织、项目、人员还无法直接惠及每一位乡村居民时,互联网新兴社会工作方法走在了时代前列。

成都云峰社会工作服务中心是一家专为青少年儿童提供社会工作服务的专业性机构,其创新性服务模式"小善叔叔信箱"组织志愿者利用闲散时间与在校中小学生进行书信交流,志愿者召集、部分培训以及志愿者与服务对象之间的书信交流均通过网络手段完成,打破了参与志愿服务人员的时间限制、资金限制、场地限制、位置限制等诸多局限性,极大降低了时间成本和资金成本。在书信交流的过程里,专业社会工作

---

① 《"中秋佳节,慈卫社工与您在一起"——芦山地震灾区特殊困难老年人关爱探访活动》,广东省民政厅,http://www.gdmz.gov.cn/gdmz/sndt/201409/43f854fffdec4064a61dcd23737e505c.shtml。
② 郭燕平:《女性主义社会工作在田间》,《中国社会工作》2013年第9期,第61~62页。
③ 资料由四川海惠助贫服务中心提供。

者以督导的身份培育志愿者与学生维系良性互动,并从中发现、梳理学生的个别性成长需要,在有需要时就开展有针对性的个别性服务。在获得了一定成绩后,"小善叔叔信箱"将服务范围拓展到了甘孜州石渠县的4所中小学,不仅为学生带去关怀,也有利于阻断民族地区的贫困代际传递。①

北京歌路营慈善基金会关注农村寄宿留守儿童的成长教育问题,用信息化等多元手段为寄宿留守儿童提供睡前故事、音乐、心理、学科等专业教育内容或产品,其服务范围已经覆盖了28省202市571区县3522所农村学校,四川省也被纳入其中。2015~2017年,北京大学中国教育财政科技研究所对"新一千零一夜"睡前故事项目进行了17000多名学生的大规模随机干预实验,在2017年底终期评估得出结论:该项目的实施对校园霸凌、儿童的抗逆力、睡眠状况以及抑郁状况都有显著的改善或缓解作用。②

四 存在问题与对策建议

(一)存在问题

总体而言,社会工作在四川省的发展起步较晚,普遍存在体制机制不健全、经费投入不足、地区发展不平衡、人才总量不足、专业程度不够、理论方法本土化不足等问题。目前四川省社会工作开展较好的地区集中在成都市及部分市州,大多数社会工作者也集中在经济、社会发展水平较高的城市地区,偏远、艰苦的乡村地区普遍缺乏社会工作人才,③ 因此乡村社会工作的发展就更为迟缓,存在的问题也更多,亟待解决。

---

① 资料由成都云峰社会工作服务中心提供。
② 歌路营慈善基金会,http://www.growinghome.org.cn/。
③ 《四川省社会工作十年发展报告》,中华人民共和国民政部,http://mzzt.mca.gov.cn/article/sggzzsn/jlcl/201611/20161100887304.shtml。

一是资金来源局限。社会工作项目资金来源单一,大多依靠政府购买服务的形式维持运转。目前,四川省尽管已经争取到一定资金用于开展社会工作服务,但其中只有少量投到了乡村社会工作领域,整体的经费支持力度还远远不够,仍有许多地方没有将社会工作经费纳入财政预算,乡村社会工作服务发展受到制约。

二是专业认可局限。大量乡村地区群众、基层干部对社会工作专业的知晓度、认可度几乎为零,具体表现为其不清楚社会工作者能做什么、什么时候可以寻求社工帮助,这一方面导致群众的服务需求无法被及时发现和回应,另一方面导致即使在社会工作服务覆盖到的乡村地区,基层政府和服务单位也只是在形式上接纳了服务团队,实际上很可能存在与上级民政部门不一样的期待,例如希望社会工作者分担一部分行政工作,要求社会工作者打卡上班,甚至按照本单位的意图对服务项目的开展进行行政干预。①

三是专业人才局限。目前,四川省除民政等少数部门外,其他部门推进社工岗位开发利用的力度相对较小,进度相对滞后,与之对应的评价体系、薪酬标准难以落实到位,更进一步导致乡村基层的社工岗位开发设置进展缓慢。虽然四川已经培育出大量本土社会工作机构,但专业性高、管理规范,尤其是扎根乡村的机构依然是少数,乡村社会工作人才的数量也远不能满足需要。

四是服务评估局限。社会工作服务评估不仅可以保证服务质量,有助于提升服务水平,同时也是政府购买服务制度中的重要组成部分。民政部于2015年发布的《民政部关于探索建立社会组织第三方评估机制的指导意见》中明确指出应政社分离、管评分离,由独立的第三方社会机构进行专业评价。②然而四川省第三方评估机制尚在健全过程中,行业规范化刚刚起步,

---

① 杨竹、吴晓萍:《从行政主导到专业主导:西部农村社会工作服务项目实践与反思——基于民政部"三区"计划在贵州的实践》,《农村经济》2018年第5期。
② 杨竹、吴晓萍:《从行政主导到专业主导:西部农村社会工作服务项目实践与反思——基于民政部"三区"计划在贵州的实践》,《农村经济》2018年第5期。

原先的行业乱象还在大力整改，目前有资质从事社会工作服务评估的专业机构数量十分有限，无法满足日益增长的评估需求，从长远来看不利于乡村社会工作的未来发展。

（二）对策建议

一是推进资金来源多元化。对乡村社会工作机构和项目而言，过于依靠来源于政府的资金是不利于长远发展的，很多机构另辟蹊径的做法值得借鉴，如向基金会申请项目资助、将自身优势与非营利性相结合开展梯级收费项目、接受社会募捐等。[1] 四川省民政厅联合11部门于2018年发布的《关于加强社会工作专业岗位开发与人才激励保障的实施意见》就明确指出应引导社会工作服务市场化合理收费，这将有力助推社会工作机构实现资金多元化的转变。

二是加大专业普及宣传力度。除继续现有的社会工作宣传活动以外，乡村社会工作机构和相关政府部门应开辟新的宣传方式，例如新媒体或公益营销。公益营销在中国尚属新生事物，却已有成功的前期尝试案例，乐百氏和农夫山泉就分别把产品销售与贫困山区儿童救助和中国绿化事业联系了起来，不仅提高了企业的业绩，还获得了良好的公益效果。有学者提出了一种社会工作机构参与公益营销的路径，即全面深入了解社区各类人群的需求，为公益营销中的公益定位和落实提供支持。[2]

三是加强专业人才培养与激励。应以政府为主导力量，推动社会工作专业岗位开发和人才激励保障，优先开发乡村重点领域急需社会工作专业的岗位，着重为乡村困难群体和特殊群体提供社会工作服务。对于自愿留在艰苦乡村地区工作的社会工作专业人才，不仅要在提拔晋升时予以优先考虑，当

---

[1] 方英：《从现代社会福利视角界定中国社会工作发展的核心问题》，《福建论坛》（人文社会科学版）2014年第9期，第161~167页。

[2] 方英：《从现代社会福利视角界定中国社会工作发展的核心问题》《福建论坛》（人文社会科学版）2014年第9期，第161~167页。

地政府部门还要根据有关政策协助解决其住房、子女就学、配偶就业等问题，让四川省乡村社会工作事业有人用，留得住。

四是健全专业评估机制。进行行业规范化工作，理顺社会工作评估行业机制，引导专业人才进入评估行业。符合国家支持大众创业、万众创新有关政策条件的社会工作评估机构，可按照规定享受有关优惠政策。

B.4 四川省农村社会组织发展报告

黄进 程淑玲**

摘　要： 截至2017年底，四川省民政厅统计的各类社会组织已有42282家，其中有3953家组织的注册工作领域为农业及农村发展领域。农村社会组织的具体工作涉及教育、金融贷款、身心健康、减灾救灾、扶贫发展、环境保护等众多领域。参考中国乡村发展合作网络2018年最新统计的《农村社区发展领域社会组织及资助者名录》，在四川省工作的45家机构以小规模机构为主，员工为10人及以下的有35家，10人以上的只有10家。资金规模为0～100万元的机构有36家，100万元以上的有9家。工作地域集中在成都和雅安，工作对象则涵盖儿童、妇女、老人、青壮年等各类型的人员，有两个组织以合作社及自发组织为服务对象。四川各个区域还存在大量社会自发形成的自组织，本报告介绍了以农村为工作领域的社会组织和自发成立的社会组织的特点、工作模式及它们对当地的积极作用。

关键词： 农村　农村扶贫　社会组织　社区治理

---

* 感谢蜀光社区发展能力建设中心及宜宾市珙县民政局提供案例资料，感谢中国乡村发展合作网络提供《农村社区发展领域社会组织及资助者名录》统计资料。
** 黄进，博士，四川县社会科学院社会学研究所所长，研究员，研究方向为社会政策和社会治理；程淑玲，四川省社会科学院社会学研究所硕士研究生，研究方向为社会治理。

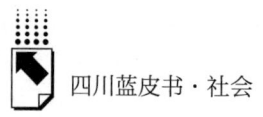

一 四川省社会组织基本概况

社会组织是我国社会主义现代化建设的重要力量,以习近平同志为核心的党中央高度重视社会组织改革发展,做出一系列重大决策部署。2016年中共中央办公厅、国务院办公厅印发了《关于改革社会组织管理制度促进社会组织健康有序发展的意见》,民政部会同有关部门深入推进"放管服"改革,大力支持社会组织在服务国家、服务社会、服务群众、服务行业中发挥积极作用,努力推进社会组织健康有序发展。根据民政部2018年第四季度报告,全国社会组织超过81.3万家,其中社会团体36.6万家、基金会7027家、民办非企业44.3万家。

(一)四川社会组织的现状

据四川省民政厅统计,截至2018年底四川省社会组织总数为42581家,2018年新增3000多家,数量位居全国第五。2017年四川省登记备案各类社会组织共42282家,职工人数为558827人,其中女性207654人;受教育程度为大学专科的为84392人,本科及以上的为93015人;在职业资格水平方面,助理社会工作师为1583人,社会工作师818人;年龄在35岁及以下的为215667人,36岁至45岁为213631人,46岁至55岁为72860人,56岁以上为56669人;志愿者服务人次数为48850人次,志愿服务时间为289375小时;2017年总固定资产原价为2997311.1万元,收入合计10757177.7万元,费用合计1769658.4万元,社会组织单位增加值为627263.7万元。

社会团体20149家,职工人数303311位,其中女性93091人;受教育程度为大学专科的为26625人,大学本科及以上的为36220人;在职业资格水平方面,助理社会工作师393人,社会工作师167人;年龄在35岁及以下的为101587人,36岁至45岁的为108309人,46岁至55岁的为44082人,56岁及以上的为49333人;志愿者服务人次数为48020次,志愿服务时间为288120小时;2017年新增1508个机构,社会团体固定资产为

522892.6万元，2017年度收入246730.1万元，年度费用合计213658.4万元，社会组织单位增加值为63148.6万元。

基金会158家，职工人数为544人，其中女性职工为265人；受教育程度为大学专科的为110人，大学本科及以上的为303人；在职业资格水平上，助理社会工作师1人，社会工作师0人；年龄在35岁及以下的为189人，36岁及45岁164人，46岁至55岁的为118人，56岁及以上的为73人；志愿者服务人次数为0人，时间为0小时；2017年新增0个机构，基金会固定资产总额为6980.1万元，年度收入为163739.9万元，年度费用为146705.2万元，社会组织单位增加值为1953.5万元。

民办非企业21975家，2017年末职工人数为254972人，其中女性为114298人；受教育程度为大学专科的有57657人，大学本科及以上的有56492人；在职业资格水平上，助理社会工作师1189人，社会工作师651人；年龄结构方面，35岁及以下的为113891人，36岁至45岁的为105158人，46岁至55岁的为28660人，56岁及以上为7263人；志愿服务人次数为830次，志愿服务时间为1255小时；2017年新增2052个机构，固定资产原价为2467438.4万元，本年度收入合计10346707.7元，年度费用为1409294.8万元，社会组织单位增加值为562161.6元。

（二）四川社会组织发展历史

自新中国成立以来，四川省社会组织经历了1949年至1965年的正常发展阶段，1966年至1978年的停滞阶段。1978年后随着社会管理体制改革的推进和深化，社会组织也不断地发展，但是以社会团体形式为主。从统计年鉴资料来看，一直到1999年才开始注册民办非企业形式的社会组织，当年登记2个民办非企业组织，到2001年民办非企业组织数量快速增长至7875个。

2007年党的十七大肯定了社会组织在社会主义建设中的积极作用，提出用社会组织替代民间组织的概念。从四川省民政厅统计数据来看，2006年至2017年，四川的社会组织总量增加了60.8%。汶川地震后，2008年登记的社会组织增长率达到6.3%（未登记的更多），其后一直维持比较平稳的增长率（见图1）。2013年四川省降低社会组织准入门槛，于2013年10月出台《四川省民政厅关于开展社会组织直接登记的通知（试行）》，简化行业协会商会类、科技类、公益慈善类、城乡社区服务类四类社会组织登记工作。2014年民政厅出台了《四川省行业协会商会类科技类公益慈善类城乡社区服务类社会组织直接登记管理暂行办法》，对四类直接登记社会组织的设立标准、条件等进行规范。在政策宽松背景下，2013~2015年社会组织维持较高增长率，其中2013年的芦山地震是社会组织增长率提高的原因之一。2015年四川省民政厅依据中共中央办公厅、国务院办公厅发布的《行业协会商会与行政机关脱钩总体方案》启动行业协会与原挂靠政府单位脱钩工作，提高行业协会的独立自主性，提高社会服务能力。2016年8月21日，国务院办公厅发布了《关于改革社会组织管理制度促进社会组织健康有序发展的意见》，此后四川省的社会组织登记数量有一定的增长。

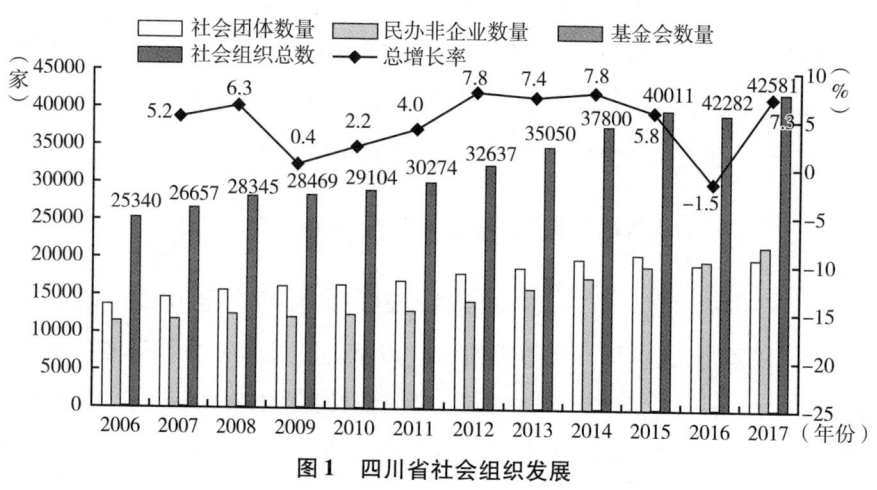

图1　四川省社会组织发展

二　四川省农村社会组织发展历史

本文的农村社会组织指以农村区域为工作范围或者涉及农村各领域的社

会组织。按照四川省民政厅2017年最新统计的数据,在农业及农村发展领域注册的社会团体有3891家,民办非企业有61家,基金会有1家。

除此以外,在教育、生态环境、救灾减灾等领域也有大量组织在农村开展工作。除了在四川省注册的组织外,中国香港及国际涉外组织在四川农村区域开展工作的机构都在本文的关注范围内,机构的统计数据参考各个组织的网站资料介绍及中国发展简报、环球公益网等平台型网站的不完全统计资料。

四川省民政厅2009年才开始统计农业及农村发展领域的社会组织数量。2008~2017年农业及农村发展领域社会组织增长39.6%。2009~2012年农业及农村发展领域的社会组织增长率高于社会组织的增长率,说明社会组织对农村领域的关注(见图2)。汶川地震也可能是农业领域社会组织增长率高的原因之一。2013年四类社会组织直接登记的政策也让2014~2015年的社会组织增长维持了3%以上的增长率。2016年《关于改革社会组织管理制度促进社会组织健康有序发展的意见》颁布后,增长率也有回升。

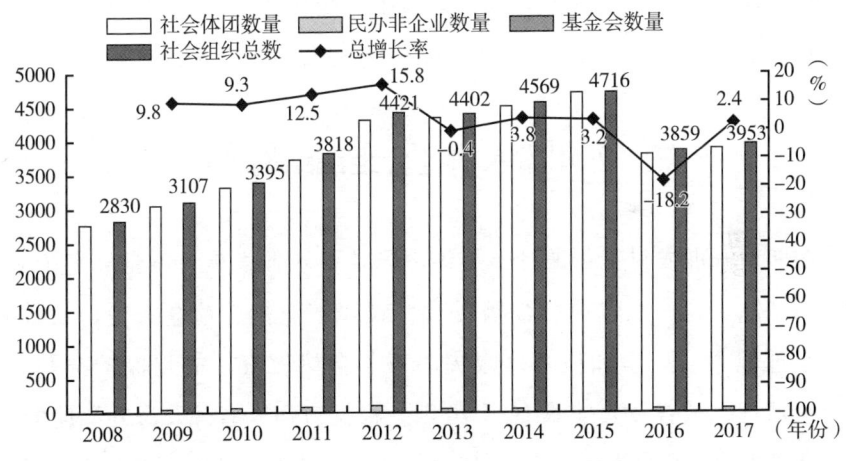

图2 四川省农业及农村发展领域社会组织发展

一些国际组织也开始进入四川工作。国际小母牛组织1985年在四川正式开展项目,1996年在四川工商局正式注册,开展畜牧扶贫、灾后恢复、小额信贷等项目。世界自然基金会成都项目办公室于2002年成立，在长江上游、岷山的森林生物多样性和大熊猫栖息地的保护项目中，推动社区发展替代生计，推广节柴灶等技术，改善村民的生活。香港社区伙伴2004年在成都成立办公室，加强推广融合适切的传统文化价值观及作业方式，以发展可持续生活。

汶川及芦山地震后，社会组织注册数量的增长率都有较大幅度的提高，说明救灾重建与社会组织的增长有较大的相关性。除本土组织外，大量关注减灾救灾的境外组织进入四川农村工作，包括国际美慈组织、仁人家园、乐施会、香港红十字会在内的众多机构。其中乐施会共为汶川地震筹得1.72亿港币的捐款，超过85万人次受益，五年计划后乐施会宣告成都办公室正式关闭。香港红十字会在地震后启动了一系列的救援计划，据2018年最新统计，十年间向四川178000多人次派发赈灾物资，重建逾10000间民房、19间学校、22间医院及151间卫生室，为1800多名地震伤员提供康复服务，在117个农村推行小区恢复、备灾或生计工作，修建备灾仓库或为备灾仓库添置装备，培训康复救援队，预先存放赈灾物资。香港特区及国外涉外组织为四川农村救灾恢复提供了巨大的帮助。

三　四川省农村社会组织结构特点

在四川开展农村工作的社会组织分属传统农业发展、本地特色农业、农电商产品、合作社建设、金融贷款、农业产业链、社会人伦、身体健康、心理健康、科学和技术、减灾防灾、自然教育、文化保护与传承、自组织治理、教育及其他等16个类别。根据省内、省外及海外注册的45家社会组织的不完全统计，其工作领域、[①] 员工人数、资金规模等基本情况如下。

[①] 在工作领域方面，资助者名录的分类包括大部分NGO涵盖的多个领域，在统计中，部分组织存在重复统计的情况。

农村扶贫与发展领域（传统农业发展、本地特色产业、农产品电商、合作社建设、农业产业链、科学技术、自组织治理）有25家社会组织，主要有蜀光社区发展能力建设中心、广东绿耕社会工作发展中心、北川羌族自治县羌魂社会工作服务中心、巴中市志愿者协会、成都益多公益服务中心、雅安同耕社区发展中心等。

金融贷款领域（金融培训、农村信贷）的机构有4家，分别为成都高新区安逸舍社区发展中心、四川海惠助贫服务中心、仪陇县乡村发展协会、四川农村发展组织（英国）四川代表处。

减防灾领域（灾害管理、灾害预防等领域）的机构有9家，主要为北川羌族自治县羌魂社会工作服务中心、成都授渔公益发展中心、成都倍力社会组织发展促进中心、德阳市红十字救援协会等。

生态环境领域（环保、垃圾分类、人与自然和谐共处）的机构有12家，主要为成都根与芽环境文化交流中心、成都农禾之家公益发展中心、成都高新区野草生态社区发展中心、成都市乐芙公益服务中心、成都城市河流研究会等。

教育领域（学业成绩、艺术教育、职业教育、就业培训）的机构有16家，主要为遂宁艺宁妇女儿童社会工作服务中心、绵阳市一元爱心协会、南充市卓锦社会工作服务中心、成都授渔公益发展中心等。

社会服务领域（社会人伦、身体健康及心理健康）有37家社会组织，主要为达州市社会工作协会、成都市常青树社会工作服务中心、巴中市志愿者协会、成都益多公益服务中心、遂宁艺宁妇女儿童社会工作服务中心等。

文化保护与传承领域（文化挖掘、文创品牌、文化产品打造、乡土经验收集）有17家社会组织，包括青神县少儿发展促进会、成都高新区安逸舍社区发展中心等。

除了以上中国乡村发展网络统计的数据以外，中国发展简报网站提供的数据显示，在三农与扶贫领域登记的境外机构有10家，包括GOPA、联合国国际农业发展基金、联合国世界粮食计划署等。国内登记的涉及农村领域发展的机构有60家，部分与中国乡村发展网络的统计数据重合，包括成都

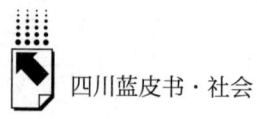

一扇窗公益服务中心、四川西部扶贫资源开发中心、成都康华社区发展中心等。

根据中国乡村发展网络统计的四川45家社会组织的数据，资金规模在0~20万元（含20万元）的有19家，20万~50万元（含50万元）的有14家，50万~100万元（含100万元）的有3家，100万~200万元（含200万元）的有3家，200万元以上的有6家；人员数量在0~2人的机构有13家，3~5人的有17家，6~9人的有5家，10~15人的机构有6家，15人以上的有4家；工作地域在成都周边区域的机构有12家，在达州市的有1家，在德阳市的有6家，在凉山州的有4家，在眉山市的有2家，在绵阳市的有2家，在南充市的有6家，在遂宁市的有1家，在雅安市的有7家，在宜宾市的有1家，在四川阿坝藏族羌族自治州的有1家，在巴中市的有1家，在甘孜藏族自治州的有1家。服务对象包括儿童、妇女、老人、青壮年等，几乎涵盖农村人口的各个类型，另有2个组织是以合作社及其他农村自组织为服务对象的。

四 四川省农村社会组织运行案例介绍

四川农村社会组织工作涵盖各个领域，在传统农业发展、身心健康、教育、社会人伦、社区自组织等各个领域发挥了重要的作用，在缓解农村贫困、解决社会问题、提高农村社区综合能力等方面起到了不可替代的作用。社会组织根据其工作对象和自身的工作理念，工作手段及运行机制也有所不同，以下两个案例展示了专业的社区发展组织和民间自发成立的义工性质的组织之间的工作手法和运行上的不同，它们都为农村问题解决与农村发展带来了积极的效应。

（一）阿坝州小金县社区发展基金与社区发展

成都蜀光社区发展能力建设中心（以下简称"蜀光"）于2003年在成都工商局登记注册成立，2011年在成都市民政局注册为首批无主管单位的社会组织,在职员工15名。蜀光主要负责城乡社区发展项目管理、设计、咨询,社区建设和管理人员培训,社区能力建设与发展研究等工作,开展的项目包括灾后重建、资源管理、能力建设、社区扶贫等。蜀光的工作人员来源于四川省社会科学院、四川省扶贫和移民工作局等,在社区工作方面展现很强的专业性,工作技巧成熟,工作流程严谨。

蜀光于2005至2006年与阿坝州小金县政府在扶贫新村建设中合作,摸索社区参与式扶贫规划,在新桥乡头卡村取得良好的效果,后于2007年进入前锋村大沟组开展草场管理和社区基金发展的工作。

前锋村为牧民村,位于小金县两河乡西北部,平均海拔为3400米左右,共有7个组,蜀光在4、5、6组的所在地大沟开展草场保护工作,这三组在2006年有34户牧民,主要饲养牦牛、羊、猪等。2007年蜀光进入工作,项目为两个主要部分,包括草场管理和社区基金。蜀光前后共投入7.9万元,资金来源为福特基金会。

蜀光在2007年进入后,第一步做社区调查,了解社区基本情况、草场问题、民间借贷需求。经过与村民多轮互动协商,取得村民的信任。第二步是与村委会协商建立社区基金。第三步是在村委会认同后回村做动员工作,村民选出社区基金小组成员。第四步是蜀光对社区基金小组成员和村两委集中培训,协助社区基金小组委员协商初步确定社区基金制度框架,认识草场问题,研究解决办法。第五步是召开社区村民大会,每户至少有户主参与,梳理社区基金管理制度。第六步是社区基金小组与牧民一起讨论草场可持续管理制度并执行。

蜀光提供的社区基金有5万元,4万元为社区基金小额借贷,1万元为公共事务(草场管理)基金。社区每户每年贷款在3000元以下,利率为5%,每次期限为1年。村民借贷可自行支配,多用于购买牲畜发展产业。社区基金有2000元作为应急资金,应对村民小孩读书、重大疾病借贷。1万元草场管理基金则专用于草场管理事宜,如购买草种、修建组界围栏。社区基金小组由6人构成,小组成员负责发放贷款及催促还款。收取的利息用于支付办公开支及管理小组人员补助,剩余转为基金本金。

社区牧民在参与的社区调查中梳理草场存在的问题,包括草场退化、牦牛容易死亡、出栏时间比以往长、牦牛没有以往体格健壮等。原因是多方面的:第一,牲畜超量,牧民不仅养牦牛,还饲养猪、羊及马,猪、羊等牲畜的习性对草皮破坏大;第二,牧民冬夏草场区分不严格,管理不当,导致草场恢复难;第三,小组草场边界不清,小组之间有矛盾。

蜀光陪同村民一起梳理应对措施,改善措施分为以下几步。第一步先停止养猪,因为猪喜欢拱草皮,对草皮破坏严重。第二步停止养羊,因为羊啃食草根,对草破坏大,且其撒尿的地方牦牛不爱吃,减少了牦牛的可食用草。第三步减少牧马,每户牧民家留两匹骑乘放牧所用的马匹。第四步控制牦牛的数量,每个人20头。第五步在一些已经严重退化的草场实施禁牧,撒播草种。第六步划区轮牧,严格管理。第七步小组之间建立石围栏,区隔牧场,减少小组矛盾。同时他们也根据实际情况设置监管措施,不遵守草场管理制度的牧民不得借贷社区基金。

大沟社区基金目前运行12年,累计贷款50万元,200多户牧民受益。草场管理现状良好,牦牛质量提高,出栏率高,经济效益提高。管理小组能力提升,社区基金可持续运行。

蜀光在大沟社区基金发展过程中做了以下工作。第一,瞄准社区集体行动力的建立和组织能力的形成。通过社区基金这件公共事务,培养社区的行动能力、组织能力、协商能力,社区组织培育成熟后再推动解决草场管理这种社区公共问题。第二,注重社区居民能力培训。对村委会及社区基金小组进行培训,推动社区基金小组成员与村民沟通,培养社区基金小组成员的协调组织能力,帮助社区成员提高基金运作水平。在这个过程中配合牧民的生活节奏,扎实做好基础工作,不着急推动项目进展。第三,推动全体牧民参与制度设计,培养牧民相互协商妥协的习惯,牧民之间更明白如何共享利益、相互制约,减少社区公共资源"搭便车"行为,因此制度的完备性和实操性好。

2008至2009年,小金县扶贫办在实施扶贫开发及大骨节病防治试点工作中，与蜀光合作在27个贫困村建立了村级社区发展基金，推动社区管理改善及社区发展，摸索新的扶贫方式，增强扶贫效果。蜀光提供能力建设及技术支持，扶贫办提供资金，每个社区的资金为15万~32万元，民政局提供社区基金注册的协助，乡政府协助各项工作（见图1）。4年间分两批共建27个社区基金，截至2018年，项目本金由764万元发展到885万余元，增长121万余元，项目村农户累计借款近3500万元，受益农户累计4700多户。

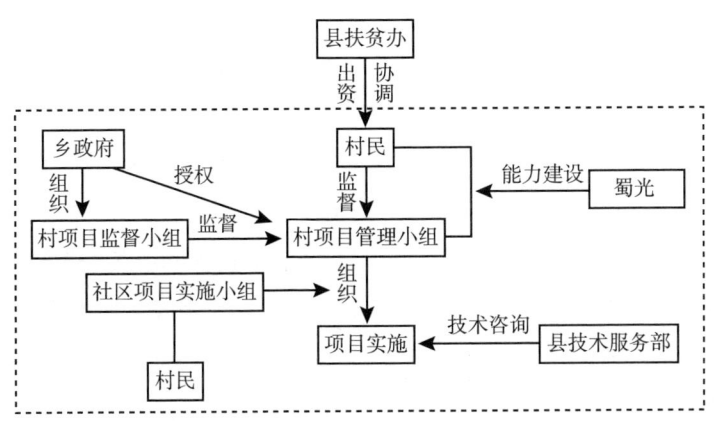

图1　小金县社区基金发展角色示意

资料来源：蜀光社区发展能力建设中心。

蜀光在集中开展的27个社区基金发展项目中，参照前锋村大沟社区基金的工作程序，细化了各项工作安排，保障当地村民充分地参与，在此过程中培养了大量社区工作人员，提高了当地人的工作能力，其中一部分人后来成为村干部。协助社区建立与外界的信任关系，27个在县民政局正式注册成立的村级社会组织，为后续社区基金正常且可持续地运行提供了强有力的保障。

小金县社区基金的扶贫模式把资源的决策权让渡给了社区，提高了社区居民的参与度，培育了社区人员的能力。扶贫由一次性的资金救济转变为社区综合能力提升下的自我持续发展。

（二）珙县民间组织发展与精准扶贫

宜宾市珙县自2014年开展精准扶贫工作以来，各政府部门加大力度推进脱贫攻坚，改善了交通、医疗、教育等大量的基础设施，给农村脱贫带来了基本的保障。同时在民间也出现多个自发的社会组织，包括珙县义工协会、珙县互助公益协会、珙县关爱留守儿童志愿者协会、珙县学生资助管理中心，这些社会组织涵盖了义工服务、医疗救助、助学、扶贫、社区发展等多个方面，它们在精准扶贫的过程中起到了积极的补充作用。

珙县义工协会原名为珙县僰乡义工协会，组建于2007年，发展至2018年底已有会员近700人（其中正式注册义工87人）。2013年7月经珙县民政局批准正式注册，组建了理事会，逐渐形成较完整的管理制度，2014年成立党支部。珙县义工协会主要与大爱清尘、儿童救助中心、深圳市慈善会德义基金三个基金会合作，工作范围包括救急、助困和各类公益宣传。2007年至2018年底志愿服务时间为114175.5小时，志愿服务次数为10753次，医疗救治尘肺病农民工294人，发放制氧机30台，帮助15名尘肺病农民工子女上学，各项救助金额合计602.45万元。

珙县互助公益协会成立于2017年12月，于2018年5月在珙县民政局正式注册，主管单位为珙县民政局。该协会有理事会成员7人，志愿者200余人，业务范围包括重大疾病救助、突发重大意外伤害救助、残疾人关爱和就业帮扶、特殊困难贫困户帮扶、儿童关爱、助学等工作。2018年珙县互助公益协会帮助残疾人和贫困户100多户，募集善款5万多元，参与志愿服务人数累计800余人次，志愿者服务时间累积4000余小时。

珙县关爱留守儿童志愿者协会成立于2015年5月，2017年在县民政局注册。截至2018年，募集53207.88元，救助15人，帮助贫困留守儿童290余户。2018年志愿者总服务时间为7334.5小时，总服务人次为1484人次。开展曙光行动，为15户没有出生证明的贫困家庭孩子提供亲子鉴定费2600元。开展小鸡快跑项目，发放爱心鸡苗450余只，帮助20多户困难家庭创收3万多元。

珙县学生资助管理中心在宜宾市教育基金会珙县办事处的支持下开展公益助学工作，2018年度助学总金额达2018.9万元，其中大学生助学贷款2788笔，资助学生1071人次，资助学校课桌椅8960套。

珙县义工协会负责人杜宪华是珙县安全生产监督管理局聘用驾驶员，凭借着自己的兴趣自2010年负责珙县义工协会的工作至2017年，2018年又成立珙县互助公益协会，与深圳市慈善会德义基金合作，开展大病救助和残疾人帮扶。珙县关爱留守儿童志愿者协会的负责人周杰也是珙县义工协会早期的核心人员之一。珙县义工协会带动了珙县社会组织的发展。

珙县学生资助管理中心在学校教师胡义儒多年的坚持下，逐渐发展成为一个得到官方和民间组织信任的本地助学机构。胡义儒2007年成为春苗志愿者，从帮助自己班级的学生到帮助本校的学生再到帮助全县的困难学生，常年的坚持得到了社会和政府的认可。珙县教育局为珙县学生资助管理中心提供了办公场所，配备了3个专职工作人员。

截至2018年，珙县在全国志愿服务信息系统中的注册志愿者已达到4.9万余人，全县共有各类志愿团体319个。社会组织动员社会群众贡献个人的时间提供志愿服务，从以上四个社会组织的运行来看，它们也解决了很多实际的问题，包括助学、尘肺病人救助、社区发展等。

珙县社会组织工作也在转变自身的定位，在2014年精准扶贫项目实施前，民间组织在农村扶贫工作中显得尤为重要，但是在2014年政府强力推进扶贫攻坚以后，社会组织从以往的雪中送炭转变至锦上添花，动员民间力量参与农村社会工作，服务精准扶贫未覆盖的贫困边缘人群，缓解了他们面临的问题。

社会组织定位的转变缘于其自身的特点。相对于政府大规模的精准扶贫，社会组织的帮扶更具针对性。农村社区对社会组织志愿式的服务有更多感情上的回馈，更易激发贫困户的内生动力，转变贫困户"等靠要"的思想，变输血式扶贫为造血式扶贫。珙县这种通过社会组织动员民间力量巩固扶贫成效，展现了社会扶贫的可持续性。

四个社会组织在开展工作中也遇到诸多问题。首先在资金募集方面，珙

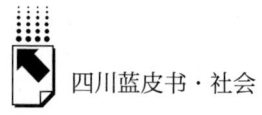

县互助公益协会表示在募捐过程中企业要求出具发票,但是因为没有公开募捐资质所以无法开发票,导致资金募捐困难,只能接受基金会的捐助。有两个社会组织也依赖负责人或者志愿者捐款维持运营,募捐困难影响组织可持续运转。

其次在办公场地及专职人员方面。除珙县学生资助管理中心之外,另三个社会组织的工作主要依靠负责人及志愿者在空闲时间开展,产生了活动信息传递不及时,过度消耗志愿者时间、精力等问题。这几个社会组织的办公室由政府提供,但存在使用不方便等问题。

最后是服务范围问题。珙县民政局要求珙县义工协会救助尘肺病人的范围不得超过珙县,但经常有县域外的病人前来求助,虽然不影响实际操作,但他们的救助成绩得不到体现。

五 农村社会组织发展的经验、问题与对策

(一)农村社会组织发展的经验

党委、政府的引领作用非常重要,社会组织的发展与党委、政府的政策、资金支持、培养体系等息息相关。汶川地震、芦山地震后大量外来社会组织进入四川工作,也促进了当地社会组织的积极注册。但政策上的宽松和监管、培训等配套体系的形成是社会组织发展的基本保障。从四川社会组织数量统计结果来看,2013年的四类组织直接登记政策给社会组织发展营造了比较宽松的政策环境。2018年四川省民政厅争取中央财政支持社会组织参与社会服务,获得项目资金1055万元。举办全省社会组织培训班、社会工作高级研修班等,约460名社会组织负责人和130名社工、业务主管接受培训。在脱贫攻坚方面,指导全省性社会组织制定2018～2020年脱贫攻坚工作规划和年度工作计划1500余家,发动35家全省性社会组织利用1500万元"种子基金",深入45个深度贫困地区开展结对帮扶项目35个,推动了社会组织在农村扶贫领域的工作深入。

农村社会组织对农业及农村发展的作用明显，社会组织通过切实有效的途径能够为农村发展提供有效的服务。蜀光社区发展能力建设中心通过发展社区基金培育社区集体行动力，促进组织能力形成，解决社区草场管理问题，促进社区可持续发展，在复杂的社区系统中，抓住了集体行动力培育，为社区可持续发展带来了可能。而类似珙县义工协会这种由当地人自发形成的社会组织，有效地调动了群众的个体积极性，使群众参与到当地扶贫帮困各项工作中，在志愿者和帮扶对象之间建立了感情联系和社会联系，缓解了社会问题，有利于帮扶对象内生动力的激发，在精准扶贫的背景下也有效地补充了扶贫攻坚工作，脱贫攻坚结束以后更能够发挥社会组织的作用，进一步巩固扶贫成效。

（二）农村社会组织面临的问题

农村社会组织的资金来源为项目资金或者志愿者筹集资金。随着对国外基金管控措施的严格化，各个社会组织筹集资金面临越来越多的压力。政府购买社会服务项目的资金管控严格，社会组织在运行方面受到诸多限制。

社会组织自身的专业能力亟待提升，部分社会组织存在人员少、技术能力弱等问题，面对农村社区复杂的情况并不能提供有效的解决措施，有时因为操作不当反而加剧社区问题。社会组织应该有充分的自觉性，在政府部门、基金会、企业社会责任增强、专业能力快速提升的背景下，提高自身专业素养和对社会的整体性认识，更精准地判断社会问题及组织可以应对的问题，对组织自身精确定位，提高服务水平。

（三）对农村社会组织发展的建议

对于社会组织自身来说，可以创新发展举措，比如参照企业形式运营，邀请企业或者其他出资人共同参与，在良好运营的基础上，出资人可以收回成本并获得部分收益，大部分收益则用于支持公益事业。社会企业能更好地吸收社会资源服务于社会。

对于政府来说，加大购买社会组织服务的力度，提高资金灵活度；为社会组织提供必要的行政资金；简化程序，落实募捐抵税的政策。

政府、基金会、企业等资源方在资助社会组织的时候应该针对不同的组织类型给予不同的资助期望及评判标准。如对于提供个体化社区人员服务类的社工组织，项目实施的指标体系容易设计，更方便管理；对于社区扶贫、能力建设、合作社发展等系统性的长时间的复杂工作，需要提供更宽松的资助环境，放开时间限制。各种类型的社会组织都需要资源方提供相应的培训机会，从而促进社会组织的专业可持续发展。

对于社会组织而言，其本身应该完善制度，提高自身专业技能，学习政府各项政策，加强对政治、经济、文化、社会等各方面的深入理解，提高对问题的预判能力，在社会服务方面创新服务模式，增强解决社会问题的能力，增强承接政府购买服务项目的能力。

社会组织需要注重动员本土资源参与，注重不同利益群体的参与和合作。比如蜀光社区发展能力建设中心在项目运行过程中充分调动扶贫办、民政局参与的积极性，为社区基金发展奠定了坚实的基础，推动了由社区解决本村问题。社会组织应该以系统的目光，了解问题的相关利益群体，构建一个稳定的体系，促进农村问题的解决。

参考文献

《2018年4季度中国民政部统计季报》。
《中国民政部各省社会服务统计数据（2007—2014）》。
《四川省民政局统计年鉴（2007—2018）》。
毕云天：《改革开放30年社会组织发展历程透视》，《中国发展简报》2008冬季刊。
《中国乡村发展合作网络〈农村社区发展领域社会组织及资助者名录〉统计资料》。
张鹏丹：《四川省社会组织参与社会治理的现状与对策研究》，硕士学位论文，西南交通大学，2017。

B.5
四川农村集体经济组织发展报告

金小琴 龙兴云*

摘　要： 发展壮大农村集体经济组织既是实施乡村振兴战略的迫切需要，也是打赢脱贫攻坚战、引领农民实现共同富裕的重要举措，更是实现农村社区多元化治理的重要保证。因此，农村集体经济组织如何发展与改革值得关注。本研究结合四川农村集体经济组织改革与发展现状，在系统总结主要做法和典型经验的基础上，指出四川集体经济组织面临区域发展不平衡、可持续性有待提高、内部治理不规范、体制机制有待完善、发展要素缺失等问题，并提出可行建议。

关键词： 农村集体经济组织　乡村振兴　四川

一　引言

党的十九大报告提出要"深化农村集体产权制度改革，保障农民财产权益，壮大集体经济"；2019年中央一号文件《中共中央国务院关于坚持农业农村优先发展做好"三农"工作的若干意见》进一步指出："强化集体经济组织服务功能，发挥在管理集体资产、合理开发集体资源、服务集体成员

---

* 金小琴，四川省社会科学院社会学研究所助理研究员，主要研究方向为农村社会学；龙兴云，四川省社会科学院社会学研究所助理研究员，主要研究方向为家庭教育社会学、青少年发展。

等方面的作用。"①

我国的农村集体经济组织最早产生于20世纪50年代的农业合作化运动,从互助组、人民公社、家庭联产承包责任制、统分结合的双层经营体制,再到如今的"三权分置"改革,农村集体经济组织先后经历了创立、发展、停滞、衰弱、恢复发展等一系列过程。②作为社区治理的重要主体之一,农村集体经济组织除了具有一般性的经济职能外,还具有维护农民合法权益、支持农村社区公共服务建设与发展、民主参与社区治理等功能,在农村社区治理中扮演经济、政治、社会、文化等多重角色。

因此,发展壮大农村集体经济组织既是实施乡村振兴战略的迫切需要,也是打赢脱贫攻坚战、引领农民实现共同富裕的重要举措,更是实现农村社区多元化治理的重要保证。近年来有关农村集体经济组织方面的研究取得了较为丰硕的成果,主要集中在农村集体经济组织的定义、成员资格界定、法律地位、产权制度改革等方面。然而,随着工业化、城镇化的快速推进,农村经济结构、社会结构都发生了深刻的变化,在乡村振兴战略大背景下,农村集体经济组织如何发展与改革,更加值得关注。

二 政策梳理

2015年10月12日,财政部印发《扶持村级集体经济发展试点的指导意见》(财农〔2015〕197号),③决定在全国选择浙江、宁夏等13个省份④开展发展壮大村集体经济试点工作,重点探索农村集体经济的有效实现形

---

① 《中共中央国务院关于坚持农业农村优先发展做好"三农"工作的若干意见》,《人民日报》2019年2月20日。
② 戴青兰:《农村土地产权制度变迁背景下农村集体经济的演进与发展》,《农村经济》2018年第4期。
③ 财政部:《关于印发〈扶持村级集体经济发展试点的指导意见〉的通知》,2015年10月12日。
④ 试点的13个省份具体包括:浙江、宁夏、河北、辽宁、江苏、安徽、江西、山东、河南、广东、广西、贵州、云南。

式。在此基础上，中共四川省委农工委、省委组织部、省农业厅等七部门于2017年1月联合出台《关于深化农村集体产权制度改革 发展农村新型集体经济的试行意见》[①]，对下一步工作进行了部署，并提出到2020年80%以上的村（组）建立农村集体经济组织。[②]《民法总则》修订版进一步在法律层面上明确了农村集体经济组织的市场主体地位。2018年12月19日，四川省首张农村集体经济组织登记证在广汉市向阳镇颁发，标志着四川打通了农村产权制度改革的"最后一公里"。随着一张张农村集体经济组织登记证的颁发，农村集体经济组织终于有了属于自己的"身份证"。党的十九大以及2019年中央一号文件也都十分关注农村集体经济组织的发展。由此可见，无论是国家层面，还是地方层面，都先后出台了一系列的政策与法规文件（见表1），从而为四川农村集体经济组织的发展与改革指明了方向。

表1 有关农村集体经济组织发展的政策梳理

文件名称	发布时间	发布部门	政策内容
《扶持村级集体经济发展试点的指导意见》	2015年10月	财政部	启动扶持村级集体经济发展试点工作,选择13个省份在一定时期内开展试点。重点探索资源有效利用、提供服务、物业管理、混合经营等多种集体经济有效实现形式
《关于稳步推进农村集体产权制度改革的意见》	2016年12月	中共中央国务院	以明晰农村集体产权归属、维护农村集体经济组织成员权利为目的,以推进集体经营性资产改革为重点任务,探索集体经济新的实现形式和运行机制

[①] 《到2020年四川80%以上村组将建立农村集体经济组织》，四川在线，http://sichuan.scol.com.cn/ggxw/201701/55800383.html。

[②] 翟峰：《农村集体产权制度改革试点中的八个问题和建议——基于四川省改革试点实践的调研思考》，《西部论坛》2017年第6期。

续表

文件名称	发布时间	发布部门	政策内容
《民法总则》修订版	2017年3月	十二届全国人大五次会议表决通过	在法律上明确了农村集体经济组织的市场主体地位
《中共中央国务院关于实施乡村振兴战略的意见》	2018年1月	中共中央国务院	研究制定农村集体经济组织法,充实农村集体产权权能
《中共中央国务院关于坚持农业农村优先发展做好"三农"工作的若干意见》	2019年1月	中共中央国务院	强化集体经济组织服务功能,发挥其在管理集体资产、合理开发集体资源、服务集体成员等方面的作用
《关于开展农村集体经济组织登记赋码工作的通知》	2018年6月	农业农村部、中国人民银行、国家市场监督管理总局	各级农业农村管理部门作为农村集体经济组织建设和发展的主管部门,是农村集体经济组织登记赋码的管理部门。农村集体经济组织登记赋码的业务管理工作由县级以上地方人民政府农业农村管理部门负责
《四川省农村集体经济组织成员资格界定指导意见》	2015年3月	四川省农业厅	这是四川省在全国率先出台相关指导意见。成员资格取得包括初始取得、法定取得、申请取得三类。要求准确把握政策界限,切实保护集体经济组织成员的利益,特别注重保护妇女、儿童等群体利益
《关于深化农村集体产权制度改革 发展农村新型集体经济的试行意见》	2017年1月	四川省委农工委、省委组织部、省农业厅等7部门	到2020年,四川全省农村集体产权制度改革基本完成,现代农村集体产权制度基本形成,农村集体经济组织的市场主体地位基本确立,80%以上的村(组)建立农村集体经济组织
《四川省农工委、四川省财政厅关于印发〈扶持村级集体经济发展试点的指导意见〉的通知》	2017年2月	四川省财政厅、省委农工委	四川拟择优选定50个试点县,并每年安排5亿元支持资金

续表

文件名称	发布时间	发布部门	政策内容
《关于稳步推进农村集体产权制度改革的实施意见》	2017年9月	中共四川省委、四川省人民政府	围绕全面开展清产核资、明确集体资产归属、科学确认成员身份、量化股份落实权利、依法确立主体地位、维护农村集体经济组织合法权利、强化资产财务管理、多种形式发展集体经济、健全产权流转交易市场等9大重点,全面推动改革
《关于实施乡村振兴战略开创新时代"三农"全面发展新局面的意见》	2018年2月	中共四川省委、四川省人民政府	健全农村集体经济组织制度,提出要制定农村集体经济组织登记配套政策,适时出台农村集体经济组织地方性法规;推广资源变资产、资金变股金、农民变股东的"三变"改革模式等

三 探索与实践

(一)主要做法

1. 以农村集体产权制度改革为突破口,摸清家底

作为中国农村改革"先行区"的四川省,以农村集体产权制度改革为突破口,在充分尊重农民群众真实意愿的基础上,积极鼓励和支持广汉、温江等10个县(市、区)的试点村组集体经济组织在资产量化、股权设置、资产运营等方面进行大胆的探索,发展壮大农村集体经济。[①] 2017年,四川全面启动农村集体产权制度改革,目前已覆盖所有市州,其中国家试点县市

---

① 郭晓鸣、高杰:《深化农村改革:态势研判、矛盾分析与政策突破——以四川省为例》,《农村经济》2017年第2期。

区29个（广元、巴中、遂宁为整市试点）、省级试点县市区60个。截至2018年11月底，全省19274个村已完成清产核资，资产总额535亿元，确认成员1077万人。①这项改革，为农村集体经济组织发展壮大奠定了坚实的基础。

2. 出台村级集体经济发展配套政策，试点推进

根据四川省财政厅《关于开展扶持村级集体经济发展试点有关事项的通知》（川财农〔2017〕12号）和四川省农工委、四川省财政厅《关于印发〈扶持村级集体经济发展试点的指导意见〉的通知》（川财农〔2017〕16号），四川开展扶持村级集体经济发展试点。根据试点方案，全省选择了50个试点县（市、区），每个试点县（市、区）安排10个以上行政村作为试点村，每个县（市、区）安排1000万元支持资金，共计5亿元开展试点工作（见表2）。目前，四川农村集体经济发展整体上处于探索起步阶段。

表2 试点县（市、区）名单

单位：万元

地 名	所在市州	金额
金堂县、大邑县	成都市	2000
大安区、荣县、富顺县	自贡市	3000
仁和区、米易县	攀枝花市	2000
江阳区、泸县、合江县、叙永县	泸州市	4000
中江县、广汉市	德阳市	2000
涪城区、游仙区、梓潼县、北川县	绵阳市	4000
利州区、旺苍县、苍溪县	广元市	3000
安居区、蓬溪县	遂宁市	2000
内江市市中区、东兴区、威远县、隆昌市	内江市	4000
峨眉山市、井研县	乐山市	2000
高坪区、嘉陵区、仪陇县、蓬安县	南充市	4000
翠屏区、宜宾县、长宁县、兴文县	宜宾市	4000
广安区、武胜县、邻水县	广安市	3000

① 《我省3市9县跻身全国2018年度农村集体产权制度改革试点》，《四川日报》2017年7月16日。

续表

地　名	所在市州	金额
通川区、达川区、开江县、渠县	达州市	4000
恩阳区、通江县	巴中市	2000
仁寿县	眉山市	1000
安岳县	资阳市	1000
九寨沟县	阿坝州	1000
西昌市、德昌县	凉山州	2000
合　计		50000

（二）典型经验

1. 郫都区战旗村依托产权制度改革，助推村集体经济发展

战旗村属于城郊型农村，成都市首张农村集体经济组织登记证书就颁给了郫都区战旗村。抓住农村产权制度改革的机遇，战旗村率先进行了土地权属的调整，除了承包地、宅基地、房产确权颁证给老百姓以外，其余的资产、资源全部确权给村委会，成立战旗资产管理有限公司，并对全村进行了清产核资，再将资产量化到全体经济组织成员，确定占股比例，颁发股权证书。每年公司经营净利润中，首先提取50%的公积金用于公司招商、项目投入以及基础配套的完善；然后提取30%用于全村公益事业，解决村民后顾之忧，让村民享受集体经济带来的利好；剩余20%以货币形式进行分配，分配对象为1704名集体经济组织成员。2018年，村集体资产达5700余万元，同比增长24%，集体收入比2017年增加了320万元。

2. 九寨沟县漳扎村立足旅游产业，壮大村集体经济发展

漳扎村是九寨沟县漳扎镇政府驻地，距"世界自然遗产""国家重点风景名胜区""国家AAAAA级旅游景区"九寨沟沟口7公里，九环公路横贯村域。2012年，经村民代表大会通过，漳扎村注册成立九寨沟漳扎乡村旅游经营有限公司，带动村民增收致富。漳扎村抓住九寨沟县创建"国际旅游名城"、漳扎镇打造"国际旅游精品集镇"的契机，依托地处九寨沟景区外围的核心地理位置优势，确立了"旅游富民"的发展思路，走特色化、规范化、品牌化发展道路，大力发展壮大村集体经济。2016年，实现村集体经济收入近400万元，村集体经济资产达4880万元；村民人均收入16000余元，其中，从村集体经济获得人均收益5347元，在全县名列前茅。

3. 彭州市宝山村坚持基层党组织建设，引领村集体经济发展

宝山村被誉为"西部第一村"，创造了山区农村经济发展的"中国奇迹"和"西部神话"，先后被评为"中国村庄经济百强村""中国国际十大名村"。宝山村从20世纪70年代开始，始终坚定不移地发展集体经济。得益于以老书记贾正方为首的村党委两代领导人，坚持基层党组织建设引领村集体经济发展。目前，宝山村已发展成为集水电开发、矿山开采、林产品加工、旅游开发等于一体，拥有26家企业，固定资产达98亿元的综合性集团公司。2016年，全村实现工农业总产值64亿元，村集体经济资产达到106亿元，村民人均可支配收入达57822元。

4. 温江万春镇天乡路社区股份化改革，促进集体经济发展

天乡路社区，毗邻成都国色天香游乐园，是成都最早摸索农村集体经济股份化改革的社区。从2007年开始，该社区率先开展"两股一改"试点，对原集体经济组织进行股份化改造，成立股份经济合作社，以1920余万元集体经营性净资产、2298.37亩土地，形成"资产股""土地股""商铺股"，并颁发了统一印制的记名股权证书。社区委托股份经济合作社统一经营管理集体经济，并注册一家子公司与市场对接，实施土地流转、商业用房委托经营、自主经营等。2016年，该社区集体经济年收入达1547.6万元，是9年前的12.87倍，村集体总资产达到6237.6万元。

四　问题及建议

（一）区域发展不平衡，可持续性有待提高

一方面，农村集体经济组织的区域发展不平衡。首先，从整体上看，

四川农村集体经济组织发展水平与全国尤其是南方发达地区和东部地区相比差距比较大；其次，从内部看，各县（市、区）发展差异也比较显著。总的来看，城郊村、城中村集体经济发展水平较高，纯农地区、山区则较为薄弱，全省大约有20%的"空壳村"无集体经济收入。2017年发布的四川百强村中，位于成都平原经济区的占52%，100个村集体资产总额达121.84亿元；而入选的四川集体经济10强村中大部分也位于成都平原经济区。①

另一方面，农村集体经济组织发展的可持续性有待提高。从集体经济收入结构看，村集体经济收入包括经营收入、发包及上交收入、补助收入和其他收入。农村集体经济收入主要来源于集体资产资源出租，投资收益等相对稳定的经营性收入所占总收入的比例较低，据统计全省村均经营性收入仅为几万元。由此可见，目前大部分村集体经济发展主要是靠政府的大量投入及各类补助来维系，缺乏以产业带动经济发展的驱动力，自身的造血功能比较薄弱。因此，应立足资源禀赋、区位优势，因地制宜寻找可持续发展路径，比如资源依托型、产业带动型、物业管理型、金融扶贫型等发展模式。

（二）内部治理不规范，体制机制有待完善

首先，内部治理不规范。从村集体经济组织的领导成员构成情况来看，大部分负责人都是村两委成员，"政经不分"现象比较突出，在一定程度上制约了农村集体经济组织的规范运营。因此，必须正确处理和理顺村级集体经济组织与村党支部、村民委员会之间的关系。可以考虑按程序和章程，对农村集体经济组织的组织机构、股权设计、资产财务管理等内容进行制度设计，实现内部治理有序规范。

其次，组织成员的资格界定不清。大多数地方政府以户籍作为成员界定

---

① 2017年四川省集体经济10强村名单：彭州市龙门山镇宝山村、成都市龙泉驿区大面街道东洪社区、成都市温江区万春镇天乡路社区、泸州市江阳区分水岭镇董允坝村、眉山市洪雅县高庙镇七里村、凉山州冕宁县复兴镇建设村、广汉市三水镇友谊村、成都市郫都区唐昌镇战旗村、射洪县玉太乡木孔坝村、阿坝州九寨沟县漳扎镇漳扎村。

标准。但在实际操作中，由于农村集体组织成员的身份问题比较复杂，目前在法律层面并未统一界定，只能根据自身的实际情况，出台地方性文件进行规范，这样容易损害农村集体经济组织成员的合法利益。因此，建议在统筹考虑历史、户籍关系、对集体的贡献、居住年限等多种因素的基础上，通过民主协商机制进行解决。

（三）发展要素的缺失，制约农村集体经济发展

农村集体经济组织发展最主要的两大制约要素是资金和人才。首先，是资金问题。集体经济组织在发展初期，普遍面临资金短缺问题。由于村集体经济组织经济法人地位目前尚难得到市场认可，加之缺乏有效的抵押担保物，村集体经济组织想要从金融机构筹融资比较艰难。因此，地方政府应适当加大财政资金的投入力度，尤其是对集体经济基础薄弱的村；同时积极争取上级部门的信贷政策支持，如项目贷款贴息、信用担保等，以带动更多的社会资本加入，解决农村集体经济组织发展资金来源的问题。①

其次，是人才问题。大多数村级集体经济组织成员年龄结构老化、文化程度偏低、整体素质不高。因此，应通过精心培养和选拔，把带领群众共同致富能力强、人品好、素质高、被大家认可的人才，选入村集体经济组织领导班子，为村集体经济发展提供带动和后备人才保障；有条件的还可以对外招聘"职业经理人"，引进"独立董事"，以提高村级集体经济组织经营管理能力。此外，加大结对帮扶力度，建立党政机关领导干部帮扶责任制，加强与企业、高校、科研机构合作，把项目、资金、人才、技术、信息等资源链接到农村地区，整合力量，形成合力，共同推动农村集体经济组织发展。

总而言之，农村集体经济组织的改革与发展，既事关经济层面，又涉及上层建筑；既需要产权改革、体制机制配套，又需要有产业带动、能人带头，更需要政府引导和社会支持。

---

① 陈亚东：《村集体经济发展问题研究》，博士学位论文，中国农业科学院，2018。

参考文献

孙敏：《三个走向：农村集体经济组织的嬗变与分化——以深圳、苏州、宁海为样本的类型分析》，《农业经济问题》2018年第2期。

李宁、汪险生：《"三权分置"改革下的农地集体所有权落实——基于集体经济组织治理案例的理论思考》，《经济学家》2018年第8期。

黄海辞：《探析四川农村集体经济发展有效实现形式》，《中国农业信息》2012年第23期。

王文彬：《农村集体经济的现状扫描与优化路径研究——基于要素回归视角》，《西南民族大学学报》（人文社会科学版）2018年第4期。

孔祥智、高强：《改革开放以来我国农村集体经济的变迁与当前亟需解决的问题》，《理论探索》2017年第1期。

徐秀英：《村级集体经济发展困境与出路》，《开放导报》2018年第3期。

赵意焕：《我国新时代发展农村集体经济的困惑与出路——基于我国西南部某山区县的调研》，《毛泽东邓小平理论研究》2018年第1期。

杨一介：《我们需要什么样的农村集体经济组织?》，《中国农村观察》2015年第5期。

B.6 四川省乡村教育事业发展报告

杨华军　张祥荣*

摘　要： 高速和高质量的城镇化是国家的大政方针，也是国家整体繁荣昌盛的方向。在城镇化背景下，如何保证乡村教育事业发展不呈断崖式下滑，是一个现实且急迫的问题。在2020年全国达到60%左右城市化率的大前提下，本文从教育的角度探讨四川如何实现城市教育和乡村教育双优发展。四川2017～2018四川乡村教育整体良好，但挑战和机遇并存，问题与发展空间都较为突出。某些特色和亮点较为有价值性和成长性，如"四川省乡村学校振兴联盟"推动的"文轩教育'太阳星公益行动'乡村教育圆梦计划活动"等。在分析一般问题的基础上，本文提出了：(1) 调结构、强基干、探索乡村教育就近取材的实现模式；(2) 拓宽优质教育资源流向乡村的渠道；(3) 探索义务教育阶段经费由全省统筹的实现模式；(4) 加快制定规范的课后服务落地方案，逐步缓解留守学生问题的负面效应等具体的建议。

关键词： 四川　乡村　教育脱贫

---

* 杨华军，硕士，四川省社会科学院社会学研究所副研究员，研究方向为乡村教育与乡村治理、晏阳初教育思想、社会学中国化；张祥荣，四川省社会科学院社会学研究所副所长，研究方向为教育心理学、家庭教育与终身教育。

一 引言

2014年3月16日新华社发布了《国家新型城镇化规划（2014~2020年）》，提出城市化发展的目标是到2020年，"城镇化健康有序发展，常住人口城镇化率达到60%左右，户籍人口城镇化率达到45%左右，户籍人口城镇化率与常住人口城镇化率差距缩小2个百分点左右，努力实现1亿左右农业转移人口和其他常住人口在城镇落户"。根据2017、2018年的年末数据，这一目标已经基本达到。2018年中国城市化水平为59.58%，已经达到了为2020年设定的"60%左右"的发展目标。其中，2018年我国大陆总人口为139538万人，城镇常住人口为83137万人，比2017年末增加1790万人；乡村常住人口为56401万人，比2017年末减少1260万人（见图1）。

另外，根据联合国估测，世界发达国家的城市化率在2050年将达到86%，中国的城市化率则将在2050年左右超过70%。这一方面意味着中国良好的发展势头，另一方面也对我国广大乡村提出了严峻的挑战。其中，最明显的挑战是目前仍然有超过40%的农村人口，他们属于城市化进程中的劣势人群，资源难以套现、货币化能力较弱、人力资源层次较低、社会认同和自我认同较差等问题都制约着乡村各类问题的解决。

在这些表面问题之下，中国农村的教育问题是各类问题的显示器、症结点和基本面。近十年来，通过城市化转移的农村人口，可以大致认定为农村的优势人群。这种优势，表现在资金积累、人力素质、教育水平，以及社会声望、社会关系等社会资本的多方面。其中，教育的积累和教育的成就，是从农村抽走资源的最可变动和宝贵的因素。留不住人只是表象，留不住优秀的人才是问题。今日中国的教育，就是未来中国的发展。今日中国农村教育的难题，就是未来城市乃至全国发展问题的动因。

就四川而言，上述问题要稍微缓和一些。截至2018年末，四川总人口

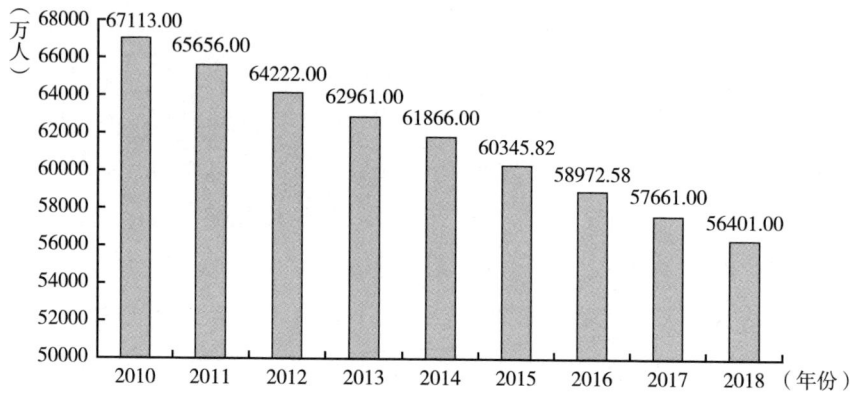

图 1　2010～2018 年中国农村人口数量统计状况

资料来源：国家统计局编《2019 年国民经济和社会发展统计公报》。

近10年来持续增长，四川城镇常住人口4361.5万人，比2017年增加144.9万人，乡村常住人口3979.5万人，比2017年减少105.9万人。城镇化率上升到52.29%，比2017年提高1.5个百分点。这一状况的主要原因，除了人口变动、经济结构调整等之外，还包括脱贫攻坚等政策的溢出效应、"一干多支"战略初步显效。就影响人口分布的直接因素而言，"一干"作用持续走强，"多支"效应正在形成，因而从本省农村抽走人口的比例有所缓和，就近务工的情况有所增加。在这种情况下，四川乡村教育发展的机遇与挑战并存，问题与发展空间同大。本文试从四川省乡村教育发展的总体现状、面临的问题、对策和建议等方面阐述。

二　四川乡村教育事业发展的现状

（一）整体状况

按照四川省2018年末城镇化率为52.29%来测算，四川乡村人口比例应该为47.71%。考虑到常住人口的统计口径规定是"全年经常在家或在家居住6个月以上，也包括流动人口在所在的城市居住就称常住人口"，所以，学术研究所谓的乡村人口，尤其是乡村的义务教育阶段学生比例应该要比理论的数据高。这就意味着城镇化率越低的地方，乡村学生的比例就越高。表1是2017年末分层次城镇化数据，主要呈现各地学校的可能规模。

表1 2017年末分层次城镇化率（不含三州数据）*

单位：万人，%

	年末总人口	城镇化率
全国	139008	58.52
四川省	8267	49.10
成都市	1591.76	70.62
自贡市	278.08	49.14
攀枝花市	123.56	65.34
泸州市	430.64	47.50
德阳市	351.97	49.58
广元市	481.09	42.40
遂宁市	329.80	47.01
内江市	374.66	46.70
乐山市	326.50	48.73
南充市	640.22	45.07
眉山市	300.09	43.38
宜宾市	451.00	46.63
广安市	326.47	38.81
达州市	559.77	42.42
雅安市	153.97	43.95
巴中市	331.14	39.10
资阳市	254.05	40.08

*由于三州有专项的9+3教育模式，故本文不将三州数据纳入分析。
资料来源：《四川省统计年鉴2018》。

从表1来看，四川省城镇化率最后五名分别是：广安（38.81%）、巴中（39.10%）、资阳（40.08%）、广元（42.40%）、达州（42.42%）。结合这些地区的工业化、人口规模和地区教育状况来看，这些地区确实是乡村教育尤其是义务阶段教育的重点地区。

具体来看,2018年年末全省共有小学5721所,招生91.1万人,在校生551.8万人;初中3722所,招生87.1万人,在校生249.1万人;普通高中754所,招生46.5万人,在校生141.3万人;特殊教育学校127所,招生2650人,在校生1.5万;中等职业教育学校520所,招生39.6万人,在校生97.4万人;职业技术培训机构4486个,职业技术培训注册学员264.3万人次。追溯近年来在校生数的历史数据,我们发现,除小学人数保持稳定外,普通高等学校和普通初中在校生数都在急剧变化。

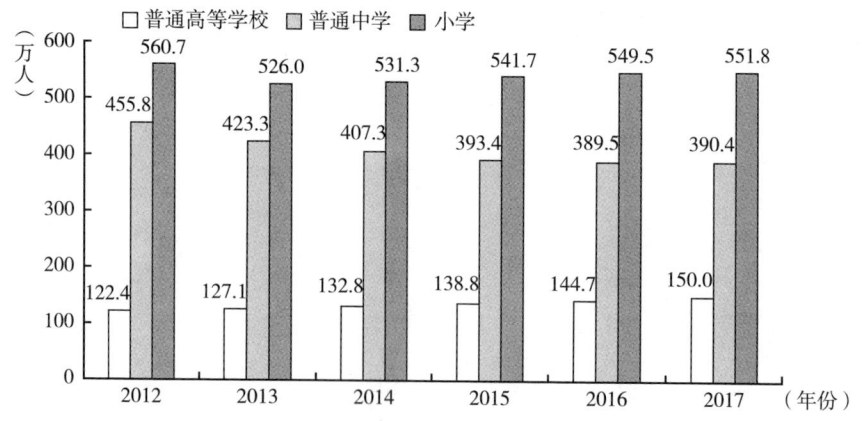

图2 2012~2017年各类学校在校学生数

说明:本报告成文时,2018年数据未公布;2012~2015年数据仅作为参考,不做分析。
资料来源:四川省教育厅。

从学校数来看。相比于2016年和2017年的数据,义务教育阶段的学校从9922所变为9443所,减少了400多所。这意味着中小学进行了规模不小的调整。由于高等教育不纳入乡村教育统计范围,所以,中小学学区调整与高等教育关系不大。

从生师比来看。全省有小学专任教师31.44万人,比2017年增加0.63万人;专任教师学历合格率99.99%,与2017年持平;生师比为17.48:1,较2017年的17.59:1有所好转。全省有初中专任教师19.85万人,比2017年减少369人;初中专任教师学历合格率为99.95%,比2017年提高0.02个百分点;生师比为12.34:1,较2017年的12.39:1略有好转。

（二）特色亮点

1. 非学历教育和民办教育

四川省的非学历教育和民办教育有历史也有特色，同时，这两种教育与乡村教育有高度的相关性。统计显示，除了在终身学习理念板块下的各种自考、进修和开放教育，非学历教育的中等教育与乡村生源有高度正相关性。

2017~2018年，全省接受各种非学历高等教育的注册学生有60.09万人次（含自考助学、普通预科生、研究生课程进修班、其他进修及培训和开放教育学生），接受各种非学历中等教育的注册学生有264.29万人次。

民办教育可以分为两个部分，其一为民办高校，其二为民办高中、民办中职及其以下。通过不完全抽样调查，民办高校与乡村教育之间有高度相关性，因为其生源主要来源于乡村和省内二、三线城市。而民办高中、民办中职及其以下的出口较为分散，差异性较大，与乡村教育的相关性不明显。

2017~2018年，全省共有民办普通高校34所，其中独立学院9所；民办高校普通本专科在校生41.9万人，其中本科18.95万人、专科22.95万人。

2. 落实各种乡村教育计划

乡村振兴，教育先行。为着力改变乡村教育普遍存在的不平衡不充分的发展状况，逐步破除城乡二元结构，缩小城乡差距，用优质资源为乡村振兴注入活力，在乡村振兴和精准扶贫背景下，四川省各种乡村教育振兴活动和项目持续、大力开展，形成了不少在四川知名、在全国有一定影响的教育品牌。其中，"文轩教育'太阳星公益行动'乡村教育圆梦计划活动"是近年来针对乡村教育的专项行动。蓬勃发展的四川公益社会组织，开展了广泛的乡村教育援助计划。此处将简要介绍"文轩教育'太阳星公益行动'乡村教育圆梦计划活动"。

2018年9月初，四川省召开了乡村振兴大会。大家一致认为，乡村的发展最终要靠人才，而人才的培养要靠教育。重中之重是要解决乡村教育存在的优质教育资源紧缺、教育质量亟待提高等普遍性问题。为此，建好建强乡村教师队伍成为2018年乡村教育振兴计划中最重要的一个环节和主要着力方向。在近6年行动、经验总结和反思的基础上，由四川省教育厅、四川省精神文明建设办公室指导，四川教育报刊社、新华文轩出版传媒股份有限公司、四川省陶行知研究会等多个单位在乡村教育推进工作会上联合组建了四川省乡村学校振兴联盟。

四川省乡村学校振兴联盟是一个以乡村学校为主体，集合相关教育专家和社会资源共同服务乡村学校、促进乡村学校振兴的公益协同平台。联盟采用项目型导师负责制，聘请教育专家担任联盟学校指导老师，通过项目活动或课题研究，为联盟校提供办学理念、学校文化建设、学校管理、特色办学、教师队伍成长、课程资源建设、家校共育等方面的指导。联盟的目标是通过高端引领、示范带动、校际联通、资源共享，努力让联盟内的乡村学校成长为全省乡村学校发展的样板和范本，为乡村振兴战略贡献教育力量。

2018年9月27日，联盟成立大会公布了首批（16所）四川省乡村学校振兴联盟学校名单，分别是巴中市南江县光雾山镇红军小学、德阳市中江县石垭子小学校、雅安市宝兴县永富乡中岗小学、遂宁市船山区桂花学校、眉山市丹棱县双桥镇小学校、攀枝花市仁和区平地镇中心学校、南充市蓬安县银汉镇吕广小学校、成都崇州市东关小学、乐山市五通桥区牛华镇二码头小学、阿坝州理县下孟小学、资阳市雁江区保和镇东安九年义务教育学校文龙寺村小、宜宾市高县漩溪乡中心小学校、泸州市合江县白沙镇中心小学校、广安市大安镇第一小学、绵阳市游仙区徐家镇伟清小学、广元市利州区范家小学。

一所小学就是一个乡村振兴的堡垒，一支强大的教师队伍就是教育振兴的可靠保障。一所乡村学校就是一堆火，一位老师就是一盏灯。在乡村学校的振兴中，校长和老师是主心骨，更是乡村振兴的初心。四川省乡村学校振兴联盟以优秀教师的培养作为主攻方向。在首批16所学校公布后，联盟将以"文轩教育'太阳星公益行动'乡村教育圆梦计划活动"为载体，分批次、分门类进行乡村优秀教师培养计划。第一轮培训已经于2018年下半年进行了10场次,2019年将综合采用其他有成功经验的模式。据悉,2013年以来,"文轩教育'太阳星公益行动'村小圆梦活动"已经帮助四川各地学校、老师、学生圆了近3000个梦,提供支持项目1000多个,受益师生约8万人次,未来还将继续扩大。

三 四川乡村教育事业发展的成效与问题

(一)整体成效

在城镇化大力发展的趋势下,乡村教育事业受到冲击是正常的现象。但是,四川在这一背景下受到的冲击没有想象的那么大,且部分问题已经得到缓解或者解决,主要表现在以下几个方面。

第一,学区调整已经基本趋于稳定。过去农村义务制学校大量撤并的现象已经趋于缓和,中小学人数和学校数量都保持在稳定的水平。在调查中我们发现,虽然2017~2018年有400余所学校遭撤并,但中心学校的规模得到了扩大。同时,由于寄宿制学校床位增加、管理到位,原来预测可能存在的问题并没有出现。这说明未来相当长时间内,学区将趋于稳定,教学秩序将步入正轨、教学质量提升的基础得到夯实。

第二,师资培训得到了有效改进。师资是教育的重要因素,乡村教师随着学区调整、教师待遇提升和区域发展思路的稳定,也逐步趋于稳定。师资培训从原有的被动培训、指派培训等状况逐渐向学校主动申请培训、老师主动要求培训、自己掏钱提升培训转变。从渠道上说,不少地方除了教育部门组织的培训外,公益培训也逐渐开始出现。不少教师除参加教师技能方面的培训外,还自主进行国学、文化创意等方面的培训。过去受到忽视的"三笔"[①] 比赛、赛课等,逐渐回暖。一句话,教育技术和教育技能都因为培训

---

① 钢笔、毛笔、粉笔。

而得到了加强。

第三,本地教师队伍的比重在逐渐增加。在乡村教育调查中,师范院校、中等师范院校的毕业生回家乡任教的比例在逐渐增加。这就意味着教师队伍人才回流的趋势正在逐步形成,服务家乡教育事业成为高等院校毕业生的一种选择。在教育领域,安居乐业的态势正在形成,努力提升职业水平成为未来的选择。

第四,乡村教育的基础依然较为坚实。由于四川省的乡村并未出现人口大量被抽离的状况,加上2017~2018年四川有大量外出务工人员回流,原有的留守儿童教育问题也得到了一定程度的缓解。多年来的乡村学校撤并,使得各地方逐渐有了规模办学的态势,不少地方教育经费得到了有效利用,教育的硬件耗费得到了一定程度的遏制,对未来加强教育软件的提升有相当程度的帮助。

(二)一般问题

在看到四川省乡村教育希望的同时,我们也必须正视四川乡村教育存在的严峻问题,尤其是不均衡不充分发展的问题还没有得到根本解决。具体而言,包括如下几方面。

第一,教育体系的城乡布局还不尽合理。如果完整的教育体系包括基础教育、中等教育和高等教育,那么农村地区的教育体系是不全面的。部分地区原有的中等专业学校在升本过程中被拆,而地方的高等教育毕业生绝大多数并未服务农村、服务农村的教育。在"一干多支"的格局中,四川的优势教育资源主要留在了"一干","多支"并未在教育领域得到充分体现,甚至还被有意无意地限制。

第二,乡村教育投入主体和受益主体错位。农村在教育上的投入没有带来教育产品对农村、农业和农民的产出的贡献、目标的重塑。在过去相当长一段时期内,教育没有达到扶助农村、促进农业发展、增加农民收入的目的。时至今日,"轻农""弃农""离农"等现象仍在相当范围内存在。认真考试、通过读书离开农业、不当农民还在潜意识里顽固地存在。这种乡村教育的观念和实践，不利于新时代乡村教育的发展，更不利于农村的繁荣和农业现代化发展需要。

第三，乡村教育经费投入的不均衡。不少专家认为农村教育的问题之一是经费不足，其实真正的问题不是经费不足，① 而是乡村教育经费投入的不均衡。中央提出农村义务教育实行"以县为主"的管理体制，但是各县之间经济、社会和人口发展千差万别，各有具体情况，因此，除了城乡之间教育资源分布的差距外，乡村还面临横向比较的差距。

第四，义务教育阶段办学主体较为单一，但任务和问题却十分复杂。义务教育的办学主体是国家，但国家并未充分动员各级政府、组织和个人办学。不少有办学意愿和能力的机构和个人被排斥在义务教育之外，民办初等、中等学校又享受着与公办学校不尽相同的待遇和政策，因此，"进不来"与"出不去"的矛盾较为突出。

第五，四川较为突出的留守学生问题尚未得到普遍有效解决。② 据不完全抽样调查，虽然大量外出务工的青壮年在 2017~2018 年有回流趋势，但部分留守学生问题严重的县留守儿童比例仍然在 30%~40%。农村留守儿童在成长过程中缺乏亲情沟通、规则塑造和成绩辅导，不仅会对家庭造成影响，也会对社会造成不良影响。

四 发展对策

第一，调结构、强基干，探索乡村教育就近取材的实现模式。针对教育体系城乡布局不合理的问题，调整教育的城乡布局和层次布局。县市一级着力将人、财、物资源主要配置在基础教育阶段，做强基干。围绕义务教育阶段展开地区中级师范类学校的办学，通过就业扶持、培训提升、职业升迁等渠道解决县市中师生的发展问题，扩大本地人才服务本地各类社会经济发展

---

① 当然，教育经费的绝对数量不足的确也是农村教育的问题之一。
② 中国农村留守儿童达 902 万人，四川省超过 70 万人。

事业的范围。

第二，拓宽优质教育资源流向乡村的渠道。传统的教育培训和教师技能培训方式主要有课堂式、讲授式，有明确的实施单位、规范的组织形式和授课主体，但这种组织模式并不一定有利于优质教育资源流向乡村。通过四川省乡村学校振兴联盟、"文轩教育'太阳星'公益行动乡村教育圆梦计划活动"等模式，探索一种有研究、有专业、有针对性的扶助乡村教育发展的渠道，拓宽优质教育资源流向乡村的渠道，实现立体多元促教育、众人出力振乡村的局面。

第三，探索义务教育阶段经费由全省统筹的实现模式。鉴于乡村教育经费投入不均衡、标准随意等问题，再结合四川省整体经济水平基本能够支撑义务教育发展的情况，可逐步探索义务教育经费全省统筹。

第四，加快制定规范的课后服务落地方案，逐步缓解留守学生问题的负面效应。留守学生的问题集中在心理陪护、学业难题和规则养成等方面。四川作为留守问题较为严重的省份，要抓住教育部发布《关于做好中小学生课后服务工作的指导意见》的机会，制定好、实施好地方性落地方案，尤其要在资质审核、资金监督管理、人员组织、过程监督、项目评估等环节抓好关键。

参考文献

刘问燕：《四川农村教育现状及主要问题研究》，《重庆科技学院学报》（社会科学版）2010年第19期。

王学男、吴霓：《"后撤并时代"寄宿制学校对农村留守儿童关爱与教育的挑战与可能——基于江西、四川两省的调研》，《湖南师范大学教育科学学报》2019年第1期。

刘秀峰、廖其发：《论民国时期四川乡村建设运动的特点》，《重庆教育学院学报》2010年第4期。

蒋峰、黄育云：《发展农村教育：建立四川"教育强省"的难点及对策》，《成都大学学报》（社会科学版）2003年第2期。

侯明喜、曾崇碧：《试论民初乡村小学教师的社会地位——以20世纪30年代四川为例》,《四川师范大学学报》(社会科学版) 2007 年第 4 期。

徐跃:《清末地方学务诉讼及其解决方式——以清末四川地方捐施诉讼为个案的探讨》,《近代史研究》2011 年第 5 期。

唐华生、何霖、王仕斌:《四川农村教师队伍建设的困境成因与对策分析》,《襄樊学院学报》2007 年第 3 期。

治理能力篇

Governance Capabilities

B.7
四川民族地区乡村移风易俗现状及对策报告
——以四川乐山峨边彝族自治县为案例

四川省社会科学院社会学研究所课题组 *

摘　要： 本报告以四川乐山峨边彝族自治县为案例，系统描述了四川民族地区乡村移风易俗的现状特征与具体做法。得出现阶段峨边彝族自治县移风易俗工作呈现根基稳固，移风易俗高位推进；服务先行，夯实底部基础；单极独秀，卫生文明指数活跃；掣肘叠加，两大指数（勤俭创业指数、遵法守约指数）"惰性沉淀"等基本

---

* 黄进，博士，四川省社会科学院社会学研究所所长，研究员，研究方向为社会政策和社会治理；刘伟，硕士，四川省社会科学院社会学研究所副研究员，研究方向为城乡基层治理、民族问题研究；陈成，硕士，四川省社会科学院社会学研究所助理研究员，研究方向为性别社会学、人口社会学；徐杰，硕士，四川省社会科学院社会学研究所研究实习员，研究方向为社会政策；王海蓉，硕士，四川省社会科学院社会学研究所助理研究员，研究方向为政治社会学、性别社会学。

结论。对乡村风俗、勤俭节约、遵法守约等方面做了系统评估与现状研判。并从力量整合、制度保障、宣传策略、助力脱贫等方面给出对策建议。

关键词： 移风易俗　现状研判　乡村秩序

一　研究背景

2016年11月28日，中宣部、中央文明办召开"推动移风易俗，树立文明乡风"电视电话会议，会议强调要坚持以社会主义核心价值观为引领，把反对铺张浪费、反对婚丧大操大办作为农村精神文明建设的重要内容。结合四川省委"四个好"①的要求，乐山市脱贫攻坚领导小组印发《宣传推广峨边文明新风培育经验工作方案》，峨边县立即展开深入调研，勇于实践、先行先试，结合实际制定了工作方案，把移风易俗作为切入点，积极推行"卫生文明、勤俭创业、遵法守约"三大行动，大力实施"思想先导、基础设施、社会治理"三大工程，努力培育"卫生文明、勤俭创业、遵法守约"三大新风。

移风易俗是"破千年旧俗、树一代新风"的社会改革。改革就会面临着许多困难，任务繁重而艰巨，需要做出长期的努力。因此，必须对全县实现移风易俗的重点、难点和短板因素进行认真分析和研究，找准政策着力点，攻坚克难，实现与全国、全省、全市同步树立良好社会风气的宏伟目标。

（一）风俗的内涵与特征

我国民俗学开拓者钟敬文指出："风俗本身是一种生活方式，又是一种文化样式，是为人们最为熟悉不过的一种文化形态。"风俗包含生活习俗、

---

① "四个好"是指住上好房子、过上好日子、形成好习惯、养成好风气。

礼仪习俗、娱乐活动等，是人们行为方式和社会世俗人情的反映，既能表现一定社会的文化，又体现着社会的政治教化，对控制、调节社会生活和社会秩序有着巨大的影响。

风俗具有集体性、传承性、扩布性、类型性、稳定性和变异性等特征。其中，集体性是其本质特征；传承性是指风俗在时间上传衍的连续性；扩布性是指风俗在空间上的延伸；类型性是指风俗的表现形式是一种约定俗成的行为方式；稳定性是指风俗在流传中相对不变的特征，风俗一旦产生，就会伴随着人们的生产和生活方式长期相对固定下来，成为人们日常生活的一部分；变异性是指风俗在传承和扩布过程中自发和渐进的变化。

（二）移风易俗的内涵和方法

张勃认为，移风易俗是有意识地促使风俗发生变迁的思想观念和社会行动。移风易俗的方法大致可以概括为教化与法令两种：前者是通过对人心的教育感化使人的审美感、是非观、价值观等发生变化，从而导致风俗的变迁和提升；后者是通过法律政令的惩罚性措施来迫使人们改变行为，从而导致风俗的变迁。前者是柔性的方式，后者是刚性的方式。本文认同张勃的观点，峨边的移风易俗工作以教化与法令相结合的方式进行，刚柔并济，以宣传感化为方法之一，并通过法律政令的实施强制性地改变风俗。

二 峨边县乡村风俗现状

（一）总体状况

根据对调查的数据进行客观研究与科学的指数计算，我们认为峨边县移风易俗工作总体呈现如下特征。

1. 根基稳固，移风易俗高位推进

总体而言，峨边县过去一个阶段移风易俗工作推进扎实、成效显著，令当前移风易俗工作根基稳、起点高、目标明、推进过程有条不紊。如图1所示,本次调查打破传统评估工作以年鉴及事实性统计数据作为评估指标的办法,大胆采用了由调查团队对普通百姓的态度、行为、表现进行测评的方式。事实上,最终的指标体系中仅有少量事实性统计数据作为评估指标(比如做了哪些工作),其余指标主要来自两个方面:一是由普通百姓的感知、感受、行动与态度组成的测评指标;二是由独立的调查团队在现场客观评分组成的测评指标。以往的调查经验提示,采用类似的调查办法取得高分的难度极大。

本次调查以层次分析法和逐级平权法对指标体系进行计算加总,结果显示:峨边县移风易俗现状得分为74.40分,距离满分100分仅有25.60分的差距,是一个较为理想的总体得分。

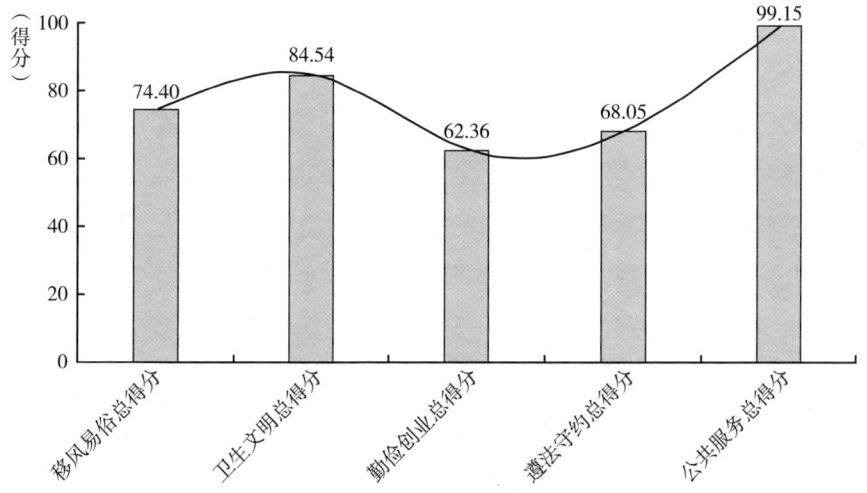

图1 峨边彝族自治县移风易俗状况得分一览

2. 服务先行,夯实行动底部基础

移风易俗属精神领域,其发展与干预路径遵循物质基础决定上层建筑的逻辑规律。因此,基础性公共服务是移风易俗工作有效推进的物质保障与建设根基。如图1所示,作为整个移风易俗指标体系的"底盘指数",公共服务总体取得99.15的高分,有效夯实了峨边彝族自治县移风易俗的基础。具体而言,年度学前入园目标为98.30分,文化基础设施建设目标为100分(见图2)。

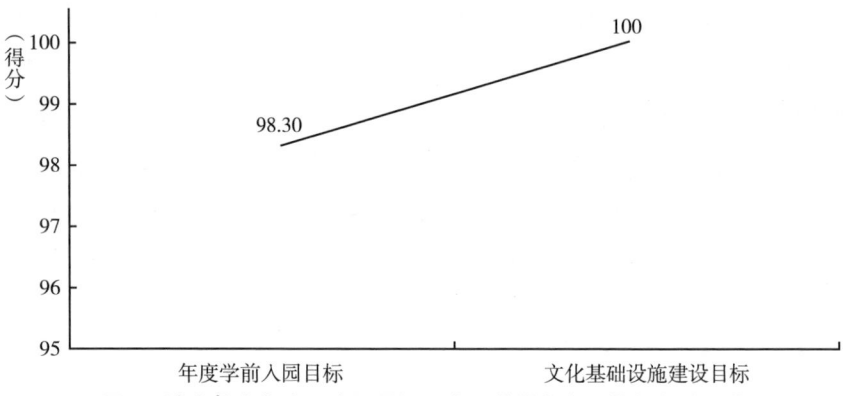

图2 峨边彝族自治县移风易俗调查公共服务各项指标得分一览

3. 单极独秀,卫生文明指数活跃

移风易俗工作三大指数(卫生文明指数、勤俭创业指数、遵法守约指数)得分差异明显,卫生文明指数得分为84.54分,较大幅度领先勤俭创业指数和遵法守约指数。仔细分析卫生文明指数下的诸指标可以发现,卫生文明指数各指标得分几乎都在80分以上,得分普遍较高,卫生文明相关移风易俗工作成效已经初现。在整个移风易俗工作指标体系中,卫生文明指标体系整体表现优异而活跃,大可作为移风易俗的工作引擎,引领移风易俗整体工作共同迈进。

4. 掣肘叠加,两大指数"惰性沉淀"

移风易俗三大指数中,勤俭创业和遵法守约两大指数总体得分相对较低,分别为62.36分和68.05分,短板特征较为明显。两大指数的各分项指标均呈现整体得分较低,且指数内各分项指标得分差异较大的特征。虽然两大指数得分总体偏低,但内部各指标的活跃程度不同,形成个别指标掣肘总体得分的状况,两大指数的掣肘因素叠加,共同影响移风易俗的总体进程。因个别指标的影响,总体得分无法提升,惰性和沉淀的特征明显,这两大指数可看作当前峨边县推进移风易俗工作亟须攻克的"惰性指数"。

5. 族群融合,彝汉风貌、行为趋同

本次调查试图在每一项测评指标中对彝汉两个族群进行分类比较,以期发现差异。但除了殡葬和红白喜事两大指标上彝汉确实存在差异外，在大多数指标中，彝汉两族的行为并没有特别显著的不同，大部分指标即便出现一些细微的差异，也未能通过统计学的假设检验。我们认为其原因有可能是峨边县之前对移风易俗工作的扎实推进导致彝族与汉族呈现较为明显的融合态势，而现在存在的移风易俗问题，更多是彝族与汉族普遍存在的问题。在移风易俗的问题上，峨边县的族群边界正趋于模糊化。

（二）卫生文明状况

1. 卫生文明行动总体情况

通过对问卷数据进行计算，得到2017年（截至5月）卫生文明行动工作各项综合指数（见表1）。整体来看，卫生文明工作的综合指数大体可分为四类：一，指数值达100的有农村垃圾治理"五有"综合达标指数；二，指数值在90～100区间的为个体卫生文明"态度"综合指数（94.29分）；三，指数值在80～90区间的从高到低依次为居民对卫生文明工作的综合满意度（89.90分）、公共卫生"态度"指数（85.43分）、居民健康指数（84.97分）、居民现代化婚育达成综合指数（81.80分）；四，指数值在70～80区间的从高到低依次为个体卫生文明"行为"综合指数（76.73分）、居民就医便捷度（75.61分）、家庭卫生环境洁净达标指数（72.20分）。

表1 2017年（截至5月）"卫生文明行动"工作综合指数一览

单位：分

序号	指标	实现值
1	个体卫生文明"行为"综合指数	76.73
2	个体卫生文明"态度"综合指数	94.29
3	家庭卫生环境洁净达标指数	72.20
4	公共卫生"态度"指数	85.43
5	居民健康指数	84.97
6	农村垃圾治理"五有"综合达标指数	100
7	居民就医便捷度	75.61
8	居民现代化婚育达成综合指数	81.80
9	居民对卫生文明工作的综合满意度	89.90

2. 分项指数情况

下面将具体介绍构成上述综合指标的各分项指标情况,通过对分项指标的了解,可以直观地看到卫生文明工作中各项工作的开展情况、老百姓卫生文明行为与态度现状,为下一步卫生文明工作提供参考。

(1) 个体卫生文明行为现状

两名测评员现场测评,依照从低到高1~5分对被调查者调查时的穿戴、面部、头部、手部、用语、待人接物六个方面的卫生文明程度进行主观评分。本次调查共对169名村民进行测评,结果显示,62.4%的村民测评分值在4分及以上,即62.4%的村民"穿戴较为整洁;面部、头部、手部较为干净整洁,用语较为得体,待人和善"。25.5%的村民测评分值为3分,符合卫生文明基本要求。另外还有1.8%的被调查村民得分为2分(见图3)。总体上来看,被调查村民达到了卫生文明的基本要求,在调查中,通过与村民的接触与交流,我们也发现绝大多数村民已经养成了爱卫生、讲文明、有礼貌的良好习惯。

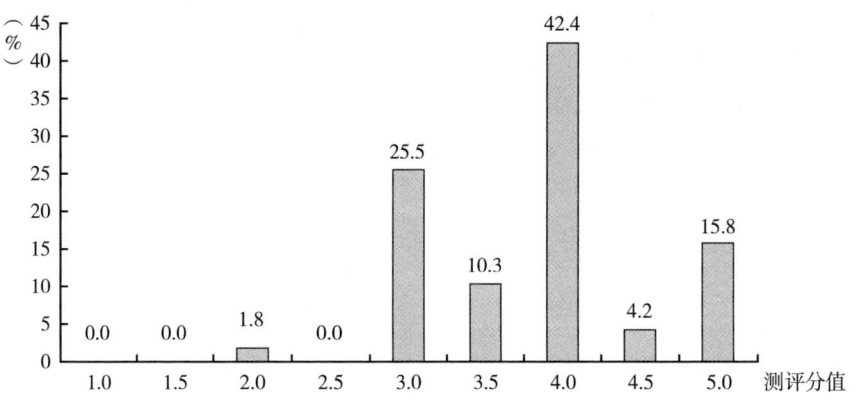

图3 个体卫生文明行为测评结果

(2) 个人卫生日常习惯

进一步调查村民卫生日常习惯了解发现,在429位被调查村民中,每天刷牙的占90.7%,每天洗脸的占96.7%,每天洗脚的占98.4%,每天洗澡的占51.3%，每天换贴身衣服的占28.9%（见图4）。可以看到在个体日常卫生习惯中，刷牙、洗脸、洗脚已经是绝大多数村民的日常行为。我们也了解到，随着新农村建设与脱贫攻坚工作的实施，许多家庭连通了自来水、新建了现代式卫生间、安装了太阳能，这为养成良好的个人卫生习惯提供了必要的硬件保障。同时大部分村民都有过城市生活的经历，城里人的个人卫生习惯也影响着村民们。进一步了解发现，一些人认为"年轻人牙口好，不需要刷牙"，或"只有外出时才刷牙"，表明其还未意识到牙齿清洁保健的重要作用。49.7%的被调查村民至少2天洗一次澡。59.2%的被调查村民2~3天换一次贴身衣服。大部分被调查村民洗澡、换贴身衣服要视情况而定，一般情况下遵循天气，大部分时间看是否劳作。特别是在下田、上工地等情况下，基本上每天都要洗澡、换贴身衣服，基于此可以断定，绝大多数被调查村民已经形成了良好的个人卫生习惯。

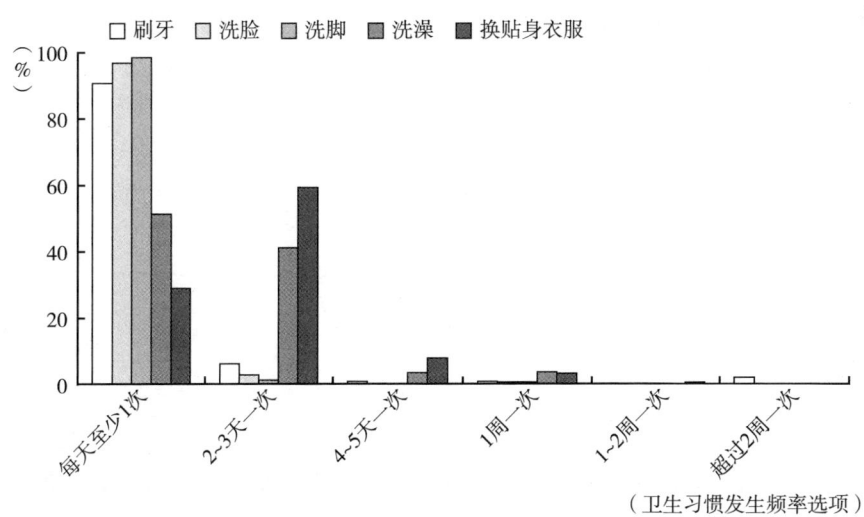

（卫生习惯发生频率选项）

图4 个人卫生日常习惯

(3) 个体卫生文明态度现状

具备良好的卫生文明意识是养成良好卫生文明习惯的先决条件，通过对429名村民卫生文明态度的调查发现，在刷牙、洗脸、洗脚、洗手、洗澡、饮食六个方面的态度倾向上，97.2%的被调查村民认为"刷牙是每天必须要做的事情"；87.9%的村民不赞同"只有牙齿出毛病的时候，才想起需要天天刷牙"；94.6%的村民认为"一天不洗脸，我就会觉得不舒服"；91.8%的村民不赞同"只要不会觉得睡觉不舒服，睡前洗不洗脚都没有关系"；90%的村民不赞同"没出汗，10天不洗澡也没什么"；87.6%的村民不赞同"不干不净，吃了没病"，说明绝大多数村民有卫生饮食的认识。

总体来看，对于个人刷牙、洗脸、洗脚、洗澡的卫生习惯，绝大多数村民已经达到意识与行为相一致的良好局面，但是还有少部分村民没有具备卫生文明的意识，也难以养成卫生文明的习惯，这一部分村民将是卫生文明工作的攻克重点。同时，从数据中我们也可以看到，饮食卫生情况还未达到理想状态，16.4%的村民赞同"饭前不洗手也没有关系"，9.1%的村民赞同"不干不净，吃了没病"的说法。近年来，农村地区饮食卫生问题屡治不止，最主要的原因是一些村民还未形成健康的饮食意识、卫生的饮

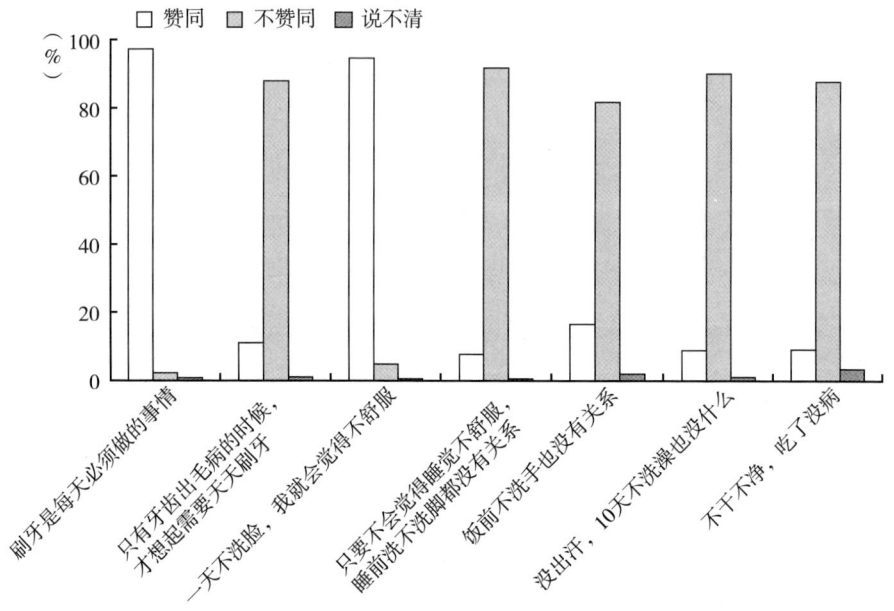

图5 个体卫生文明态度

食习惯,这说明卫生文明工作仍须加强,特别是加强对村内未成年人饮食卫生习惯的教育工作。另外县、乡镇卫生及相关执法部门还要加强对农村地区食品安全问题的宣传、整治等工作。

(4) 家庭卫生环境现状

通过两名测评员现场测评,依照从低到高 1~5 分对被调查村民屋内、院坝、厨房、卫生间四处的卫生状况进行主观评分,共在 169 处村民居住地开展测评,测评结果如图 6 所示。屋内测评得 4 分及以上的达 50.3%,即"地面比较干净,物品摆放总体比较整齐,床铺基本整洁,无异味";49.7%的村民屋内存在着诸如地面不干净,或物品摆放杂乱,或屋内存在异味的情况。院坝测评得 4 分及以上的达 69.9%,即"污水有专门倾倒区域,院中基本没痰迹或家禽粪便,柴草堆放较为整齐,院中基本无垃圾"。厨房测评得 4 分及以上的达 41.2%,即"地面较干净,柴草比较有序,灶台较少油渍和饭食、餐具较干净,各类物品摆放较为整齐"。卫生间测评得 4 分及以上的达 53.9%,即"属于冲水厕所且有较小异味,卫生间内比较干净整洁"。

总体比较来看,院坝得 4 分及以上的占比高于屋内、厨房、卫生间,院坝作为农村地区房屋的特有区域,既是晾晒谷物、停放车辆、摆放农具等的场所,又是休闲娱乐、人际交往的重要空间,可以说院坝在农村地区属于一种私人与公共的复合空间。相比其他更为私密的空间而言,院坝作为一家人的"门脸",必须要保持宽敞、整洁。从这一逻辑出发,在农村地区,我们可以看到房前屋后这些外人可以直接查看的区域,一般都会收拾得当。

现场调查还发现,屋内、厨房、卫生间测评分数不高的原因如下:一是一些房屋是新建或正在修建的,还未对室内进行规划布置;二是一些家庭经济能力有限,室内家具较少,也包括厨房内除灶台以外的用具较少或没有,进而影响物品的归置;三是受传统农耕、饲养家畜的影响,大部分家庭即便新建了卫生间,仍然保留了过去家畜旱厕一体的房屋,一些老年人仍然保持入旱厕的习惯。这一些客观因素势必与卫生文明习惯的养成产生冲突,这就要求我们在操作执行过程中,不能完全依照城市生活的标准,而要因地制宜地设立农村的卫生文明标准。

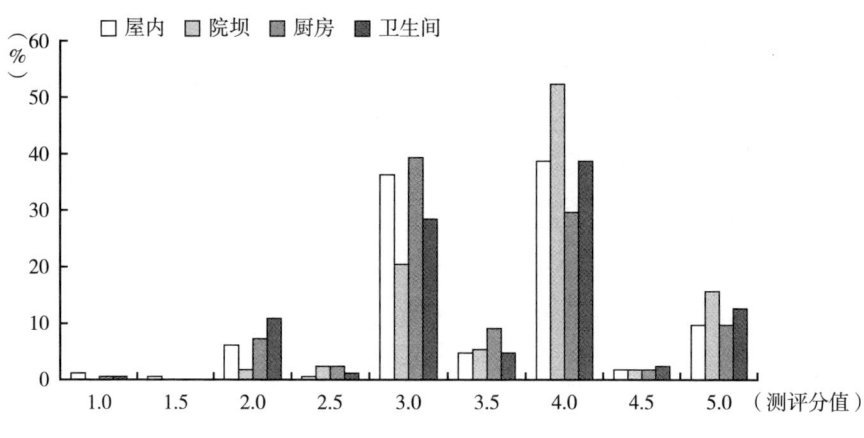

图6 家庭卫生环境测评结果

(5)公共卫生态度

卫生文明既体现在个体私人领域空间,也体现在个体生活中的公共空间,所以我们以"我会制止别人在我家院子以外的公路上扔垃圾和吐痰"为题对469名村民进行了态度询问,结果显示,79.0%的被调查村民表示会制止,12.8%的被调查村民表示不会制止,还有8.2%的被调查村民表示说不清(见图7)。绝大多数村民的选择体现出爱护公共卫生已经成为一种自觉意识与自发行为。社会主义新农村建设、峨边县彝家新寨建设深刻影响着峨边县农村地区,特别是村容村貌发生了巨大变化,道路硬化、垃圾池、保洁员等措施从内到外影响着每一位村民。调查中有村民表示:"过去没有那个条件,现在环境整好了,大家自然要爱护嘛,干净卫生的环境自己看到也舒服。"这揭示出村庄的卫生文明工作不能只对村民个人提要求,政府部门还应重视对文明卫生环境的营造,特别是环卫设施的建设要跟上。

另外,我们看到还有21%的被调查村民选择了不会制止或者说不清,通过进一步了解,我们发现农村作为一个熟人社会,人与人之间的互动交流

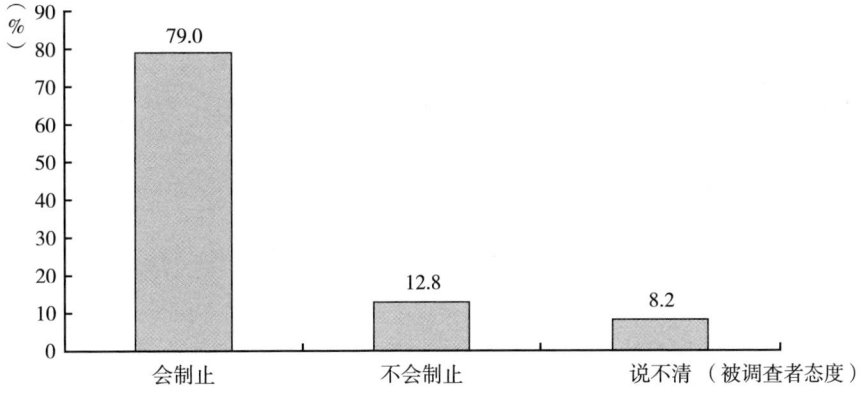

图7 公共卫生态度数据结果

绝大部分是建立在私人感情之上的，人情思想左右着村民的待人方式，有村民表示："都是亲戚熟人，怎么好当面说人家乱扔乱吐，说了人家要怄气。"也有村民表示："只要不是丢在吐在我家门前，其他地方我管不了，有扫垃圾的负责，我说了人家还要怄气。"这揭示出在农村地区开展公共卫生文明工作，一要注意熟人社会情面的负面作用，理清情与理相互作用的关系；二要加强农村在校学生的卫生文明教育，通过"小手牵大手"的形式，将政府不好说、熟人不会说的卫生文明规范通过孩子向家庭成员传递，达到耳濡目染的效果；三要在村规民约中纳入维护公共卫生的奖励条款及破坏公共卫生的惩罚条款。

（6）居民就医便捷状况

我们通过了解"一村一卫"的建设情况和村民对本村卫生所的满意程度综合考察"居民就医便捷情况"，结果显示，峨边县"一村一卫"已经建成97个，计划建成127个，覆盖率达76%。被调查村民对村卫生所的满意度为：72.4%满意，5.6%不满意，22%说不清（见图8）。总体来看，村民对村卫生所的工作满意度较高，但调查过程中，也有村民反映村卫生所还存在一些问题：一是有的村没有卫生所，或者是建成未使用；二是卫生所医生长期不在岗，看病拿药找不到人；三是一些村民习惯到乡镇看病拿药，造成村卫生所资源的浪费。这里面既有村民个人习惯的问题，也有村民对其医疗质量的担忧问题。所以下一步居民就医便捷工作应该是继续推动"一村一卫"的建设工作，同时要注重卫生所医疗资源的基础配备与质量的提升，对接县乡两级医院、卫生院，定点服务对接村落，积极培育一批农村全科医生。

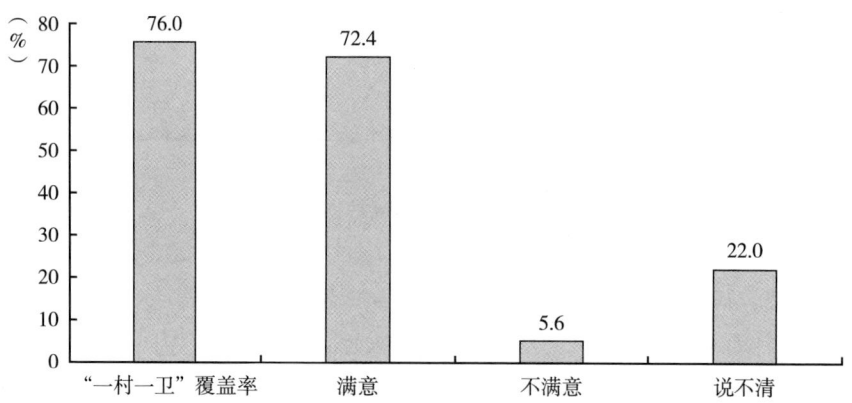

图8 居民就医便捷程度

（7）居民现代化婚育现状

只有健康的育龄夫妇才能孕育健康的新生命，做好妇幼保健工作影响着每个家庭的和谐，也关系着社会的可持续发展。特此，本调查设置以妇幼保健经历与态度倾向为主题的若干设问，询问469名村民本人或家属在这方面的经历与态度倾向，结果显示，40.6%的村民表示本人或家属"做过婚前检查"，46.7%的村民表示本人或家属"做过孕前检查"，68.9%的村民表示本人或家属是"在医院生孩子"。总体而言，婚前检查这一措施在峨边农村地区普及程度还比较低，45.3%的被调查村民表示没有做过，还有14.6%的村民表示不清楚（见图9）。态度倾向调查显示，82.4%的被调查村民认为"有必要做婚前检查"，86.9%的被调查村民认为"有必要做孕前检查"，95.3%的被调查村民认为"有必要在医院生孩子"（见图10）。造成这一指标值反差的原因可能如下。第一，大多数村民相信现代医疗的重要作用，但是参与医疗的行动却相对滞后，还是保持着传统行为习惯。第二，农村剩余劳动力常年在外务工，既不属于城市的妇幼保健人群范围，又不能享受归属地农村的妇幼保健服务，这样一种"真空"状态，导致了这些常年在外的村民很难具备妇幼保健常识，且这部分人群本身就是婚育的主力人群。第三，适龄青年未婚先孕的情况较多，这也会导致无法落实这一部分人的婚前检查。第四，民政婚姻登记部门对婚前检查的要求执行较为松懈。第五，还有大多数村民认为"只有怀孕了才做检查"，对孕前检查根本不重视，缺乏科学认知。对于选择"不清楚"结果的分析是一些被调查者要么是因为时间久远而忘记，要么是因为"身份尴尬"（男性长者作为被调查者）而根本不知情。

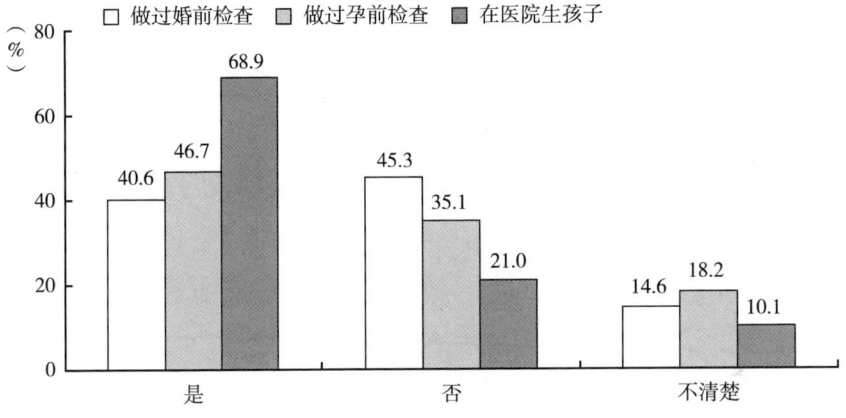

图9 妇幼保健行为

综上，在农村地区开展妇幼保健工作，不能仅仅为了完成每年的既定任务，走马观花式地进村入户对一群老年人、儿童做宣传，应该找准主力人群。一方面，要把握务工人群的流动规律，每年年底到开春时期，大部分务工人员返乡在家，抓住这一时期对适龄人群开展检查与科学常识的宣传普及工作；另一方面，要利用信息化技术手段，以短信、QQ群、微信讨论组等形式定期向外出务工人员推送妇幼保健信息。

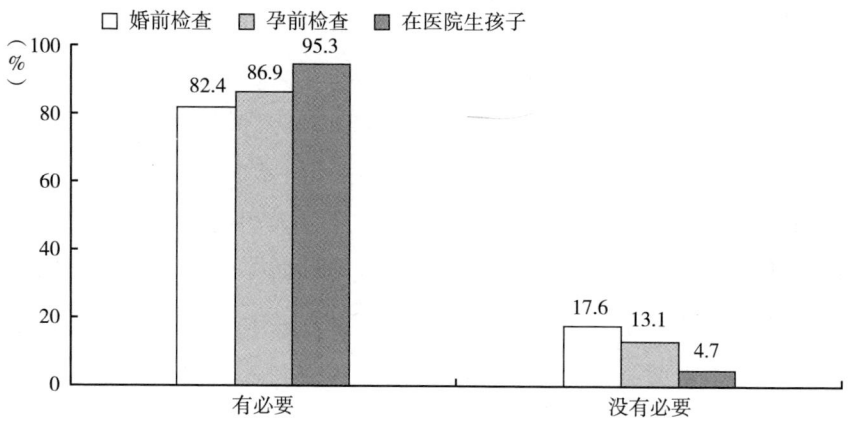

图 10 妇幼保健态度

(8) 卫生文明工作总体满意度

我们对卫生文明工作的总体满意度向村民询问了意见，87.6%的村民对卫生文明工作表示满意，4.5%的村民表示不满意，还有7.9%的村民表示不清楚（见图11）。通过对卫生文明综合指数与各分项指数的比较可知，峨边县在卫生文明工作方面取得了明显的成效，尤其是在公共卫生建设与服务上，按照原定工作目标有序推进，一些目标超额完成，为下一步工作奠定了扎实的基础。分析满意度不到100%的原因有以下几点。一是整体目标与个

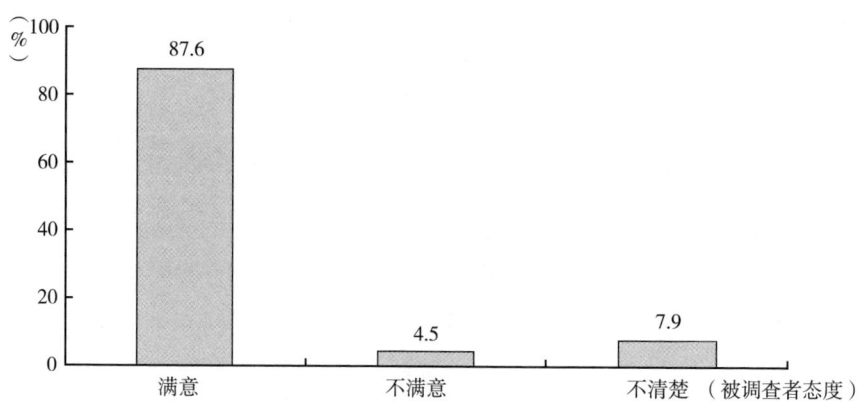

图 11 卫生文明工作满意度

体需求存在着一定差距，作为全县范围内的整体行动，必然会对部分个体性需求有所忽视，这需要在下一阶段的工作中找准需求，定点施策。二是卫生文明工作是意识形态与社会实践的统一，在开展工作的过程中，一些地方割裂了两者的有机统一，导致"面上光鲜，里子陈旧"的事实，所以在工作中既要注重意识的培养，又要注重行为的提升。三是卫生文明工作有其固有的特性，就是总有一部分属于"顽症恶疾"，既需要"啃硬骨头"的勇气，又需要下大力气解决的决心。对于一些地方、一些人群不能搞"以面带点"，原有措施行不通时，要分析具体原因，对症下药。

（三）勤俭创业

1. 勤俭创业行动总体情况

勤俭创业就是要教育引导全县城乡居民，以倡导文明新风为己任，自觉发扬艰苦奋斗的优良传统，树立崇尚文明、勤俭节约的优良作风，坚决抵制讲排场、比阔气、奢侈浪费的不正之风。具体体现为红白喜事从简，不大操大办，不铺张浪费，不互相攀比，不杀牛少杀猪羊；坚持简葬薄葬，推行火化火葬，不攀比坟墓奢华，不追求场面隆重；饮水思源，知恩图报，摒弃"等靠要"、克服"懒赌玩"，想富谋富，自力更生，艰苦创业，勤劳致富。

通过对问卷数据进行计算，得到2016年勤俭创业工作各项综合指数（见表2），在勤俭创业的整体测量层面，我们通过对13个具体指标进行测量，最后计算综合指标的得分。整体来看，勤俭创业工作的成效较好，政府促进老百姓勤俭创业的工作满意度为84.03分，除了村级红白理事会综合指数外，其余勤俭行为与态度和创业态度的综合指数均在70分以上。

峨边县在勤俭创业方面取得的成绩取决于以下几个方面。

一是开展思想先导工程。制作一批宣传画、宣传标语营造氛围；编写《移风易俗瓦几瓦》易读易记的小册子发放到村组、学校广泛传诵；在县内各类媒体上开设移风易俗专栏，宣传移风易俗的重大意义、工作动态、先进典型；对工作不力或做得差的及时曝光。二是组建百姓宣讲团，以群众喜闻乐见的形式，深入129个村，通过"基层夜话"、"农民夜校"、交心谈心等方式开展政策法律、科技文化、健康卫生、文明新风、传统美德、典型人物事迹等集中巡回宣讲活动。三是组织全县各级干部学习彝族日常用语，便于更好地开展移风易俗工作；将移风易俗内容纳入学校德育工作。

表2　2016年部分勤俭创业工作综合指数一览

序号	指标	实现值
1	勤俭行为与态度综合指数（分）	87.94
2	创业态度综合指数（分）	72.96
3	村级红白理事会综合指数（分）	65.14
4	群众殡葬新风接纳度（分）	74.55
5	政府促进老百姓勤俭创业的工作满意度（分）	84.03

2.部分分项指标情况

（1）勤俭行为与态度综合指数

根据表3所示，总体来说，在勤俭行为与态度方面，群众普遍接受节俭用餐。根据测量指标"请客吃饭要有节制，不应讲排场"和"请客吃饭应当杀牛宰羊，以表示对客人最大的尊敬"的测量结果，85.8%的人选择在请客吃饭方面不应讲排场，可见大部分群众都认为应该勤俭节约，不应该铺张浪费。在勤俭态度方面，根据测量指标"请客吃饭应当杀牛宰羊，以表示对客人最大的尊敬"的测量结果，75.8%的人选择不赞成请客吃饭应当杀牛宰羊。

分析上述测量结果，全县勤俭态度较高的原因是在全县餐馆张贴标语，倡导"光盘行动"，推行节俭用餐。在具体的要求方面，红白喜事从简，不大操大办，不铺张浪费，不互相攀比，不杀牛少杀猪羊；全县餐饮企业开展"文明餐桌示范店"创建活动；继续在各乡镇开展"勤俭持家示范户"创建活动，通过"行动+活动"双重方式影响群众勤俭的行为和态度。

表3 勤俭行为与态度统计

指标项	赞成		不赞成	
	频率	百分比	频率	百分比
请客吃饭要有节制,不应讲排场	368	85.8	47	11.0
请客吃饭应当杀牛宰羊,以表示对客人最大的尊敬	76	17.7	325	75.8

(2) 创业态度综合指数

如表4所示,总体来看,在创业方面,通过对"是否参加过创业指导培训、技能培训及小额帮扶基金"和"如果再开展,您愿意参加创业指导培训及小额帮扶基金吗?"指标的测量,42.0%的人表示参加过创业指导培训,57.8%的人表示没有参加过创业指导培训。超过一半的群众没有参加过创业指导培训、技能培训及小额帮扶基金的原因有以下几点:一是受访群众有的年龄较大,已经没有了再就业的能力;二是有些创业指导培训、技能培训及小额帮扶基金更加倾向于贫困户,导致部分群众没有机会参加创业指导培训及小额帮扶基金;三是缺乏针对少数民族创业培训的本土教材。

对上述测量指标进行分析,在创业态度方面,要进一步加强落实"农民夜校"相关制度、制定计划、学时管理、培训评估等内容,建立县级"农民夜校"师资库,吸纳专业知识、技术人才下村授课;围绕彝区群众需求开发引进一批专题教材、彝汉双语特色教材等,重点收集本地教材,充实教材库建设;开展"读书月"等多种形式的读书学习活动;派出科技人员对村民进行技术指导,培养一批有技术、会管理、懂经营的新型职业农民;加强与职业院校的合作,邀请高校专家指导,开展各种技能技术培训。

表4 创业态度统计一览

指标项	参加过(愿意)		没有参加过(不愿意)	
	频率	百分比	频率	百分比
是否参加过创业指导培训、技能培训及小额帮扶基金	180	42.0	248	57.8
如果再开展,您愿意参加创业指导培训及小额帮扶基金吗?	213	49.7	215	50.1

(3) 村级红白理事会综合指数

如表5所示，在村级红白理事会方面，通过对"是否清楚村级红白理事会"指标的测量，39.2%的人表示了解，14.0%的人表示听过，但不了解，43.6%的人表示完全没听过。红白理事会由民间自发形成，遵循一系列规章制度和民族风俗民情，指导民族地区婚丧嫁娶等一系列公共活动，在很大程度上引导着民族地区形成科学民主健康的新社会风气，政府在民族地区的宣传，使越来越多的人了解到红白理事会的相关工作内容，在一定程度上反映了移风易俗工作开展的情况。

表5 对红白理事会的了解情况

选项	频率	百分比	有效百分比
了解内容	168	39.2	39.2
听过,但不了解	60	14.0	14.0
完全没听过	187	43.6	43.6
未回答	14	3.3	3.3
合计	429	100.0	100.0

(4) 群众殡葬新风接纳度

如表6所示，总体来看，群众对殡葬新风的接纳度较高，普遍不赞成修豪华墓地；超过70%的群众都能够接受火葬，认为可以不修坟地，但是80.7%的群众不能接受树葬。

分析表6数据，我们得出形成殡葬新风的原因既和彝族地区民族信仰有关，彝族民族传统坚持火葬，不修坟地，又和政府宣传殡葬新风的工作有关。在全县重新划定火葬区和土葬区，制定《峨边彝族自治县殡葬管理实施意见》，发出《殡葬新风倡议书》，倡导厚养薄葬、活化安置、节约绿色生态殡葬，并将殡葬新风纳入村规民约，这样在节约殡葬费用的同时也节约了用地。但80.7%的群众不接受树葬，这和中国传统"入土为安"的观念有关，对今后移风易俗殡葬工作改革提出了新的要求。

表6 群众殡葬新风接纳度一览

指标项	赞成		不赞成	
	频率	百分比	频率	百分比
在家庭条件允许范围内,应该尽量把祖宗的墓修得豪华	47	11.0	381	88.8
家里如果有年迈的老人,应该提前修墓	96	22.4	332	77.4
我能接受对坟地进行绿化	175	40.8	253	59.0
我更赞同火葬	316	73.7	112	26.1
我能接受树葬	82	19.1	346	80.7
我更赞同土葬	90	21.0	338	78.8
不论采取哪种埋葬方式,都应该修坟	103	24.0	325	75.8
土葬需要修坟、火葬不必修坟	66	15.4	362	84.4

(四)遵法守约

1.整体得分状况及特征

遵法守约由6个分项指标构成,各分项指标中,除去还未开展的"遵法守约示范村"以外,千人法律援助次数达标率最高,达到了100分,得分最低的是德古调解法、亲情工作法、居民村规民约知晓度,得分仅为61.69分(见表7)。总体来看,法律援助、基础建设方面已经有所成效,而居民法律意识和对村规民约的知晓度还有待提高,遵法守约行动已经有所成效,但是还没能够深入所有群众中。

表7 2016年遵法守约各项指标测评结果

单位:%

各项指标	测评内容	结果
1.居民法治意识达成状况指数	通过指数测评,考察居民法治意识现状	63.20
2.德古调解法、亲情工作法、居民村规民约知晓度	通过对居民村规民约答案的判断,测评村民村规民约知晓水平	61.69
3."遵法守约示范村"覆盖率	反映"遵法守约示范村"创建的总体状况	—
4.千人法律援助次数达标率	反映县法律援助队的法律援助的成效	100
5.居民教育意识综合指数	考察居民对适龄儿童的教育意愿(含性别观念)	85.69
6.居民对遵法守约工作的综合满意度	本部分重点考察居民对遵法守约工作的总体满意度	82.81

2. 部分分项指标得分状况及特征

(1) 居民法治意识达成状况指数

居民法治意识达成状况方面,在峨边县调查的429个样本数据全部有效,数据显示(见图12),在"《宪法》是我国最高的法律"这个观点方面,有43.10%的人表示赞同,不赞同的仅有2.10%,但不清楚的却占54.80%。在"只要有机会就愿意学习法律"这个问题方面,有80.40%的人表示愿意,仅有3.00%的人表示不愿意学习法律,16.60%的人对于学习法律表示说不清。峨边县大部分抽样村民对《宪法》还不够熟悉,但是学习法律的积极性却很高。

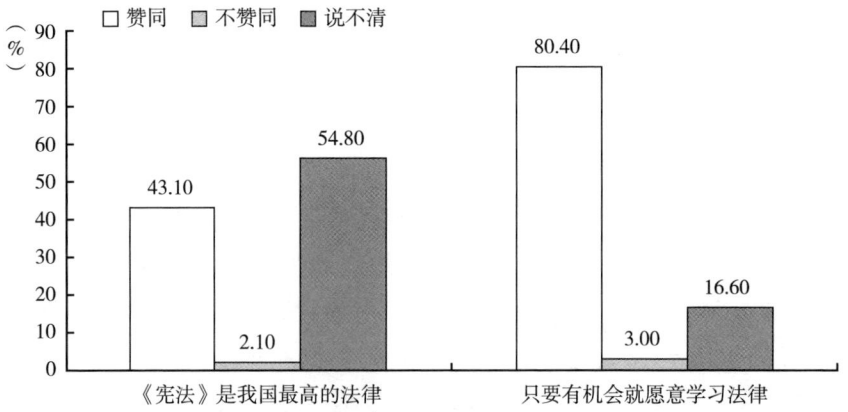

图12 2016年居民法治意识状况

(2) 德古调解法、亲情工作法、村规民约知晓度

本次在峨边县调查的429个样本中,村民对德古调解法、亲情工作法和居民村规民约知晓度方面,分别获得410个、416个和416个有效样本。居民对德古调解法[①]和亲情工作法[②]的知晓度很低,了解这两种当地法规的人

[①] "德古调解法"是将"德古"(懂彝族习惯法、办事公道、作风民主的头面人物)用作调处民间矛盾、加强基层治理的重要力量。

[②] "亲情工作法"以村级党组织和党员干部为主体,按照"九大员"(观察员、慰问员、安全员、卫生员、调解员、宣传员、计生员、倡导员、电教员)服务内容,解决联系服务群众"最后一公里"。

分别为24.39%和34.86%，而居民对村规民约的知晓度要稍高一些，有45.43%的人表示了解，但对居民村规民约表示"仅听过名字"和"没听过"的人占了一半以上（见图13）。因此，峨边县居民对当地的一些维权法规还不是很熟悉，这使得居民在利用法律法规维护自身权利上处于不利地位。

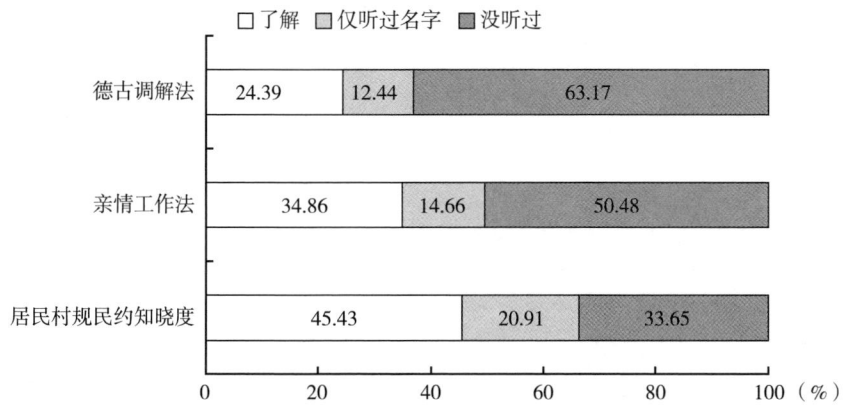

图13 居民对德古调解法、亲情工作法、村规民约的知晓度

（3）千人法律援助次数达标率

法律援助团队为群众提供免费的咨询、法律救助服务。峨边县2016年度完成规范化法律援助2个，办理108件法律纠纷事件，咨询录入法律纠纷事件1507件，共提供法律援助1723人次，完成乐山市下达民生工程任务的114.86%，超额完成任务。

（4）居民教育意识综合指数

居民教育意识方面，在峨边县调查的429个样本数据全部有效，数据显示，在"只要到了上学年龄，不论孩子是否愿意，都应送去上学"这个观点上，有98.6%的人表示赞同，只有极少数的人表示不赞同；在"现在读书不像以前那么管用了，读书还不如打工"这个观点上，有87.2%的人不赞同这个说法（见表8）。因此，调查的峨边县绝大部分居民是重视子女教育的，并且认为读书是很有用的。

在"女孩不需要文化太高了，嫁得好比学习成绩好更重要"这个观点上,有83.9%的人表示不赞同;在"只要孩子想上学,不论男孩女孩,我都愿意供他读书"这个观点上,有97.2%的人表示赞同。因此,这两个测评结果反映出峨边县绝大部分居民在孩子的教育方面,不管是男孩还是女孩,都是一视同仁的。因此,居民在子女的教育方面意识还是比较好的,只有极少数人不重视子女教育问题,需要政府加大力度宣传教育的重要性。

表8 居民教育意识状况

单位:%

题项	赞同	不赞同	说不清
只要到了上学年龄,不论孩子是否愿意,都应送去上学	98.6	0.5	0.9
女孩不需要文化太高了,嫁得好比学习成绩好更重要	11.9	83.9	4.2
只要孩子想上学,不论男孩女孩,我都愿意供他读书	97.2	1.4	1.4
现在读书不像以前那么管用了,读书还不如打工	10	87.2	2.8

(5)居民对遵法守约工作的综合满意度

居民对遵法守约工作的综合满意度方面,在峨边县调查的429个样本数据全部有效,数据显示(见图14),居民对遵法守约工作的综合满意度很高,满意的有81.10%,不满意的只有3.50%,而不清楚的占15.40%。因此,政府开展的"遵法守约"行动得到了大部分居民的认同,但是也应该加大宣传,让不清楚此项行动的人了解遵法守约工作。

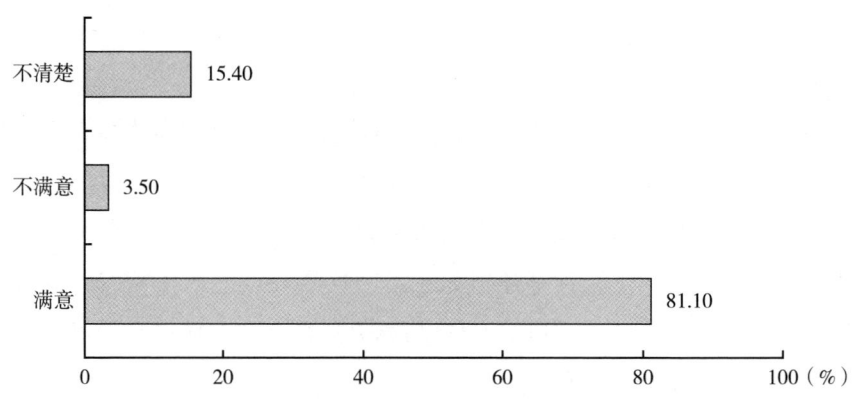

图14 老百姓对"遵法守约"工作的满意度

三 对策建议

基于上述实证基线调查研究，我们以破除陈规陋习、宣传文明新风、践行移风易俗、弘扬文明新风为理念，探讨系统解决峨边县推动移风易俗工作的对策，应当形成齐抓共管的工作格局、建立常态化、长效性的运行机制，采用喜闻乐见的宣传模式。将社会主义核心价值观厚植于群众思想中，不遗余力地倡导发扬传统美德，构建与现代文明相适应的新生活、新文明。

（一）统筹各方力量，构筑齐抓共管的工作格局

充分发挥党员和群众在移风易俗、改造社会中的重要作用，依托重点人群抓好示范带动，让文明新风融入农村生产生活的各个方面。

一是党员干部的力量。党员队伍的先进性和先锋模范作用决定了要求群众做到的党员干部必须首先做到。推动移风易俗，树立文明乡风，就要按全面从严治党的要求，强化制度和纪律的约束机制及其追责办法，杜绝党员干部攀奢比阔的现象，充分发挥党员干部的表率和带动作用，借此增强群众俭办婚丧嫁娶事宜、远离不良习俗的自觉性。

二是群众自身的力量。将移风易俗作为改进、完善基层自治体系的一项重要内容，建立村规民约，制定具体标准，规范操作方法，明确奖惩机制。最大限度地把群众发动起来，形成向陈规陋习宣战的广泛共识，使之成为自觉、自愿、自主的共同行动，就会凝聚民间自发而为、相互监督的强大力量，确保顺利、有效、持续推进。

（二）强化制度保障，推进常态化和长效性运行机制

通过制度化的建设，把健康文明新生活运动推行的现代文明的生活规范、风俗习惯、礼节仪式予以固定，从而使人们按制度化的规范进行各种民俗社会活动。

一是分类指导。从农村的实际出发,对彝族和其他民族分类指导。彝族的移风易俗工作由德古协会根据党委政府的原则要求,提出实施方案并组织实施。其他各民族的移风易俗工作由县、市党委政府统一提出指导意见,红白理事会制定制度样本和标准,由乡、镇党委政府结合实际提出县(乡)指导意见,在此基础上供村委会参考。

二是奖惩分明。建立全县各级党政领导干部的奖惩机制。全县各级党委政府和村党总支、村委会要号召各级党员干部和人大代表、政协委员、村民代表带头支持移风易俗工作,对好的要表彰奖励,对差的要督促整改,对违反制度的要给予处分。

三是重点落实。确保教育的优先发展是移风易俗工作中的重点。要加大对教育经费和师资力量的投入力度,让更多的教育资源惠及人民,落实对基础教育资源投入的保障制度。加强全县中小学生特别是彝族青少年的教育,阻断不良习俗的代际传递是关键。通过全县大力发展学前教育、双语教育和寄宿制教育,使下一代从成长开始就养成好的行为习惯和接受现代文明的科学理念。通过"小手牵大手"活动让孩子带动大人讲卫生、讲文明。

四是专项整治。对全县的丧葬行业进行专项整治,清查丧葬产业中的不规范行为,扶持行业龙头企业发展。对丧葬活动中的迷信活动进行打击,规范收费行为,倡导文明办丧事的社会新风尚。

(三)提倡实用原则,采取喜闻乐见的宣传模式

通过开展多种多样的宣传教育活动,将社会主义核心价值观厚植于群众思想中,不遗余力地倡导发扬传统美德。

一是从亲民风格为手段。搭建各类传播渠道和平台,加大全县各报纸、电视、广播、网络等新闻媒体对少数民族群众婚丧嫁娶移风易俗的宣传力度,在全社会形成移风易俗舆论大环境。把移风易俗的内容编印为乡土教材,结合村民们的具体生产生活进行讲解教学;还可以结合优秀的传统文化内容和传播形式,让移风易俗以说唱的方式进村入户进行宣讲。而各类传统节庆日更是宣传健康文明生活方式的最佳时间,通过各种方式,构建起能够

覆盖村村寨寨的移风易俗的宣传平台网络，让好的健康文明的生活方式入脑入心。

二是选树典型办实事。要坚持正面引导，多做典型引领的文章。正面引导要紧密结合精神文明创建活动，分层抓好党员干部、德高望重的乡贤和成功人士等各类典型，让他们在移风易俗上起到引领作用。同时，要深入挖掘民间各类典型的精神内涵，把家风家教融入移风易俗之中，多在思想引导、文化熏陶等方面下功夫，营造以创业奋斗为荣，婚丧大操大办、铺张浪费为耻的文化氛围，让民众看到乡风文明会给他们带来实惠。

三是骨干示范起作用。发挥全县妇女青年、妇女代表在移风易俗中的骨干作用，把移风易俗作为文明示范户、文明家庭、文明村创建和"好媳妇、好婆婆"评选的重要标准，发挥引导示范作用，以点带面，示范先行。

四是精英带头巧治理。移风易俗工作是民族地区特殊的社会治理行为。发挥"德古"对村庄资源的整合功能，借助村庄差序格局关系的内部社会资源和自身具备的外部资源，以行动干预的方式重构集体认同。

（四）抓好移风易俗，助力脱贫致富任务的实现

要把移风易俗与脱贫攻坚有机结合起来，推进农村基层文化建设，培养具有较高思想道德和科学文化素养的新型农民，为打赢脱贫攻坚战、推动农村经济社会协调发展提供精神动力和道德支撑。

一是政府引导，确保务工人员有技术。真正做到群众有需求就有服务，选派语言表达能力强、专业技术精、农村基层经验丰富的教师，建立"农民夜校"师资队伍数据库，根据农民不同的知识需求选派不同教师进行授课，加强农民专业技能的培训，提高群众的就业能力，通过一系列措施帮助群众就业。

二是精神引领，确保脱贫致富有动力。引导干部群众争当"五种人"，即有良心的人、懂感恩的人、团结互助的人、有尊严的人、守法的人。以村委为单位张贴宣传栏，让身边的"脱贫能手""洁美模范""善行义举""致富之星"感染群众，进一步增强村民勤劳致富的内生动力。

三是因地制宜，确保集体经济有方向。针对农村集体经济专业化水平低、管理能力不高、资本化运作能力不足的问题，要科学规划引导村民发展村集体经济，通过发展经济带动群众经济收入，改变"等靠要"的思想，形成勤俭创业的良好风气。

四是真抓实干，助力脱贫攻坚有信心。以开展移风易俗活动为抓手，想贫困群众之所想，急贫困群众之所急，解贫困家庭之所难，在抵制社会攀比之风、奢靡之习中，开源节流，文明节俭，既树立了文明新风，又助力了脱贫攻坚。

B.8
集体林权改革与社区治理体系
——以阿坝州理县为案例

程淑玲*

摘　要： 四川省阿坝州理县依据中央及四川省的林业政策，结合其属于四川生态功能区且山高陡峭、林地不易划分的实际情况，采用分股不分山，分利不分林的原则，在理县81个村成立88个集体林经营董事会，推动社区参与集体林经营管理。理县的集体林保护为社区治理提供了工作内容及公共资金，是一种基层政策与乡村治理结合的实践探索：一方面，促进了乡村的集体林保护，取得了一定效果；另一方面，也出现诸如村民参与动力不足、集体林保护可持续性面临挑战、乡村治理体系不完善的问题。

关键词： 集体林改革　生态公益林补偿　集体林经营董事会　乡村治理

一　集体林权改革及配套政策落实的背景

（一）集体林改革

按照《中华人民共和国土地管理法》第二条的规定："中华人民共和国

---

* 程淑玲，四川省社会科学院社会学研究所硕士研究生，研究方向为社会治理。

实行土地的社会主义公有制，即全民所有制和劳动群众集体所有制。"我国的林地同样由国家和集体所有。我国的集体林权制度一共经历了五个阶段：土地改革时期的分林到户阶段，农业合作化时期的山林入社阶段，人民公社化时期的山林集体所有、集体林经营阶段，20世纪80年代的林业"三定"阶段和21世纪以来的集体林权改革阶段。集体林改革意在明晰产权、激活林业经营，进一步解放和发展林业生产力。

2008年《中共中央国务院关于全面推进集体林权制度改革的意见》出台。该政策指出在坚持集体林地所有权不变的前提下，依法将林地承包经营权和林木所有权，通过家庭承包方式落实到本集体经济组织的农户，确立农民作为林地承包经营权人的主体地位。

在进行集体林权改革的同时推动公益林补偿配套制度。2007年《中央财政森林生态效益补偿基金管理办法》规定，集体林中央财政补偿基金平均标准为5元/亩/年。2010年起对属集体林的国家级公益林，中央财政补偿标准由5元/亩/年提高到10元/亩/年，并随着国家财力的增长逐步提高补偿标准，地方财政也要根据实际加大补偿力度。2014年集体和个人所有的国家级公益林补偿标准为15元/亩/年。

（二）四川省集体林经营管理相关政策

四川省政府林业部门依据中央政策出台集体林改革及公益林补偿的相关政策，于2007出台《关于推进我省集体林权制度改革的意见》（川府发〔2007〕25号）。文件指出，为了解决20世纪80年代"三定"等森林政策执行后留下的四至不清、证地不符等情况，造成的产权不明晰、经营主体不灵活、权责利不统一、林权纠纷不断等问题，要明晰产权，放活经营权，落实处置权，保障收益权。其中提到对集体统一经营的山体，原则上要分到户。其中群众比较满意且不愿分的山林，可以继续实行集体统一经营，但要按照分股不分山、分利不分林的原则转换经营机制，实行股份合作，均股均利到户，明确经营主体，财务单独核算，权益按股分配。

2009年《中共四川省委四川省人民政府关于全面推进集体林权制度改革的实施意见》（川委发〔2009〕6号）全面推进集体林权制度改革，在2010年前完成以承包到户为主要内容的主体改革任务，逐步形成集体林的良性发展机制，实现资源增长、农民增收、生态良好、林区和谐的目标。

2014年《四川省完善和深化集体林权制度改革方案》（川委厅〔2014〕49号），明确了工作思路和总体目标：到2020年，林权管理法规体系比较完善，财政金融支林体系更加健全，林业可持续发展政策体系初步形成，职权保障收益权有效落实。

四川省在制定实施集体林改革政策的同时，也在推动生态公益林补偿配套政策的实施。2014年6月，四川省财政厅以川财农〔2014〕59号文下达了2014年省级公益林1053万亩森林生态效益补偿提标资金5265万元，将省财政补助集体所有省级公益林生态效益补偿标准从2011~2013年的7元/亩/年调增到2014年的12元/亩/年，加上国家天保工程二期集体所有省级公益林3元/亩/年的管护补助，四川集体所有省级公益林生态效益补偿标准达到15元/亩/年。四川还要求各地认真执行省财政厅、省林业厅印发的《四川省森林生态效益补偿基金管理办法》（川财农〔2012〕168号）的有关规定，切实加强资金管理，不准提取公共管护支出，严禁截留、挪用。

（三）阿坝州及理县集体林改政策

阿坝州依据四川省林业政策，在《四川省阿坝州藏族羌族自治州人民政府关于贯彻〈四川省人民政府关于推进我省集体林权制度改革的意见〉的实施意见》（阿府发〔2007〕24号）中延续了对股份制经营政策的支持。"群众比较满意且不愿分的山林，可以继续实行集体统一经营，但要按照分股不分山、分利不分林的原则转换经营机制。"

阿坝州理县政府参照四川省和阿坝州的集体林改和公益林补偿政策，依据特殊的地理情况和以往的林业管理工作经验，制定了集体林经营董事会制度，希望推动社区参与集体林管理，提高集体林保护的成效，有效推动集体林改和公益林补偿政策的实施。

二 集体林改革与公益林补偿实施

2009年颁布的《理县天然林资源保护二期工程集体与个人所有公益林管理办法》是理县集体林改革及公益林补偿实施的纲领性文件,涉及董事会经营管理制度及配套的实施管理制度、检查验收奖惩制度和生态公益林补偿资金下发等制度。

集体林董事会经营管理制度。《理县天然林资源保护二期工程集体与个人所有公益林管理办法》规定各村(组)委会、居委会按照村民自治、民主决策的要求,成立集体林经营管理的股东会,民主选举产生股东会的董事会和监事会,制定相关章程,完善股份经营管理协议。村(组)董事会负责召开股东大会,充分尊重股民意愿,制定森林管护方案。

配套实施管理制度。为了做好各社区的集体林管理,理县林业局设计了相应的配套管理制度,包括护林员管理办法、集体林巡护日志填写等。集体公益林的管护由村(组)董事会选聘护林员并签订护林合同。护林员聘任后,报县林业局备案管理,统一编号,制发天保二期集体公益林护林员证,持证上岗。

生态公益林补偿资金发放。集体与个人公益林补偿基金支出实行报账制,每年12月31日之前,由县林业局对公益林补偿基金的支出情况进行审核汇总,然后到县财政局报账。县财政局审核林业局提供的补偿标准等资料,审核无误后直接将天保二期集体与个人公益林补偿基金拨付给集体和个人。理县林业局支持社区从公益林补偿资金中提取10%~20%的资金用于支持集体林管护相关的公共支出,包括巡护员工资、相关的配套设施维护等。

检查验收奖惩机制。理县林业局试行集体林管理奖惩措施。林业局每年年底依据《理县集体林地检查验收评分标准》对88个董事会的工作进行评估,结合乡村集体林日常管理工作,对各董事会的集体林管理打分,按百分制计算,得分在90分以上为优秀,75~90分为合格,74分以下为不合格,给予整改期限,期限过后仍不合格的董事会则被扣除5%的补偿金用于奖励优秀的董事会。

在管理流程设计中,县人民政府与各乡镇人民政府签订公益林管护目标责任书,将公益林的管护成效纳入年终目标考核内容。县林业局与各村委会签订重点公益林管护合同,各村(组)委会、居委会与承担管护责任的各村(组)董事会签订公益林管护合同,各村(组)董事会按照管护合同约定履行管护义务,承担管护责任。

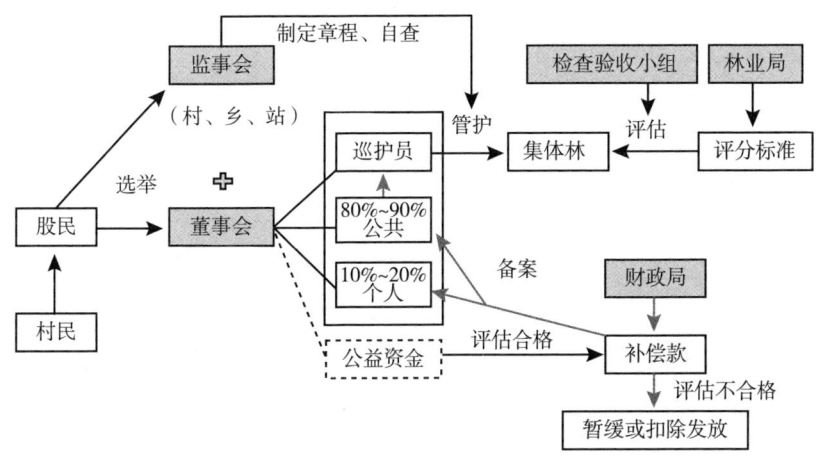

图1 理县集体林管理及公益林补偿工作示意

参照四川省2014年下发的文件,公益林补偿标准为14.75元/亩,理县全县有109.1万亩集体林,公益林补偿资金为1609.225万元,涉及0.96万户农户、3.7万人。

理县在81个村成立了88个(其中两个村分到组)集体林股份经营管理董事会,由董事会负责集体林经营管理。第一步,通过政策宣传,村民自愿变成股民;第二步,股东代表大会选举董事会及监事会成员;第三步,董事会成为管理主体对集体公益林实行集体统一经营管理。第四步,林业局将林权证发放到董事会,股权证分发到户。

各村级董事会在成立后,就开始负责制定村级管理计划、选举巡护员、商议村级公益林补偿资金的使用方案。村民可以选择10%~20%的公共资金用于村集体林保护公共事务，剩余的资金全款支付至村民个人账户。监事会全程参与，并对章程、管理办法、资金使用及集体林经营管理工作开展情况进行监督。

理县林业局的制度设计较为严密，在实际执行中也有配套的支持举措。林业工作人员平时在社区开展不定时巡护，年底参照《理县集体林地检查验收评分标准》对所有社区集体林保护情况进行评估打分，根据打分情况决定奖惩。每年年底开展针对全县的村干部及巡护员培训，包括森林防火防病虫害、巡护记录填写、相关法律介绍等。

理县集体林董事会经营管理体系促使全体村民参与：第一，集体林的公共属性及政策规定，让集体林管理成为涉及所有人的公共事务；第二，体系设计中的关键环节与农村的"一事一议"程序结合，为乡村治理体系实体化提供操作空间；第三，集体公益林补偿资金为公共事务的开展提供了可能。

但理县自上而下的制度设计的理想效果与社区的实践存在着差距。第一，理县林业局希望该制度能推动社区村民参与，希望每个社区根据自己的实际情况制定董事会章程及配套的管理制度。但在实际操作中，大部分社区都直接复制林业局提供的章程及管理文件，并未结合自身实际，这也就未达成促进社区参与、提高社区治理能力的目标设定。第二，公益资金提取。在2010~2013年实践的社区可以提取10%~30%的公益林补偿资金，用于集体林保护的公共运行费用、公共事业费用和巡护队员费用，但后来遇到两个问题：首先，四川省政府政策要求社区提留最高不能超过20%；其次，提留资金只能用于发放巡护人员工资，这就减小了社区公共事务操作的灵活性。第三，社区资金管理能力不足或者积极性不够，资金提留积压在社区并未达到预期的效果。实际操作的缺陷也部分影响了集体林管理有效性的进一步提高。

这种差距的原因有多方面，与集体林制度的设计、基层政府的执行能力、执行过程中的时间政策限制及社区能力都有联系。

如何推动集体林董事会经营管理制度在社区的实践，在提高社区治理能力的同时提高集体林保护的成效？理县林业局与山水自然保护中心在甘堡乡熊耳村开展集体林董事会可持续经营实践，探索社区层面的制度完善与集体林可持续保护。

三 理县熊耳村集体林的村级制度完善与可持续保护实践

（一）熊耳村基本情况

理县甘堡乡熊耳村属典型的高半山村寨，距理县县城20公里，面积为25.1平方公里，平均海拔2800余米，常年平均气温在8℃左右。熊耳村藏、羌、汉民族混居，属于藏汉过渡地带。全村有148户、500余人。老百姓的收入来源是农业生产、牲畜养殖、挖药和外出务工。熊耳村2013年村民平均收入为2400元，为理县的贫困村，现已脱贫。

2010年熊耳村依据理县集体林经营管理办法，成立了董事会，有5位核心成员。全村集体林生态效益补偿面积为11938.9亩，年生态效益补偿金为116404.27元，股均213.8元。

2010年，熊耳村集体林经营董事会根据理县的文件制定本村的董事会章程，根据章程选举了村巡护队员，按照程序开展保护工作，但在2011～2013年的集体林保护评估中未合格。

（二）集体林董事会经营管理与社区治理体系完善实践

2014年理县林业局、熊耳村村委及山水自然保护中心协商在熊耳村示范集体林经营管理模式，探索推动社区有效参与集体林保护公共事务，在过程中提高社区治理能力；提高社区集体林保护能力，制定并执行切合实际的保护计划；协助社区发展集体经济，让村民在保护中受益，促进保护与发展的平衡。在保护中受益也能为社区治理体系的可持续发展提供资金。

2014年初，理县林业局、山水自然保护中心及熊耳村董事会成员联合在熊耳村开展实地调研，了解熊耳村集体林保护面临的问题及社区治理层面的实际情况，并讨论应对措施。熊耳村面临的问题在理县非常典型。董事会章程及管理制度照抄林业局提供的范本，公益林补偿资金积压不知如何使用，集体林管理在评估中不合格，董事会成员管理能力较弱且积极性不高。熊耳村的董事会经营管理完善实践从以下几个方面着手。

董事会章程完善与集体林经营规划。理县林业局的集体林董事会经营管理制度的设计初衷是推动社区集体参与管理集体林，但社区接受和操作需要一个过程。在初期，大部分社区都按照理县林业局的参考文件操作，推动社区参与集体林管理成为制度设计中的核心环节。

按照理县林业局的管理办法，每个村需要制定村级董事会管理章程，章程由全体股东参照"一事一议"的程序制定。董事会章程制定是改善社区参与的核心环节。从熊耳村的案例来看，村民即使名义上转变为股东，也未能真正理解此事。另外，阿坝州要在2010年完成所有改革，在时间限制内，"一事一议"的程序并未完全执行，且社区能力与动力不足，也限制了股东参与董事会章程的制定。

理县林业局、山水自然保护中心、熊耳村共同参与熊耳村董事会章程的修订完善工作。首先和董事会成员讨论现行章程并识别问题，然后征集村民代表的意见进行第二轮讨论形成一个修改文本，最后召开社区大会咨询股东代表意见，有争议的条款由所有代表举手表决。修订的制度包括明确董事会的职责与报酬；董事会成员参选的条件、退出机制、股权分配变更；如果股东对董事会成员不满意，退出机制如何设定等。股东通过这个过程真正实现了自己的参与权与选举权。

董事会的主要目标是推动集体林的保护与可持续经营，这个目标的实现对于董事会和社区来说存在诸多技术壁垒，如何让社区提出一个科学的集体林经营规划并有效地执行是难点。理县林业局、熊耳村董事会和第三方合作在熊耳村制定村级森林经营规划。第一步，组建森林经营规划小组，小组成员包括董事会成员、股东代表、村委代表、林业局代表和外来专家；第二步，小组开展基线调查，了解实际情况；第三步，基于情况与小组成员讨论规划初稿,并且多次修改;第四步,召开社区大会,向参会股东介绍集体林经营规划、征求意见建议、举手表决、最后定稿。集体林经营规划基于林地分布特色进行分类经营,包括抚育、间伐、巡护、发展林下经济等。

董事会经营管理体系的设计给社区治理完善带来了机会,但并不意味着两者的结合顺理成章,对于社区来说,参与社区公共事务管理需要技术支持且有足够的行动动力。在熊耳村的实践证明社区治理完善的发生不仅需要政策创造基本的环境,还需要技术支持和发展前景的吸引力。

集体林管理的有效性提升。依据调研可以发现熊耳村董事会存在社区参与及章程制定的技术问题,其执行的层面也存在技术和设计问题:第一,董事会制定了村级巡护计划,但行动未针对实际问题;第二,选举了巡护队员,但巡护队员并未清晰职责;第三,巡护队员按要求需要填写巡护记录,但巡护队员不知如何填写。问题的出现与董事会核心成员的仓促决定有紧密联系。合作三方与村民代表重新讨论,由村民代表选举巡护队员,明确保护目标,共同设计巡护路线,明确分工和考核指标,提升巡护工作成效。

经过集体林管理计划的调整,熊耳村的保护成效有所提升。从图2可以看出从2012年开始,熊耳村的集体林管护成绩逐步提升至合格。

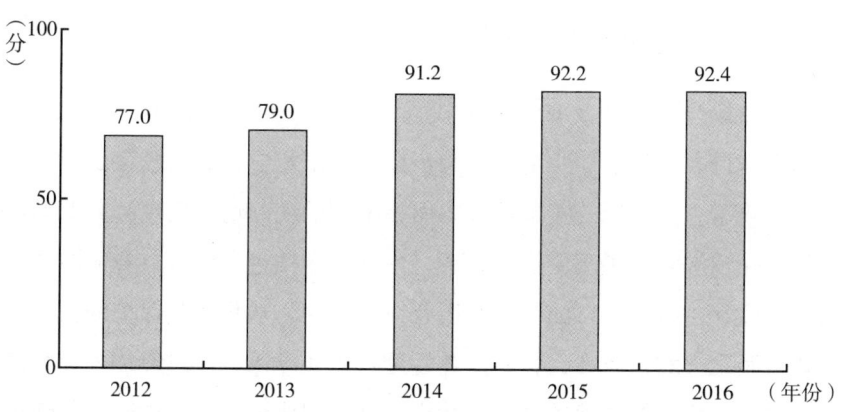

图2 熊耳村集体林经营考核结果变化

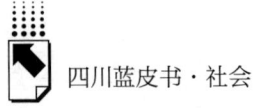

保护与发展可持续。集体林改革最重要的目标是保护林农的权益，激活经营权，让林农受益。理县因为地处长江上游，具有重要的生态功能。公益林补偿没有完全补偿林农损失的机会成本，所以在保护的同时应该发展适当的生态经济，让村民从保护中收益，通过集体经济进一步凝聚社区的参与性与集体性动力，也能解决村里的公共资金缺失的问题。在熊耳村的实践中通过合作社发展养蜂产业和藏香猪产业，由董事会负责协调管理。集体产业发展促进了村民与外界的接触，锻炼了管理人员的管理能力，且集体产业让生态资源转化为经济资源，让更多村民从中受益。集体产业的管理过程也促进了村民对生态保护的认同。

在熊耳村的实践案例中，集体林管理的公共事务通过社区参与程序的完善，提高了村民参与的操作能力，提升了社区治理能力。村民的参与也提高了集体林保护的有效性，促进了基层政策与社区治理层面的结合。

熊耳村的实践经验得到了理县林业局的认同，2017年的文件《理县进一步完善和深化集体林权制度改革实施方案》中指出，在有条件的农村推广熊耳董事会编制的《熊耳村森林经营方案》，完善董事会章程。

四 理县集体林改政策与社区治理实践总结

（一）宏观政策与基层创新

集体林权改革是涉及农民基本权益的重大改革，2008年，随着林改在全国的推广，各省份也加快了林改的步伐，推出相应的林改政策。作为一个全国性的政策，在基层的实施过程中面临不同的实际情况。理县林业局结合自身的实际情况创新了基层执行方案，主动转变角色，结合自身实际情况设计集体林改和公益林补偿的基层制度及执行程序，从集体林保护的执行方转变为政策制定方和监管方，将集体林管理权归还社区，通过集体林经营董事会这一主体，将集体林保护与社区治理相结合，将公益林补偿资金与保护成效密切挂钩，解决了公益林保护和社区权益保障的两难问题。

（二）社区参与促进保护成效提升

集体林经营董事会管理制度中的操作过程促进社区卷入公共治理。全体股东都有权利参与讨论董事会的章程和管理计划，同时公益林补偿金提供了社区公共事务中普遍缺少的公共资金。集体林的管理为社区治理提供了空间和资金，给社区治理能力的提升带来了机会，并为解决其他公共事务创造了条件。

社区参与集体林保护有利于提升社区居民对此事的认可度。公益林补偿是村民的机会损失成本补偿，然而社区居民在不卷入的情况下难以建立保护与补偿的直接联系。村民参与提高了其对集体林保护和公益林补偿用途的了解程度，提升了居民对此事的认可度，这也是提升保护成效的重要促进因素。从理县全县来看，集体林经营董事会制度的实施提高了集体林保护成效，而理县集体林经营董事会制度也在阿坝州其他12个县得以推广。

（三）理县集体林改政策实施过程中的问题

理县的集体林经营董事会制度实践带来了一定的效果，但也存在一些问题：一方面，是外部限制带来的问题；另一方面，是社区本身存在的问题。

1. 外部限制带来的问题

董事会经营制度有意推动社区提留部分公共资金以支持公共事务管理。在2010~2014年，理县林业局规定社区可以内部决定提取10%~30%的公共资金用于公共运营、巡护员工资与相关公共事务，但这与四川省政策不符，这个规定在2015被迫修改为社区可以提取10%~20%的公共资金，只能用于支付巡护队员工资。这一提留政策的限定减少了社区可灵活使用的公共资金，使集体林管理这一公共事务对社区来说成为纯粹的义务劳动，降低了社区集体行动的积极性。熊耳村集体林保护实践中的公共资金更多来自民间组织支持，但对于没有其他资金来源的社区来说，集体林保护的可持续性受到威胁。

另外，外部的限制是政策规定时间带来的负面效应。按照四川省的政策规定，阿坝州在2010年完成集体林改革工作，将林权落实到户。这一时间限制导致基层政府为了追赶进度而忽视社区程序的重要性，部分社区在集体林董事会制度形成的过程中并未严格遵循民主程序，未带来理想的效果。

2. 社区能力带来的问题

理县81个农村的88个董事会是集体林保护的实施主体，它们对董事会制度的理解和操作能力决定了政策的执行程度和走向。但88个董事会能力不一，以熊耳村董事会为例，其缺少民主管理的能力、推动社区参与的能力，也缺乏集体林经营规划的能力。技术层面上的缺失导致制度执行偏离，与董事会预期的集体林保护和社区治理的效果有差距。

理县林业局在每年年底开展集体林保护业务培训大会，一定程度上提高了社区的保护能力和治理能力。全县88个董事会的保护成效在不断提升。但林业局本身的业务能力也有待提高，包括政策理解、政策执行和业务培训等。

五　总结

理县的集体林经营董事会制度是一次有益的基层政策与社区治理相结合的尝试，对集体林保护发挥了有益的作用，同时也因为多方面的因素存在诸多问题。

宏观政策的实施应避免一刀切，给基层留出一定的时间和空间，结合社区治理，提高社区的积极性以提升政策的生命力和可持续性。执行基层政策不仅需要政府转变角色，设计完善的制度和完美的执行流程，还需要加强基层政府和社区的能力建设并提供资金支持。基层政府和社区的能力是决定政策走向的决定性力量，而运行资金则是保障政策执行的重要支撑。

参考文献

蔡依琇:《我国集体林权制度改革中的生态保护问题研究》,硕士学位论文,华东政法大学,2010。

黄维刚、陈开伟:《集体林权制度改革视角下森林资源保护与管理》,《绿色科技》2014年第1期。

陈锋:《分利秩序与基层治理内卷化 资源输入背景下的乡村治理逻辑》,《社会》2015年第3期。

贺雪峰:《乡村治理的制度选择》,《武汉大学学报》(人文科学版)2016年第2期。

贺雪峰、董磊明、陈柏峰:《乡村治理研究的现状与前瞻》,《学习与实践》2007年第8期。

李勇:《基于机制设计理论下的乡村治理改革研究》,硕士学位论文,江西财经大学,2016。

贺雪峰:《农民行动逻辑与乡村治理的区域差异》,《开放时代》2007年第1期。

尤琳、陈世伟:《国家治理能力视角下中国乡村治理结构的历史变迁》,《社会主义研究》2014年第6期。

陈丹妮:《"多中心治理":广西农村村级治理研究——基于广西三个行政村的调研》,硕士学位论文,广西师范大学,2014。

B.9
非正式制度视角下乡村治理研究

——基于彭州宝山村经验做法

胡勇

摘　要： 四川彭州宝山村是我国乡村治理模范村。其成功治理经验，除了扎实落地党委、政府关于乡村治理的相关政策法规之外，还充分发挥了村规民约在乡村治理中的积极作用。《宝山村村规民约》涵盖了乡村社会治理要求的多方面，内容与时俱进，治理效果明显，对在新时期非正式制度视角下推进我国乡村治理、乡村振兴具有重要的理论参考与实践借鉴意义。

关键词： 乡村治理　宝山村　村规民约　非正式制度

乡村治理是党的十九大之后我国各级党委、政府高度重视的重要工作，也是社会各界关心的重要话题。推进乡村治理，各地的实践千姿百态，除了创新工作思路，强化和落地乡村治理的政策法规，增强村两委治理乡村的执行能力与调动村民自觉参与乡村治理等做法之外，彰显村规民约在乡村治理中的作用也十分重要，是对我国乡村治理的一种积极补充。

彭州宝山村村规民约涵盖了乡村社会治理要求的多方面，内容与时俱进，治理效果明显，其"传家宝"地位日益得到彰显，为宝山村经济社会全面发展做出了巨大贡献，对新时期非正式制度视角下推进我国乡村治理、乡村振兴具有重要的理论参考与实践借鉴意义。

一 文献回顾

乡村治理是我国国家治理体系的重要组成部分,是乡村振兴、乡村现代化的基石,是乡村"五位一体"发展进程中不断地提高广大农村居民物质生活水平和精神文明水平的过程。其基本特征:治理主体多元化,治理过程民主化、善治化,治理要素聚集化,治理机制体系化。其目标:促进乡村稳定和谐,推进乡村振兴。其运行逻辑:政府行政逻辑+乡村内部自发行动逻辑+第三方社会机构参与逻辑。党的十八届四中全会提出,"支持各类社会主体自我约束、自我管理,发挥市民公约、乡规民约等社会规范在社会治理中的积极作用",为重塑村规民约、发挥村规民约在乡村治理中的作用指明了方向。

现代村规民约相对于国家正式法规而言,泛指一切乡土社会所具有的国家法之外的非正式制度下的公共性规则,其价值在于维护乡村的秩序与和谐。当代中国乡民社会的村规民约表现为习惯法、家族法以及狭义的村规民约。[①] 在传统农村社会,村规民约有较大的生存空间,几乎涵盖农村社会方方面面,如家庭矛盾、邻里关系、经济纠纷、财产继承、土地问题、治安纠纷等,极大地降低了正式制度成本,降低了矛盾双方为此所付出的人力、物力和财力成本,是对国家法正式制度一种不可或缺的有益补充。

新中国成立后,我国村规民约经历了从传统到现代的演化,成为农村基层社会治理的一种有益补充。1987年的《中华人民共和国村民委员会组织法(试行)》是第一部承认村规民约的法律。1998年十五届三中全会通过的《中共中央关于农业和农村工作若干重大问题的决定》以及1998和2010年修订的《中华人民共和国村民委员会组织法》都明确了村规民约在我国乡村发展中的重要地位与积极意义。既有关于村规民约视角下乡村治理的研究,主要集中在如下几个方面。

---

① 谢晖:《当代中国的乡民社会、乡规民约及其遭遇》,谢晖、陈金钊主编《民间法》(第3卷),山东人民出版社,2004,第278页。

1. 村规民约内涵与特征研究

既有研究认为，村规民约实际上是一种社会契约，是全体村民对自身部分权利和自由的让渡而形成的公共权力，其力量的源泉不是村级两委，而是村民内生的公共权力。① 对于村规民约目前没有统一的定义，但是概括起来主要有三类。（1）村规民约是指依据有关法律、法规与政策，村民结合本村实际情况共同商议制定，并要求全体村民自觉遵守的行为规范。②（2）村规民约是依照法制精神，适应村民自治要求，由共居同一村落的村民在生产、生活中根据习俗和现实共同制定、共信共行的自我约束规范的总和。按照村规民约的地位和效力，将其分为村民自治章程和一般的村规民约。③（3）广义的村规民约泛指一切乡土社会所具有的国家法之外的公共性规则，狭义的村规民约仅指在国家政权力量的帮助、指导下，由乡民们自觉建立的相互交往行为的规则。④

综合以上定义，村规民约概括起来有四种主要特征。（1）村规民约具有非正式制度性。在不同时期法规框架内制定与修改的村规民约，体现了不同时期的法制精神，相对于政府出台的正式制度而言，村规民约为非正式制度。在中国，几乎所有村规民约都包括"根据我国法律、法规与有关规定""遵纪守法"等内容。《中华人民共和国村民委员会组织法》规定村民委员会及其成员应当"遵守并组织实施村民自治章程、村规民约"。⑤（2）村规民约体现村民集体意志。村规民约是村民集体商讨的结果，体现了村民集体意志，用于处理村民事务。（3）遵守村规民约体现村民自觉性。村规民约是非国家强制性产物，是村民为了约束不轨行为的自觉性行

---

① 谢晖：《当代中国的乡民社会、乡规民约及其遭遇》，谢晖、陈金钊主编《民间法》（第3卷），山东人民出版社，2004，第278页。
② 于语和、安宁：《民间法视野中的村规民约——以河北省某村的民间调查为个案》，《甘肃政法学院学报》2005年第5期。
③ 张广修、张景峰：《村规民约论》，武汉大学出版社，2002。
④ 谢晖：《当代中国的乡民社会、乡规民约及其遭遇》，谢晖、陈金钊主编《民间法》（第3卷），山东人民出版社，2004，第278页。
⑤ 《中华人民共和国村民委员会组织法》（2010修订），2010年10月28日。

为,是村民自律、内化规范的行为。① (4) 村规民约具有"广教化,厚风俗"性。村规民约的主要目的在于提升村民文化素养,解决村民矛盾,维护乡村秩序。

2. 乡村治理的历史演进研究

(1) 封建皇权时期乡绅治理。既有研究认为,自秦始皇统一中国之后,封建皇权得以延伸到基层,但是受制于交通、财政等障碍,"皇权止于县政",此时乡村治理主要依靠乡绅、村规民约、族群宗族规范。(2) 近代政权下乡治理时期。随着封建王朝土崩瓦解,民国时期,国家政权从县逐步下沉到乡村,"政权下乡"使得乡村社会不再游离于国家政权体系之外,国家实现了对乡村的直接管理。乡政村治基本上建立起来了,但是在乡村治理过程中缺乏广大农民支持,政府忽视民意、忽视乡村需求,乡村治理基本上是失败的。② (3) 新中国成立前后至当前村级治理时期。新中国成立前后,中国共产党依靠群众力量,把土地改革、集体经济与乡村管理有机结合,实现了国家对乡村基层社会强有力的行政控制。③ 十一届三中全会后,原有人民公社管理体制土崩瓦解,以家庭联产承包责任制为基础的农村社区产生,治理主体出现了多元化趋势,但是治理效果并不十分如意。十八大之后,我国大力推进城乡社区治理,取得了明显的治理效果。2018 年,中共中央、国务院《关于实施乡村振兴战略的意见》为乡村治理指明了方向,为乡村振兴吹响了号角。

3. 村规民约的起源及其价值研究

王铭铭博士认为最早的村规民约是由范仲淹制定的。④《宋史·范仲淹传》记载,公元 1030 年范仲淹为"羌人立条约"。而安广禄先生则认为,公元 1076 年北宋著名学者吕大钧在其家乡蓝田制定了《吕氏乡约》,《乡

---

① 池建华:《从村规民约看乡土社会规范的多元性》,《学术交流》2017 年第 5 期。
② 徐勇:《政权下乡:现代国家对乡土社会的整合》,《贵州社会科学》2007 年第 11 期。
③ 刘彤、杨郁:《新中国成立前中国共产党对农村治理的初步探索》,《东北师大学报》(哲学社会科学版) 2017 年第 1 期,第 37~41 页。
④ 王铭铭、王斯福:《乡土社会的秩序、公正与权威》,中国政法大学出版社,1997。

约》《乡仪》为最早乡规民约。① 历史上村规民约发展经历了几个重要阶段，即明末清初的讲乡约运动、清朝中期的立约之风、清末民初的地方自治与乡村建设运动，其均以劝善教化乡民、稳定民间秩序为主要目标，为不同时期的统治阶级管理乡村提供了重要保障。伴随着社会文化变迁、国家权力扩张以及市场经济发展等多种因素的影响，乡规民约的作用发生了巨大的变化，对乡土秩序的约束力减弱。② 但是，在一定历史阶段和历史环境中，其重要性与作用是不可抹杀的，其社会整合及社会治理作用具有无可替代的优越性。③

4. 关于村规民约内容方面的研究

既有研究从不同视角对我国村规民约内容进行了总结，内容主要涉及社会公德、家庭美德、村风民俗、邻里关系、公共秩序、治安管理、公益事业等方面，④ 是基于各乡村具体情况制定的，有侧重、有重点。

5. 关于乡村精英治理村庄的研究

研究表明，乡村精英（非黑恶势力者）由于掌握一定的乡村资源与拥有一定的人脉关系和威望，在动员乡村资源、协调乡村关系、调节乡村矛盾等方面能够充当重要的角色。关于乡村精英参与村庄治理的研究主要有两个方面。（1）乡村精英类别。乡村精英分为体制内精英与体制外精英。⑤ 体制内精英是指村两委人员，是村庄政治舞台上的主角；体制外精英是介于普通群众与村两委成员之间的乡村头面人物，或者德高望重者，或者是乡贤、乡绅、能人。⑥ （2）乡村精英参与乡村治理的正负能量。研究表明，具有公德

---

① 梁漱溟：《乡村建设理论》，上海人民出版社，2011。
② 骆东平、汪艳：《从村规民约的嬗变看乡村治理的困境及路径选择——基于鄂西地区三个村庄的实证调研》，《湖北民族学院学报》（哲学社会科学版）2016 年第 2 期。
③ 买倩倩、尹德志：《地方治理中乡规民约与法律的整合研究》，《农村经济与科技》2017 年第 12 期。
④ 杨程：《村规民约溯源及当代价值》，《武汉纺织大学学报》2013 年第 1 期，第 58～61 页。
⑤ 贺雪峰：《遭遇选举的乡村社会》，西北大学出版社，2002。
⑥ 贺雪峰、仝志辉：《民主如何进入乡村社会》，《社会科学研究》2000 年第 2 期，第 19～24 页；俞可平、徐秀丽：《中国农村治理的历史与现状（续）——以定县、邹平和江宁为例的比较分析》，《经济社会体制比较》2004 年第 3 期，第 23～43 页。

心的乡村精英、乡村贤能参与乡村治理是乡村发展的正能量，否则具有负能量。因为乡村精英治理始终是一种由少数人实际执掌村治权力的治理，并因其权力集中、制约微弱的特点和人治的实质而与民主、法治精神及现代治理理念相背离。[①]

二 研究方法与研究意义

1. 研究方法

本文综合运用文献分析法与实证研究法。文献分析主要分析了国内外关于村规民约、乡村治理的研究与宝山村文献资料；实证研究方法主要是2018年深入宝山村调研收集个案访谈资料。

2. 研究意义

我们发现，新时期发挥村规民约在社区治理中的作用具有重要的现实意义，该方面研究有必要进一步推进，尤其是在四川村规民约视角下的乡村治理实证研究需要进一步加强。彭州宝山村实践经验表明，村规民约对宝山村"五位一体"发展和促进宝山村村民福祉起到了至关重要的作用，其经验做法值得总结借鉴。

三 宝山村村规民约在乡村治理进程中的经验做法

宝山村，昔日"山高路又险，村穷人心散，姑娘留不住，光棍一大片，吃粮靠国家，花钱靠贷款"，现如今，村民生活幸福，先后荣获"全国百强村""全国文明村""全国绿化千佳村""四川省红旗村""四川省小康示范先进村""四川省文明单位"等诸多光荣称号。但是，其成功不是偶然的，而是宝山人经过几十年、几代人艰苦奋斗、不断探索、不断努力的结果，其中村规民约起到了非常重要的作用。

---

① 汪歌洋：《完善我国乡村精英治理的路径研究》，硕士学位论文，南京师范大学，2011。

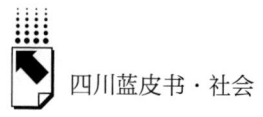

（一）村规民约与时俱进

宝山村村规民约没有被时代所遗弃，没有被市场经济与社会变迁所弱化，也没有被村两委力量与村集体经济力量所替代，相反，宝山村村规民约一直被当成"传家宝"发扬光大，其作用和地位与日俱增。正如宝山村原党支部书记贾正方所言："物质的富有并不等于精神富有了，不代表社会和谐了，要使宝山成为幸福、文明、和谐的社会主义新农村，宝山村村规民约不能丢。"

宝山村村规民约体现了时代性、价值性，避免了虚无性，做到了与时俱进。其发展大致经历了三个阶段：口头约定阶段、文本固化阶段、修正完善阶段。从20世纪70年代"改土造田"开始，宝山村就以口头形式传颂村规民约，村民用村规民约自发自为地约束自己行动，为解决温饱问题和化解各种社会矛盾定下了规矩。十一届三中全会后，家庭联产承包责任制促进了宝山村村社自治发展，催化了宝山村村规民约文本化。2002年，宝山村正式制定村规民约，标志着宝山村村规民约迈上了新的历史台阶，宝山村多了一道和谐发展的护身符。此后，伴随宝山村经济社会发展，村规民约得以逐步修正完善。

（二）内容促进和谐文明

目前，宝山村村规民约共计16条，主要涉及治安安全、乡风文明、土地保护、婚姻家庭、邻里关系、公益活动等方面。① 内容设定本着促进乡村和谐、增进村民团结的目标。第1~2条主要为治安安全，包括社会治安和消防安全，强调自觉遵纪守法、自觉维护社会秩序和公共安全。第3~5条主要为精神文明建设，包括村风民俗、邻里关系和婚姻家庭，强调村民遵守公民道德规范、尊重社会公德、加强职业道德、发扬家庭美德、注重维护邻里关系、提倡移风易俗与健康娱乐活动。第6~7条主要涉及土

---

① 《宝山村村民公约》，2015年12月。

地保护，包括耕地保护和环境保护，强调农业的精心经营、土地资源和环境资源保护。第8~10条是对村民落户、公益事业与农家乐管理的相关约定。第11~13条是对违犯村规民约的处罚约定。第14~16条是村规民约的执行与监督。16条约定，为宝山村的和谐发展、快速发展提供了有力的保障。

此外，除了16条主体内容，宝山村还围绕村规民约设定了两个条例，对村规民约进行全面诠释与细化，出台了"宝山村村民'乡风文明'评选标准"与"宝山村'星级农户'评比办法"。① 这两个条例内容按类别分，主要涉及如下几个方面。

（1）婚姻家庭约法三章。婚姻自由、男女平等、男女青年结婚必须达到法定结婚年龄；提倡婚事新办简办，崇尚文明新风；夫妻地位平等；尊老爱幼；上了50岁后，大家祝贺长寿是可以的，但是有父母在，只能给父母祝寿，不能给自己祝寿；父母应尽抚养、教育未成年子女的义务，禁止歧视、虐待、遗弃女婴，禁止重男轻女。

（2）安全消防警钟长鸣。宝山村村规民约把安全消防也列为主要内容，以提高全体村民消防安全知识水平和意识。日常山火防范，节假日祭奠扫墓预防火灾；严禁田间耕地焚烧柴草；家庭用火安全；严禁将易燃易爆物品堆放户内；加强村中防火设施建设，定期检查消防池、消防水管和消防栓，保证消防用水正常；定期检查村内、户内电线，及时修理、更新损坏的线路，严禁私拉乱接电线；加强用火安全教育，尤其加强少年儿童安全用火用电知识宣传教育。

（3）邻里关系友爱和睦。在生产、生活、社会交往过程中，邻里相处应遵循平等、自愿、互惠互利的原则，如果发生纠纷，应本着团结友爱的原则平等协商解决，不得采用威胁、要挟的方法；竹子扩鞭到他人地界的，则依土地所有权确定竹子所属权（第四条第4点）；历史形成的滴水排水应保

---

① 宝山村村民"乡风文明"评选标准、宝山村"星级农户"评比办法由彭州宝山村村"两委"提供。

持现状，不得在滴水下堆放东西，以免他人房屋受潮（第四条第5点）。建房应服从村庄建设规划，不得违反规划或损害四邻利益（第三条第7点）。村民之间团结友爱，和睦相处，不打架斗殴，严禁侮辱毁谤他人，严禁造谣惑众、搬弄是非，自觉维护社会秩序和公共安全，邻里发生纠纷，由村民组长会同村调解委员会调解，对不听劝阻造成纠纷的当事者，造成人身财产损害的必须承担一切损失。邻里之间相识相知，互帮互助，团结友善，无打闹争执纠纷事端；左邻右舍互助互让，以和为重，和睦相处；电视音响宜控音量，切勿过大，影响四邻；严禁吵骂，杜绝打架；邻里互相关照。

（4）移风易俗崇尚科学。反对封建迷信，提倡移风易俗，崇尚文明行为，树立纯朴纯真的民俗村风。积极推进殡葬改革，提倡勤俭节约，反对大操大办，服从殡葬管理；建立正常的人际关系，不搞宗派活动，反对家族主义。每户只能拥有一处住宅，异地新建，原宅基地必须拆除并还耕。1991年，宝山村11队有几个村民修了个庙，立了个佛像，在那里烧香拜佛，两委知道后通过有线广播对村民进行宣传教育，使村民认识到脱贫致富奔小康靠拜佛是靠不住的，需要靠自己艰苦奋斗、自力更生，需要大家相互支援，于是再也没有人去烧香拜佛了，村民们自觉地把庙拆了。

（5）志愿服务公益帮扶。积极参与各种公益活动，经常参加志愿服务；扶贫济困，关注弱势，积德行善，无私奉献；为老年人提供无偿的上门服务（乡风文明第十条）。一人有难，集体支持，村民支援。按照贾正方老书记的话说，"只要是宝山人，无论谁有了困难，我们村集体都要管，我们村民都要齐心协力去帮助"。村民贾叶勇曾经遭遇过严重的交通事故，提起往事，他感慨万千，眼泪汪汪地说："因为我是理县人，出事故时身边没有一个亲人，当时情绪很低落，甚至很绝望。老贾书记知晓后，带头捐款，村集体与很多村民也都积极支持我，给我捐款，而且安排人跑前跑后的处理交通事故，使我终于渡过了难关，宝山就是我的家，宝山人就是我的亲人。"村民吕延维曾经得了一种皮肤怪病，在四川省人民医院住院治疗时，他呻吟着对医生说："我是农村人，没有公费医疗，是自费，请医生不要用太好的药，我医不起！"在吕延维妻子几乎绝望之时，贾正方老书记立即决定由村企业资助吕延维，同时发动大家捐款，总计花了1万多元，一个多月后吕延维病愈出院。

（6）娱乐方式健康文明。提倡文明健康的娱乐活动，禁止赌博，如果发现赌博者，没收赌博工具和赌资，并处以罚款；家庭成员崇尚科学、文明、健康、和谐的生活方式，积极参与各种有益的文娱体育活动；积极锻炼身体，增进健康，强身健体。实践中，宝山村每逢周末、春节、元旦、"五一"等节假日都要组织村民进行文娱活动、体育活动或庆祝活动，既增添了节庆喜庆气氛，也丰富了村民的文化生活，深受广大村民欢迎，尤其深受老年人欢迎。1990年春节，宝山村两委决定给全村500多户村民送春联。春联写两个方面的内容。一是激励村民继续自力更生、艰苦创业、勤劳致富，楹联"改变山河换乾坤，艰苦奋斗创新业"，横批"自力更生"。二是狠刹赌博歪风，纠正、教育少数人参与赌博的错误行为，楹联"禁赌戒赌自不赌，全家和睦一家亲"，横批"浪子回头"。春联写好后，村两委分别带领5个拜年组翻山越岭逐家张贴，以遏制村里赌博歪风。春联遏制赌博收到了明显的效果，深受村民欢迎。

（7）英烈精神代代相传。在宝山村村规民约中，不忘英烈精神代代相传，不忘以英烈的精神去激励后人。37岁的段福华为宝山发展牺牲了，23岁的李兴云在清理石灰窑时突然塌方牺牲了，21岁的刘邦太在修桂花树电站时主动要求爬电杆安装电器设备摔下牺牲了……这些为宝山发展而光荣献出生命的人，在宝山人眼里永远是英雄，他们的精神将永远闪耀在宝山村村规民约中。

（8）爱护环境人人有责。宝山村早年就注重保护生态、保护植被，植树造林，严禁乱砍滥伐，注重开展文明卫生村建设，注重村容村貌整治，严禁随地乱倒乱堆垃圾、秽物，修房盖屋余下的垃圾碎片应及时清理，柴草、粪土应定点堆放（第三条第5点）。门前实行三包，杜绝垃圾乱扔乱倒现象，提倡庭院绿化（第七条）。经常保持居室美化、庭院绿化、环境净化，人居环境舒适，精神面貌良好（第一条第9点）。绿化家园，美化村容（乡风文明第二条第5点）。黎明即起，打扫庭厨，里外清爽，死角必除，垃圾废纸指定放处（乡风文明第二条第7点）。宝山村目前有两个4A级旅游景点，人们之所以喜欢到宝山村旅游观光，与日常环境保护是分不开的。

（三）自觉内化村规民约

宝山村村规民约从一开始就具有"化民成俗"的特征，无论是口头传颂时期，还是文本固化与修订完善时期。传承内化、"化民成俗"已经成为宝山人的习惯。目前，90%的宝山村村民都在本村工作和生活，因此对村规民约的认识与理解非常深刻，传承内化村规民约也更为容易。在对宝山村村民进行访谈时，我们发现，宝山村村民都是发自内心地尊重村规民约，不是把村规民约停留在口头上，而是知行合一，充分认识到村规民约对宝山村发展与家庭和谐意义重大，并自觉地践行。接受访谈的村民都由衷地赞赏村规民约。从爱护环境，到处理邻里关系、家庭关系，再到关心村集体发展和生活环境，村民基本上都主动积极地将村规民约的要求化为自觉的行动。

（四）德能之人治理村庄

古有"乡土法杰"，今有"乡村能人"。宝山村能够有今天的成就，与老书记贾正方的个人魅力是分不开的。贾正方是宝山村公认的能人，是村民公认的"德能之人"，在宝山村具有崇高的地位。他为人正直、办事公道、以身作则，对制定与落地宝山村村规民约具有举足轻重的作用。贾正方是村规民约的制定者、遵守者、执行者和守护者之一，他一直在感染大家、激励大家。20世纪70年代，宝山村约95%的村民都是老实农民，既没技术也没资金，有的甚至连种地都要靠他人指导。正是贾正方书记坚定"发展集体经济，走共同富裕道路"的理想信念，坚持用自己的实际行动感化村民，宝山村才有了今天。"5·12"汶川大地震后，在余震不断、次生灾害不断发生的极度危险时期，他主动让自己儿子担任抢险救援队长，深入宝山地震重灾区,抢救群众生命财产。正如贾正方所说:"在这个极度危险时期,我不让我儿子上,能让别人上吗?"贾正方老书记回忆过去的场景时神情激扬地说:"干部背上有几根线,群众都清楚得很,干部占点小便宜,普通党员就会占便宜,群众就不会再信任我们⋯⋯"

(五)创新惩罚落地措施

为了有效地落地村规民约,宝山村制定了违反村规民约的惩罚措施。惩罚措施以教育为目的,以彰显正能量为导向,以促进宝山村和谐为根本,采用精神方面处罚、经济方面处罚、多元力量施压等方式,维护了村规民约的权威性。

1. 精神方面处罚

在一定时期和区域,精神惩罚可能比物质惩罚、肉体惩罚更有效。宝山村村规民约注重精神惩罚,主要有以下几种形式。(1)公开批评。宝山村规民约内容设置全面,需要遵从的规矩有明确要求。例如,提倡对老人厚养薄葬,提倡丧事从俭,不搞陈规旧俗,如有不从者,将受到道德层面的处罚,或要求其写检讨书,或在村民大会上点名教育,或通过村广播站点名批评,让其很没有面子在村里生活。我们了解过这么一个案例:20世纪七八十年代,王家三兄弟一家,老父亲去世早,老母亲年老体衰,走不动了。三兄弟都不愿赡养,老年人气得去撞墙。村干部找三兄弟谈话,但三兄弟还是找借口互相推脱,不愿赡养。后来又召开全村村民大会,专门解决这个问题,弄得大家都批评他们,都看不起他们,三兄弟自觉改好。(2)摘除文明户。宝山村非常重视文明户评选,每年都要开展"三户"评选,星级户评选(五星级、四星级、三星级),没有被评上的,或者因为犯错取消文明户的,会觉得在乡亲面前很丢人、很没有面子。

2. 经济方面处罚

针对不遵守村规民约的经济方面处罚,主要有以下几个内容。

(1)取消福利待遇。以赡养父母为例,村规民约对于不履行赡养义务的家庭,取消享受或者暂缓享受村社各种待遇,取消用电补助(村民用电

0.22元/度，集团补助0.3元/度），调整为不享受集团用电补助，对情节严重者，在原有基础上提高用电费。对于被取消文明户与星级户的家庭，村里不再给予免费的化肥、塑料薄膜、种子等。对于年内邻里吵嘴者一次罚款500元，打架者一次罚款1000元，停止享受村社所有待遇。2014年，宝山村7社姚某一家与王某一家因农家乐停车发生争吵，在小组内没有协调好，结果闹到村级层面，村里处理结果是：使用水电不再享受村集体补助，按每度电2元、每吨水2元的高价收取费用，当年村社股份分红不得享受，老年茶水费不发放。2013年，宝山村3社两位王姓宗亲因为两家扫垃圾一事发生争吵，同样是水、电费高价，年底红利不发，老年茶水费不发，所有处理待一年后交社讨论、检讨，通过后再恢复优惠政策。

（2）取消村级分红。对于村集体的年终分红，根据情节轻重，村委会讨论决定取消、暂缓或者扣除其应得的收入。"不享受村社待遇"的村内处罚可能会让村民损失更多的财物。宝山村每年年终人均分红大约为3万元，而且往往是以家庭为单位接受处罚，因此财产损失会更大。曾经发生过这么一个事情，有个家庭，四个儿子都不养老母亲，老母亲让儿子给点生活费，其中一个儿子直接舀了一勺粪水从老母亲头上淋下去。村里人知道后都很气愤，罚了他钱不说，还召开了村民大会对他进行了批评，取消了他的各种待遇，也不给他发年终分红。后来他就规矩多了，再也不敢不养老母亲了。

（3）罚款对号入座。对于违反村规民约的罚款，执戒尺者不分亲疏，一把尺子量到底，没有任何余地，违规受罚者对号入座。例如，小区路及公路不能随意侵占，违者罚款200元；损坏小区路和公路者除将路修复外，同时罚款200元。损坏体育场、健身场器件，除赔偿还原外，罚款200元。随时清理各自责任区绿化带内的杂草，时间节点内未清理者罚款200元。车辆放停车场，严禁乱停乱放，未遵守者罚款200元。严禁公共场所堆放杂物，违者罚款200元。生活垃圾入垃圾池桶内，未遵守者一次罚款200元。各户房前屋后堆放有序、干净卫生，室内摆放整齐，检查不合格者罚款200元。晾晒衣物按村规做，农家乐期间晾晒衣物做到整齐有序，违规者一次罚款200元。农地里烧草定于晚上天黑后，违规者罚款500元。农家乐各户用水必须用蓄水箱，不得私接主水管，违规者除取缔水管外，罚款500元。农地的杂物随时清理，不能将农地杂物放于路边或绿化带上，违者罚款200元。严禁乱摆摊设点、搭棚、盖小卖店或其他违章建筑，违者除取缔外，一次性罚款500元。绿化内未批准自行更改者，除恢复到原样外，第一次罚款200元。

（4）不享受村社待遇诸多规定。严禁在宝山村范围内提供赌博场所，违者不享受村社当年待遇。男女结婚，双女户者其中一个女儿户口必须迁走，经过调查核实本人户口无法迁到对方家的不享受村社待遇。异地安置和失地农民长期不享受村社待遇。城镇职工退休人员现居在宝山村的不享受本村村社待遇。一年内长期不参加村社会议以及不积极参与公益事业的村户，不享受当年的村社待遇。不参加爱心捐助的村户，不享受村社待遇。凡违反国家法律法规、被刑事拘留或判刑的全家当年不享受村社所有待遇，从次年起本人不享受村社待遇。违反国家婚姻制度的，非法结婚者在领取婚证后全家人才能享受村社待遇，未到村委会上户的本人不享受村社待遇。不请神弄鬼或装神弄鬼，不搞封建迷信活动，不听、不看、不传淫秽书刊、音像，不参加邪教和非法的宗教组织活动，不利用迷信活动造谣惑众、骗取财物，不得捏造虚假事实欺骗群众、引发恐慌，不得诽谤他人、侮辱他人人格，违者不享受村社当年待遇。

3. 多元力量施压

针对经济处罚与精神处罚达不到效果的，宝山村创新了多元力量施压处罚方式。就是整合村级两委、村民小组与宝山村集团公司三方力量，甚至家族权威力量，形成一个合力，确保村规民约执行到位，力求矛盾不上交，将矛盾化解在村民小组层面和村级层面。我们问村两委干部"如果经济处罚与精神处罚还不见效，又没有违背国家法律法规时，你们怎么办？"其中的干部就说："还是需要动用村规民约，我们就把几股力量同时整合起来施压，村集团、村两委、村民小组等的力量多管齐下，将力量集于一体，问题肯定能够解决。早年有过这样难以处理的事情，目前没有了，估计也不会有了。"

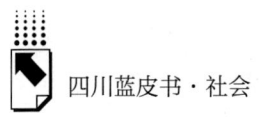

四 宝山经验对我国乡村治理的启示

我们认为,宝山村之所以能够成为明星村、幸福村,村规民约起到了重要作用。因此,有必要借鉴宝山村经验,重塑村规民约价值,充分发挥村规民约在乡村治理中的作用。

1. 重塑村规民约价值

村规民约在乡村治理中的重要性在很多地方被人们忽视了,或者名存实亡了,或者根本就不复存在。宝山村村规民约对于乡村治理的成效启示我们,村规民约在社区治理中具有重要的意义。因此我们认为,有必要在有条件的地方提倡村规民约价值,引导有条件的村社重塑村规民约,使村规民约成为社区治理有益的补充,使村规民约成为凝聚村民的"传家宝"。

2. 与时俱进顺应民意

宝山村村规民约体现了时代性,体现了全体村民的意愿,实施过程掷地有声,深受村民拥护,到了自觉自为的地步。因此我们认为,村规民约在制定与修订时,需要因地制宜,需要与时俱进,需要充分发挥村民民主自治力量,体现绝大多数村民意愿,只有这样才能使村民自觉自为地内化村规民约,把村规民约贯穿到日常行动之中。

3. 维护村规民约权威

对于违反村规民约行为,宝山村创新了"物质方面处罚+精神方面处罚+多元力量施压"的惩罚机制,维护了村规民约的权威性,为我国村规民约如何落地提供了借鉴意义。因此我们认为,在乡村治理中,有必要建立确保村规民约落地有声的奖惩机制,使村规民约真正能够落到实处。

4. 贤能示范村规民约

宝山村村规民约之所以能够持续存在,能够掷地有声,与"德能之人"贾正方个人魅力与领头效应是分不开的。凡是村规民约约定的,贾正方第一个带头遵守,并鼓励、监督村民遵守。因此我们认为,有意识地培育"德能之人",选拔"德能之人",任用"德能之人",发挥德高望重的"德能之人"的领头效应,对于重塑村规民约和保持村规民约常青非常重要。

5.构建多元治理模式

村级两委工作主要针对正式制度下的村级公共行政事务,而村规民约是非正式制度下村民自觉自为的行为。因此我们认为,构建由多元主体参与乡村治理的良性工作模式,展现村两委、村集体经济组织、村级各种协会、村规民约等方面力量,是新时期村规民约不至于没落的关键,也是村规民约持续生存、持续有效的要求。

B.10
四川农村女性参与乡村治理研究报告

刘宗英 李兴睿*

摘　要： 受传统家庭文化、社会性别观念、政策制度，以及家庭分工等多方面因素的影响，长期以来，女性在乡村治理中处于"被边缘化"的地位。四川是劳动力流出大省。改革开放至今，随着大量农村男性劳动力的转移，女性逐渐成为农村经济发展的重要力量，有学者甚至认为已经出现了"农村女性化"的现象。在这样的背景下，本文提出通过重构乡村性别文化、强化制度设计中的性别意识、培育女性乡村社会组织等方式，促进促成四川农村女性更好参与乡村治理。

关键词： 乡村治理　农村女性　女性参与

党的十九大提出按照"产业兴旺、生态宜居、乡风文明、治理有效、生活富裕"的总体要求，推进乡村全面振兴。在女性逐渐成为农村经济发展重要支柱力量的背景下，农村女性[①]势必成为乡村治理不可或缺的主体。

新中国成立以来，我国一直非常注重女性作用的发挥。从1949年到现在，女性参与乡村治理大致经历了三个阶段。1949~1978年，国家特

---

* 刘宗英，四川省社会科学院社会学研究所助理研究员；李兴睿，四川省妇联网络信息传播与女性研究所助理研究员。
① 本文中的四川农村女性指户口是本县市农业户口，并在当地常住的年龄在18~65岁的农村女性，因为她们是农村的主要支撑力量。

别重视对妇女社会权力的扶持和发展，建立了一系列维护妇女政治诉求和社会关系的法律法规，农村妇女权利意识空前发展，参与社会活动的热情高涨，但这种参与是在计划经济统筹视角下宏观调控的结果，其影响力无法与真正意义上的政治自由与妇女解放的成果相比较。

1979~1995年，党和国家对农村经济制度及政治建构进行了深度改革与调整，农村开始实行家庭联产承包责任制，乡镇村治模式替代了人民公社建制。自给自足的家庭联产承包责任制使得家庭的政治诉求逐渐淡漠，农村妇女参与乡村治理进入低谷期。

1995年以来，随着联合国第四次世界妇女大会在我国召开，政府开始更加重视妇女参政问题。加上农村留守妇女作为乡村的主要建设者，其在乡村治理中的作用开始凸显。虽然女性在乡村治理中的参与有所增加，但往往与其自身利益有高度的相关性，对乡村公共事务的参与并不成熟。

2019年中共中央、国务院《关于坚持农业农村优先发展做好"三农"工作的若干意见》再次强调，完善乡村治理机制，建立健全党组织领导的自治、法治、德治相结合的领导体制和工作机制，发挥群众参与治理的主体作用。农村女性作为乡村治理的重要主体，其角色、职能的发挥还需要进一步加强。

一 四川农村女性参与乡村治理的现状

（一）四川农村女性参与乡村治理的途径

1. 参与人大代表和村委会选举投票

（1）半数女性参与过人大代表选举投票

乡镇人大代表的选举是村民政治生活中的一件大事。第三期中国妇女社会地位调查数据[①]显示，在农村女性中，近5年投票选举过人大代表的占

---

① 若无具体说明，后文中的数据均来源于此。

51.3%，较男性占比（58.8%）低7.5个百分点。而女性中，从未外出务工女性的投票率（55.4%）大大高于曾经外出务工女性的投票率（25.0%），这在男性中也出现了同样的情况，从未外出务工的男性投票率为62.2%，曾外出已回乡的男性投票率仅为34.7%（见表1）。

表1　村民外出务工情况与参与人大代表选举投票情况的交互分析

单位：%

			外出务工情况				总计
			从未外出的女性	曾外出已回乡的女性	从未外出的男性	曾外出已回乡的男性	
近5年是否投票选举过人大代表	否	频数	45	12	307	77	441
		百分比	44.6	75.0	37.0	65.3	41.4
	是	频数	56	4	516	41	617
		百分比	55.4	25.0	62.2	34.7	57.9
	记不清	频数	0	0	7	0	7
		百分比	0.0	0.0	0.8	0.0	0.7
总计		频数	101	16	830	118	1065
		百分比	100.0	100.0	100.0	100.0	100.0

而其没有参与投票的原因，由于自己主观原因不想参加的男性占比为10.7%，而女性几乎没有。女性没有参与的原因大部分是不知道有这件事（42.1%）（见表2）。

表2　村民没有参与人大代表选举投票的原因

单位：%

		农村女性	农村男性	总计
没有选民资格	频数	8	68	76
	百分比	14.0	17.7	17.2
当时有事	频数	15	111	126
	百分比	26.3	28.9	28.6
不知道有这件事	频数	24	106	130
	百分比	42.1	27.6	29.5

续表

		农村女性	农村男性	总计
当时不在选区居住/工作	频数	10	53	63
	百分比	17.5	13.8	14.3
不想参加	频数	0	41	41
	百分比	0.0	10.7	9.3
其他	频数	0	5	5
	百分比	0.0	1.3	1.1
总计	频数	57	384	441
	百分比	100.0	100.0	100.0

参加了投票的女性，80.0%会"自己投票，尽力了解候选人的情况"，这一比例略高于男性。"让别人代投，选谁无所谓"的女性仅占1.7%，低于男性2.5%的占比（见表3）。

表3 村民进行人大代表选举投票时的做法

单位：%

		农村女性	农村男性	总计
自己投票,尽力了解候选人情况	频数	48	440	488
	百分比	80.0	79.0	79.1
自己投票,主要是为完成任务	频数	7	72	79
	百分比	11.7	12.9	12.8
让别人代投,把自己的意见告诉别人	频数	4	31	35
	百分比	6.7	5.6	5.7
让别人代投,选谁无所谓	频数	1	14	15
	百分比	1.7	2.5	2.4
总计	频数	60	557	617
	百分比	100.0	100.0	100.0

可以看出，在参与人大代表选举的人数上，农村女性总体少于农村男性，但在参与的态度上，农村女性较农村男性更加积极、认真。

(2) 近八成女性参与过村民委员会选举投票

村民委员会是村民自我管理、自我教育、自我服务的基层群众性自治组织，由村民直接选举产生。参与村民委员会的选举是实现村民自治的关键。数据显示，参与村民委员会选举投票的农村女性占79.5%，低于男性占比（85.1%）5.6个百分点。同参与人大代表的选举一样，曾经在户口所在地以外城镇连续务工6个月及以上的人参与村民委员会选举投票的占比要大大低于从未外出的人。在女性中，从未外出的人参与村民委员会选举的投票率为80.2%，曾经外出的人的投票率为75.0%；在男性中，从未外出的人参与村民委员会选举的投票率为88.2%，曾经外出的人的投票率为63.6%（见表4）。

表4 村民外出务工情况与参与村民委员会选举投票情况的交互分析

单位：%

			村民外出务工情况				总计
			从未外出的女性	曾外出已回乡的女性	从未外出的男性	曾外出已回乡的男性	
是否参与过村民委员会选举	否	频数	20	4	97	43	164
		百分比	19.8	25.0	11.7	36.4	15.4
	是	频数	81	12	732	75	900
		百分比	80.2	75.0	88.2	63.6	84.5
	记不清	频数	0	0	1	0	1
		百分比	0.0	0.0	0.1	0.0	0.1
总计		频数	101	16	830	118	1065
		百分比	100.0	100.0	100.0	100.0	100.0

进一步分析没有参与村民委员会选举投票的原因，由于主观原因不想参加的，男性占比为17.1%（其中2.1%认为与己无关），远远高于女性的4.2%。女性因为不知道这件事而没参加的占33.3%，远远高于男性的13.6%（见表5）。

表5　村民没有参加村民委员会选举投票的原因

单位：%

		农村女性	农村男性	总计
没有选民资格	频数	1	19	20
	百分比	4.2	13.6	12.2
当时有事	频数	5	33	38
	百分比	20.8	23.6	23.2
不知道有这件事	频数	8	19	27
	百分比	33.3	13.6	16.5
当时不在选区居住	频数	9	41	50
	百分比	37.5	29.3	30.5
不想参加	频数	1	21	22
	百分比	4.2	15.0	13.4
与我无关	频数	0	3	3
	百分比	0.0	2.1	1.8
其他（请注明）	频数	0	4	4
	百分比	0.0	2.9	2.4
	频数	24	140	164
	百分比	100.0	100.0	100.0

在参与村民委员会选举投票的村民中，"自己投票，尽力了解候选人情况"的女性占比（83.9%）高于男性（81.8%）。而选择"让别人代投，认为选谁无所谓"的村民中，男性占比则高于女性占比1.3个百分点（见表6）。

表6　村民参加村民委员会选举投票时的做法

单位：%

		农村女性	农村男性	总计
自己投票，尽力了解候选人情况	频数	78	659	737
	百分比	83.9	81.8	82.0
自己投票，主要是为完成任务	频数	8	86	94
	百分比	8.6	10.7	10.5
让别人代投，把自己的意见告诉别人	频数	6	42	48
	百分比	6.5	5.2	5.3

续表

		农村女性	农村男性	总计
让别人代投，选谁无所谓	频数	1	19	20
	百分比	1.1	2.4	2.2
总计	频数	93	806	899
	百分比	100.0	100.0	100.0

比较以上两组数据，村民参加村民委员会选举的占比（84.5%）要远远高于参加乡镇人大代表选举的占比（57.9%），更多的人意识到参加村委会的选举是他们的权利和义务，这一点在男女两性上几近相同。总体上看，女性村民的参与率低于男性，但参与的态度要比男性村民更认真。进一步探究女性参与选举的投票率低的原因，主要是女性对选举的知晓率要大大低于男性。

2. 参与村级权力机构

（1）农村村民委员会中女性委员比例增加

根据2015~2018年《四川民政统计年鉴》的数据，2014~2016年四川农村村（居）委员会中女性委员比例徘徊不前。2017年，四川省完成了第十届村（居）民委员会的换届选举，女性委员数量增长迅速，较2016年增长了2.43个百分点（见表7）。

表7 2014~2017年四川省村（居）委会女性成员的分布情况

单位：人，%

年份	社区村委会（居委会）成员	女性	比例
2014	182594	41418	22.60
2015	180436	41547	23.03
2016	180482	41278	22.87
2017	176576	44672	25.30

（2）农村村委会中女性主任比例提前达成2020年目标

《四川省妇女儿童工作专项行动计划（2017~2020年）》中提出，要增强妇女参与国家、社会事务管理实效，"在换届选举中做好宣传工作，为妇女参与基层民主管理创造条件,动员妇女积极参与村(社区)自治事务,参加村(居)民委员会换届选举,动员优秀青年妇女积极竞争村(居)民委员会成员"。虽然2017年换届后,村(居)民委员会的女性委员有大幅增加,但女性村(居)主任的比例却明显下降了。2015~2018年《四川民政统计年鉴》的数据显示,2017年四川省村(居)委会中女性主任比例为14.96%,较2015年的17.45%下降了2.49个百分点(见表8)。即便如此,四川省2017年的这一比例也高于全国(10.7%)4.26个百分点,提前实现了2020年的妇女参政工作目标(见表9)。

表8 2014~2017年四川省居(村)委会女性主任的分布情况

单位:人,%

年份	社区居委会(村委会)主任	女性	比例
2014	46230	7197	15.57
2015	46098	8045	17.45
2016	45846	7215	15.74
2017	45566	6815	14.96

表9 四川省妇女参与决策管理领域的主要指标

单位:%

主要指标	2020年
村(居)委会主任中女性比例	>10
村民委员会成员中女性比例	>30
居民委员会成员中女性比例	≈50

资料来源:《四川省妇女儿童工作专项行动计划(2017~2020年)》。

(3)女性村民代表和村民小组长的比例有所下降

村民代表会议和村民小组会议是行使村级事务的决策机构,农村妇女是村级事务管理的重要力量,是村民自治的参与者、实践者和推动者。因此,村民代表和村民小组长中女性的比例是衡量农村妇女有效参与村级事务管理的重要指标。四川农村女性村民代表和村民小组长的比例近年来有下降的趋势，2015年占比为20.23%，到2017年下降到13.28%（见表10）。

表10 2015～2017年四川省女性村民代表的分布情况

单位：人，%

年份	村民代表	女性村代	比例
2015	127709	25839	20.23
2016	2507296	71209	2.84
2017	1892224	251280	13.28

3. 参与民主决策和民主监督

民主决策和民主监督是村民自治的重要内容。第三期中国妇女社会地位调查数据显示，77.8%的女性从来没有"给所在单位/社区/村提建议"，这一比例男性为69.9%，比女性低7.9个百分点。与之相反，在经常"给所在单位/社区/村提建议"的回答中，男性为4.6%，大大高于女性（1.7%）（见表11）。这说明整体来看，村民对村集体事务的参与度都比较低、参与能力比较弱，尤其是女性，在没有切身利益之争的时候，往往以旁观者和局外人的角色对待村里的公共事务，民主决策和民主监督的意识薄弱。

表11 村民给所在社区/村提建议情况分布

单位：%

		农村女性	农村男性	总计
从来没有	频数	91	663	754
	百分比	77.8	69.9	70.8
偶尔	频数	14	165	179
	百分比	12.0	17.4	16.8
有时	频数	10	76	86
	百分比	8.5	8.0	8.1
经常	频数	2	44	46
	百分比	1.7	4.6	4.3
总计	频数	117	948	1065
	百分比	100.0	100.0	100.0

在回答"您对本社区/村的决策能否产生影响"时,有81.74%的女性村民认为基本没有影响,而持相同看法的男性村民要低6.61个百分点。认为自己对本社区/村的决策能产生较大影响和有重要影响的男性村民占比(4.02%)也明显多于女性村民(2.61%)(见表12)。数据还显示,那些从来不给所在社区/村提建议的村民,没有一个人认为自己能对社区/村的决策产生很重要的影响,男女两性均如此。

表12 村民认为自己能否对所在社区/村的决策产生影响情况分布

单位:%

		农村女性	农村男性	总计
基本没有影响	频数	94	710	804
	百分比	81.74	75.13	75.85
有一点影响	频数	14	165	179
	百分比	12.17	17.46	16.89
有较大影响	频数	3	31	34
	百分比	2.61	3.28	3.21
有重要影响	频数	0	7	7
	百分比	0	0.74	0.66
不好说	频数	4	32	36
	百分比	3.48	3.39	3.40
总计	频数	90	661	751
	百分比	100.00	100.00	100.00

深入分析决策影响力和是否给社区/村提建议之间的关系可以发现,认为自己对决策影响力越大的人,越是经常给社区提建议的人。认为自己对所在社区/村的决策影响力很小的时候,72.69%的人不会提建议;当认为自己对所在社区/村的决策影响力很大的时候,几乎所有人都会给村/社区提建议(见表13)。政治效能感是行为人的参与行为对政治体系和政府决策的影响能力。对于个人来说,政治效能感是影响其政治参与的最主要的因素。数据说明,村民的参与效能感低是他们参与乡村治理公共事务少的重要原因。

表13 能否对所在社区/村的决策产生影响与是否给所在社区/村提建议的交互分析

单位：%

			能否对所在社区/村的决策产生影响			总计
			很小	较大	很大	
是否给所在社区/村提建议	没有	频数	636	2	0	638
		百分比	72.69	6.45	0	69.88
	偶尔	频数	157	3	0	160
		百分比	17.94	9.68	0	17.52
	有时	频数	64	8	0	72
		百分比	7.31	25.81	0	7.89
	经常	频数	18	18	7	43
		百分比	2.06	58.06	100	4.71
总计		频数	875	31	7	913
		百分比	100.0	100.00	100.00	100.00

4. 参与社会组织

农村社会组织是乡村社会治理的主体之一，在乡村社会治理中发挥着越来越重要的作用。民政部《城乡社区服务体系建设规划（2016—2020年）》提出，到2020年"农村社区平均拥有不少于5个社区社会组织"。然而，调查数据显示，参与社会组织的村民非常少。在调查的专业行业组织、联谊组织、社会公益组织、社区管理和活动组织、民间自助互助组织五种社会组织中，女性参与率最高的是专业行业组织，男性参与率最高的是民间自助互助组织。女性比男性参与率更高的是专业行业组织、联谊组织和社会公益组织，男性比女性参与率更高的是社区管理和活动组织、民间自助互助组织（见表14）。

表14 村民参加社会组织情况统计

单位：%

		农村女性	农村男性
参与专业行业组织	频数	115	944
	百分比	3.5	1.6
参与联谊组织	频数	115	944
	百分比	2.6	2.3

续表

		农村女性	农村男性
参与社会公益组织	频数	115	944
	百分比	2.6	2.4
参与社区管理和活动组织	频数	115	944
	百分比	0.9	2.8
参与民间自助互助组织	频数	115	944
	百分比	1.7	3.1

从加入社会组织的目的，即参与的驱动力来看，女性村民首先是为了获取更多的信息和资源，其次是帮助他人、服务社会；男性村民则首先是为了帮助他人、服务社会，其次是为了获取更多的信息和资源（见表15）。

表15　村民参与社会组织的目的分布

单位：%

		农村女性	农村男性	总计
维护权益	频数	0	9	9
	百分比	0.0	10.5	9.2
获得更多信息和资源	频数	6	24	30
	百分比	50.0	27.9	30.6
满足兴趣爱好	频数	1	13	14
	百分比	8.3	15.1	14.3
打发时间	频数	2	2	4
	百分比	16.7	2.3	4.1
帮助他人、服务社会	频数	3	38	41
	百分比	25.0	44.2	41.8
总计	频数	12	86	98
	百分比	100.0	100.0	100.0

从在社会组织中的角色来看，看重创始人/负责人/高层管理者角色的女性占16.7%，男性看重这一角色的仅为2.4%，女性比男性更看重在社会组织中担任创始人/负责人/高层管理者的职位（见表16）。

表16 村民参与的社会组织中最看重的角色分布

单位：%

		农村女性	农村男性	总计
创始人/负责人/ 高层管理者	频数	2	2	4
	百分比	16.7	2.4	4.1
核心成员/中层管理者	频数	0	5	5
	百分比	0.0	5.9	5.2
普通成员	频数	10	78	88
	百分比	83.3	91.8	90.7
总计	频数	12	85	97
	百分比	100.0	100.0	100.0

（二）四川农村女性参与乡村治理的特点

1.政治参与意识较强但社会参与意识薄弱

村民/居民委员会中女性委员比例增加，农村村（居）委会中女性主任比例提前达成2020年目标，女性村民积极参与乡镇人大选举和村民委员会选举，这些都表明女性村民的政治参与意识较强。但与之相比，农村女性参与社会组织的意识比较薄弱。数据显示，村民人均参与社会组织的个数为0.02个，女性人均参加个数与男性相同，也是0.02个，90%的人一个也没参与，有1%的人参与了0.4个（见表17）。

表17 村民参与社会组织的个数

单位：个

	均值	标准差	频数
农村女性	0.02	0.07	115
农村男性	0.02	0.09	944
总计	0.02	0.09	1059

2.参与村级选举积极性高且态度认真

数据显示，四川女性参与村委会选举的投票率达到80%，出于主观原因不想参加投票的女性仅为4.2%；参加了投票的女性，超过80%的人都选择自己投票，并且会尽力去了解候选人的情况。这说明大多数农村女性认识到法律赋予自己的选举权利。农村女性参与投票的态度在某种程度上反映出对村委会选举制度的认同。

3. 主体意识觉醒但在村级决策中的影响力低

传统女性在家庭经济中的从属地位一直影响着家庭分工和女性的自我角色认知。调查数据显示，参与社会组织的女性村民中，看重自己创始人/负责人/高层管理者角色的占16.7%，远远高于男性的2.4%，这说明女性对自己在家庭和社会中的角色有了新的认知和定位。

虽然女性在努力地改变自己在家庭经济和社会发展中的地位，但是女性对村级事务决策的影响力依然很低。2015~2018年《四川民政统计年鉴》的数据显示，2017年村民/居民委员会中女性委员比例虽然增加到25.30%，但还需进一步提高。此外，2014~2017年农村村（居）委会中女性主任比例在15%徘徊，但女村民代表和村民小组长的比例甚至在下降。尽管一些农村女性进入了农村基层组织体系，但她们被限制在妇女主任等传统角色的定位上，这种工作结构中的传统性别角色定位和性别隔离，使农村女性更多地成为民主政治领域的"点缀"，很难进入决策主流，也很难参与乡村关键事务的重大决策。这些因素都使得女性在村级决策中的影响力偏低。

二 农村女性参与乡村治理的制约性因素分析

（一）传统家庭文化的影响

1. 传统家庭分工对农村女性心理上的制约

传统的"男主外、女主内"的性别分工已经延续上千年。在原始社会，男性主要负责狩猎等户外活动，女性主要从事纺织等家庭内部活动。在周代有关于国公家私的记载中，家私领域分为男性领域和女性领域，其中涉及家庭内吃饭穿衣、传宗接代和照顾家庭成员等的事情为女性活动领域，而读书、做官或赚钱等相关事情则为男性活动领域。这一传统延续至今，虽经过与妇女解放运动和平等自由等观念的碰撞，但至今犹存，并使得男女两性在生理上的差异逐渐向相应的社会领域延伸，在某种程度上，男人越来越紧密地与公共政治领域联系在一起，女人则越来越与家庭私人领域联系在一起。这可能会对农村女性，特别是偏远山村的女性参与公共事务倾向产生很大的心理制约。她们不仅可能对自己相对于男性的价值能力持否定的态度，甚至可能更加沉默节制，形成自卑、自弱、依附、顺从的心理。

数据显示，女性村民更倾向于认为是女性能力差使得我国目前各级领导岗位上女性数量相对较少，持这一看法的占24.1%，而有这样看法的男性占20.2%，比女性低3.9个百分点（见表18）。

表18 村民关于"女性能力差"的看法分布

单位：%

		农村女性	农村男性	总计
否	频数	81	688	769
	百分比	69.8	72.7	72.3
是	频数	28	191	219
	百分比	24.1	20.2	20.6
不清楚	频数	7	68	75
	百分比	6.0	7.2	7.1
总计	频数	116	947	1063
	百分比	100.0	100.0	100.0

2. 传统婚迁制度对农村女性社会资本的影响

"从夫居"模式依然是我国农村夫妻主要的居住模式。婚姻缔结之后，农村妇女从原生家庭所在地向夫家所在地迁移，实质上是妇女所属权力网络的转移。在婚前，男女双方都有各自所属的村落环境，各自拥有一定的社会关系网络。婚后依照传统婚迁习俗，女方到男方家落户居住，将逐渐疏远并失去原来的社会网络支持。而村落中的男性将一以贯之地拥有自己的族群和社会关系网络。

SW 村女支部书记说,前段时间她们村举行联谊村活动,她带着村成员到 HJ 村(SW 村女支部书记娘家所在村)。HJ 村的支部书记对她说:"哎呀,晓得你要当书记的话,你不走啊,就到我们这个村当书记"。她当时心里想:"如果我在我们村(娘家)当书记,我们家在地方上也是大家族,工作会比在这里顺利得多。我们村原来的妇女主任是本村嫁本村,她的群众基础就很好,即便能力不行,也有很多人支持她。"(2019 年 1 月访谈 YA 市 MS 区 SW 村女支部书记)

不仅如此,农村妇女想在丈夫所在地重建关系网络也并非易事。传统观念和村庄规范规定妇女"恰当"的行为,有些地方限制甚至监控妇女与他人发展关系网络,尤其是与男性,这样的约束对留守妇女更加苛刻。村委会选举充满乡村社会各种力量的利益博弈,农村女性由于缺乏社会网络支持,在竞争中处于劣势。

(二)社会对女性参与公共事务的偏见

1. 刻板印象认为女性不适合当领导

推行村民自治制度后,国家从农村社会部分退出,需要权威维持村级政治和社会秩序,村干部被赋予了政府代理人和村民当家人的双重角色。[1] 在男权意识还具有广泛影响的农村,在经济上和社会关系网络上占据优势的男性被认为更能担负起这个角色。

> 在工作上,作为女性,我们党员也好,干部也好,一听说女性当书记,大家就有一些怀疑,"你干的好不?""哦,女同志都把工作干好了哦?!"有很多人对我有一种不很肯定、值得怀疑的语气。(2019 年 1 月访谈 YA 市 MS 区 SW 村女支部书记)

---

[1] 徐勇:《村干部的双重角色:代理人与当家人》,徐勇、吴毅:《乡土中国的民主选举》,华中师范大学出版社,2001。

7个村民小组长，一个女的都没有。村支两委就只有一个女的，妇女主任嘛。女的主要持家，那么她见识可能就少一些，看问题不能看得很透彻。关键时刻，用老百姓的话来说，她很"渣欢"，不从正面的角度上去看问题，反而还影响问题的解决，主要是她们自身素质的问题。(2019年1月访谈YA市MS区MS村副支部书记)

统计数据也显示，13.6%的男性村民认为女性不适合当领导，而女性认为女性不适合当领导的比例为9.5%（见表19）。这表明，男性对女性领导潜力更加不认可。

表19 村民关于"女性不适合当领导"的看法分布

单位：%

		农村女性	农村男性	总计
否	频数	95	740	835
	百分比	81.9	78.1	78.6
是	频数	11	129	140
	百分比	9.5	13.6	13.2
不清楚	频数	10	78	88
	百分比	8.6	8.2	8.3
总计	频数	116	947	1063
	百分比	100.0	100.0	100.0

2.传媒对女性功能的误导

女性形象不是天生的，而是被建构出来的。大众媒体具有建构社会意义的功能。著名传播学者李普曼在其著作《公众舆论》中提出"新闻媒介影响我们头脑中的影像"，可见媒体对我们价值观的巨大影响。

随着电视等传统媒体的普及以及手机等新媒体的普及，村民的价值观念也深受媒体的影响。大众媒体给人们创造出了一大"主流价值观"——女性的价值在于年轻貌美，在于对家庭的付出。这种价值观几乎随处可见，各大网站的新闻版块、娱乐版块、社会版块、购物版块等媒介凭借其多样化的传播形式以及广大的传播范围拥有强大的传播话语权，它们不仅是在呈现、构建女性形象，更是在使受众潜移默化地接受媒介所倡导的女性特质与标准。让男性受众认定"这样才是好女人"，女性受众产生"我应该这样"的想法。这样的媒介价值观直接影响社会对女性的期望，从而影响农村女性在乡村治理的公共事务中发挥更大的作用。

（三）制度对女性参与公共事务的保障不足

1. 对基层女性培养选拔力度不够

教育培训在提高妇女参与公共事务能力方面至关重要，但当前对农村女性骨干的培训工作仍是薄弱环节。数据显示，被调查者中有61.2%的女性和将近一半的男性认为，我国各级领导岗位上女性数量相对较少是由于对女性的培养、选拔不力（见表20）。

表20 村民关于"对女性培养、选拔不力"的看法分布

单位：%

		农村女性	农村男性	总计
否	频数	30	330	360
	百分比	25.9	34.8	33.9
是	频数	71	473	544
	百分比	61.2	49.9	51.2
不清楚	频数	15	144	159
	百分比	12.9	15.2	15.0
总计	频数	116	947	1063
	百分比	100.0	100.0	100.0

2. 农村基层工作者待遇吸引力不强

农业税取消前，村级经济包括村组干部的补助有一定来源，如"三提五统"和各种摊派等。农业税取消后，村集体经济收入减少，村级财力下降。[1]

---

[1] 张凤华：《乡村转型、角色变迁与女性崛起——我国农村女性角色变迁的制度环境分析》，《华中师范大学学报》（人文社会科学版）2006年第4期。

同时，合村并组、大力压减村干部职位数也带来了农村干部兼职多、工作任务重的问题。作为理性的"经济人"，农村女性参与乡村治理的积极性下降。

从2016年起，四川省为进一步提高广大基层干部工作积极性，对村（社区）干部基本报酬最低补助标准进行调整。调整后，平原地区及少数民族地区，在任村党支部书记、村民委员会主任、村文书（村会计）、组干部，每人每月分别能拿1650元、1490元、1320元、550元；丘陵地区每人每月能拿1430元、1290元、1140元、515元；山地地区分别为每人每月1330元、1210元、1060元、500元。虽然调整后村（社区）干部基本报酬大幅增加，这但对农村基层工作者的吸引力仍然不强，乡村治理人才缺乏。待遇低也是很多基层工作者得不到家庭支持的根本原因。

3. 农村工作的荣誉感和价值感缺失

在物质待遇不吸引人的情况下，对基层工作者的精神激励也不足，各种评奖、荣誉在基层的比例非常少，对女性的倾斜更少，这也影响了女性参与公共事务的积极性。

> 我知道一个姓唐的女孩，初中毕业辍学去了AA艺术团。她自己很有兴趣，虽然家里一直责备她。但是她能够找到自己的社会地位，每次往舞台上一站，漂亮的舞台装一穿，观众的掌声一响，印证了那句鲜花和掌声对一个人的刺激远远大于金钱。那个艺术团一直到现在都在良性运转。（2019年1月访谈YA市MS区FS村第一书记）

> 你要给她荣誉感，在报纸杂志上宣传，她在社会上就有口碑。还有像领导的慰问，她们毕竟是女性，需要关爱。比方说像三八红旗手这些，对她们倾斜。她们在基层带动发展，还可以让优秀的、有知识有文化的农村女性进入乡镇的体制内，让她们找到在基层工作的价值。（2019年1月访谈YA市MS区FS村第一书记）

（四）家庭因素妨碍女性参与

1. 家务负担重，无力参与

在农村，男性外出打工后，女性成为农业的主要劳动力。再加之上有老人、下有孩子，农村女性的家务负担异常繁重，无力顾及乡村的公共事务。调查数据显示，77.6%的女性认为家庭负担繁重是领导岗位女性数量少的原因（见表21）。此外，访谈资料也显示，家务的牵扯使女性往往无法长期投身乡村公共事务。

表21　村民关于"女性家务负担重"的看法分布

单位：%

		农村女性	农村男性	总计
否	频数	20	282	302
	百分比	17.2	29.8	28.4
是	频数	90	618	708
	百分比	77.6	65.3	66.6
不清楚	频数	6	47	53
	百分比	5.2	5.0	5.0
总计	频数	116	947	1063
	百分比	100.0	100.0	100.0

从农村女性参与公共事务来讲，有很多现实的弊端，因为时间不允许、要劳动、要管家、要带孩子、要蒸饭。刚才说了一天在家光蒸饭都要花很多时间，再加上要管娃、锄地，你想想，她有多少时间？（2019年1月访谈YA市MS区FS村第一书记）

2. 家人不支持女性参与

为村里干事是进入公共领域，这与传统观念女性不要在外面抛头露面的观念相悖。此外，处理一些公共事务，需要平衡协调各方利益，处理不好可能引发与邻里乡亲的矛盾。因此，家人往往不支持女性参与乡村公共事务。

调查数据显示，有近30%的女性和1/4多的男性认为，领导岗位上女性数量较少的原因之一是家人不支持女性当领导（见表22）。访谈资料也印证了同样的问题。

表22　村民关于"家人不支持女性当领导"的看法分布

		女性村民	男性村民	总计
否	频数	72	608	680
	百分比	62.1	64.2	64.0
是	频数	34	245	279
	百分比	29.3	25.9	26.2
不清楚	频数	10	94	104
	百分比	8.6	9.9	9.8
总计	频数	116	947	1063
	百分比	100.0	100.0	100.0

为什么一直以来找不到这样的能人，连乡村里当村干部的都很少，为什么？她本来就要管家。我们有八个小组长，只有一个是女的。而且这个女性还天天要跟家里人吵嘴打架，你在这里（村里）干事干多了，家里的老公肯定不干。因为在农村人的眼里，女性就应该在家喂猪啊这些，不应该跑来干这些事情（村上的事）。（2019年1月访谈YA市MS区FS村第一书记）

很多家庭成员不支持女性当队长。有些家庭还过得去，他不愿意他的老婆或者家庭成员去，就说去干啥，得罪人。就是一个——家里人不愿意。就我们村这个女性队长，我们都给她做了很多工作。当然，如果工作上遇到难题，她就说她的孩子让她不要做了。（2019年1月访谈YA市MS区SW村女支部书记）

三 促进女性参与乡村治理的对策建议

在工业化、城镇化的推动下,农村的社会结构、利益格局、组织体系、生活方式、价值观念等各方面都发生了非常大的变化,传统的基层治理方式已不适应发展的需要。党的十九大报告中提出健全自治、法治、德治相结合的乡村治理体系,这是新时代对乡村治理的新要求。女性作为乡村社会的重要力量,应助推其在"三治"结合的乡村治理体系中发挥更大的作用。

(一)重构乡村性别文化,为女性参与乡村治理营造良好环境

1. 转变领导干部的性别观念

性别文化重构是有计划的文化变迁,它需要政府层面来组织和引导。首先,县级政府各职能部门是乡村社会宣传教育的主要指导力量,因此,县级党委、政府及职能部门的干部需要转变性别观念。其次,乡镇干部是乡村的精英,他们对上级政策要求和理念的理解能力强,并且具有和村组干部群众交流的丰富经验。因此,乡镇干部是乡村性别文化变革的组织者、引导者,需要先对他们进行社会性别培训。通过培训,深化乡镇领导干部对性别不平等问题的认识,同时促进其立足自己的工作岗位去倡导性别平等。这些培训可以贯穿于市、县的党校课程中。

2. 变革农民的性别观念

农民是乡村社会性别观念的主体,也是性别观念转变的难点,需要采取易于接受的方式,让农民逐渐接纳新时代的社会性别观念。首先,注重精英群体的示范效应。村支部书记在乡村代表公权力,通过村支书来动员乡村精英参加培训具有较强的可行性。培训的师资为参与过县上社会性别培训的乡镇干部,参与培训的精英包括农村致富带头人、退伍军人、回乡大中专毕业生、外出务工经商返乡人员、农民专业合作组织负责人、女性精英等。其次,精英通过同伴式教育,进一步扩大对普通村民的性别平等理念的宣传。村级精英都是村内小群体的带头人物,通过他们的传播,在整个村民中营造

性别平等的氛围，再辅以村规民约的改进，最终促进村民性别观念的转变，建构平等的乡村性别文化。

3. 改善性别社会化环境

家庭、学校和大众媒体在建构性别印象、传递性别观念方面发挥着重要的作用，影响着人的性别社会化。要重构乡村的性别文化，必须从社会化环境入手。首先，家庭是孩子性别观念形成的第一站，因此，在家庭教育中要树立性别平等的观念。其次，教师、教材和组织结构在维持传统性别观念中具有关键作用，因此，要提升教师社会性别意识，同时清除教材中传递不平等的性别角色和性别分工的内容，注重学校中性别分工的协调，营造良好的学校性别社会化环境。最后，传媒对个体的价值观形成有重要的影响，因此要提高媒介"把关人"的社会性别素养，营造两性平等的社会环境。

（二）强化制度设计的社会性别意识，为女性参与乡村治理提供保障

1. 增强公共政策中的社会性别理念

戴维·伊斯顿认为，公共政策是政府对整个社会的价值作权威性的分配，并且公平分配社会价值是激发社会活力最重要的途径。"政策的形成过程，实际上是各种利益群体把自己的利益要求投入政策制定系统中，由政策主体依据自身利益需求对复杂的利益关系进行调整的过程。"① 所以，政府的政策应该兼顾不同群体的利益，让不同群体都能公平地享受公共资源，从而更加广泛地激发社会活力。然而，长期以来女性的利益和诉求往往不能有效地在决策中反映，女性平等获得资源的要求在整体上处于被遗忘、被忽略的状态。因此，必须增强公共政策在促进性别平等和重构乡村性别文化方面的作用，增加女性在决策层中的比例，提升决策者的社会性别意识，在公共政策的制定、执行和评估等各个环节，注重性别理念的纳入，确保女性的利

---

① 刘丽珍、朱立言：《社会性别视角下的公共政策分析》，《兰州学刊》2007年第8期。

益得到充分考虑。①

2. 重新修订含有性别不平等条款的村规民约

村规民约是在某一特定乡村地域范围内，在国家政权力量的帮助、指导下，按照当地的风土民情和社会经济文化习惯，由一定组织、人群共同商议制定的某一共同地域组织或人群在一定时间内共同遵守的自我管理、自我服务、自我约束的共同规则或约定。② 受个人、社会结构等因素的影响，村规民约中普遍存在性别不平等的问题，因此，需要组织力量修订具有性别敏感问题的村规民约。村组干部群众是村规民约的修订主体，其中，村支书和村主任是核心人物，村组干部和村民代表是主体力量，只有他们从内心生发出行动愿望，才能形成共识和合力，真正推动村规民约的调整，进而影响整个村庄的规则和观念的改变。

（三）培育乡村社会组织，为女性参与乡村治理提供平台

1. 提高农村女性的组织化程度

美国学者塞缪尔·亨廷顿曾指出，组织是通向权力之路，同时也是政治安定的基础和政治自由的先决条件。组织资源的缺失使女性在与男性利益群体博弈中处于弱势群体地位。此外，"现代社会是以组织为主导方式实现其目标的社会形态，农村社会的现代化也必然包括农民组织化的内涵目标"。③ 通过农村社会组织提高农民的组织化水平，不仅是促进两性平等的需要，也是社会发展的大势所趋。提高农村女性的组织化程度，需要开辟多种组织化途径。根据女性自身的状况，引导普通女性积极参与民主选举、民主决策和民主监督，引导致富带头人、回乡大中专毕业生、外出务工经商返乡人员、专合组织负责人等乡村精英创建或参与乡村社会组织、参加村干部竞选等是主要途径。

---

① 南储鑫：《乡村性别文化重构》，博士学位论文，中共中央党校，2012。
② 卞利：《明清徽州村规民约和国家法之间的冲突与整合》，《华中师范大学学报》（人文社会科学版）2006 年第 1 期。
③ 周晨虹：《农村公共治理领域中农民的组织化参与》，《理论导刊》2010 年第 10 期。

2.加大对农村女性社会组织的支持

农村社会组织发展缓慢,女性社会组织更甚,因此,需要从多方面支持农村女性社会组织的发展。其一,通过购买服务、项目资助、以奖代补、公益创投等方式扶持培育社会组织,增强其独立性和自主性。其二,给予农村社会组织优惠政策,如在资金支持方面,建立融资担保体系,并鼓励社会资金投向农村社会组织。其三,充分发挥枢纽型社会组织的功能,着力孵化培育一批能满足当地实际需求的女性社会组织。其四,利用农村党群服务中心等为女性社会组织的创设提供场地。

3.提升农村女性的参与意识和能力

当前,妇女的自身特点决定了她们是被动的参与主体,因此,需要建立外部引导机制。首先,建立女性的学习机制,通过农民夜校等方式,帮助她们了解国家政策、乡村事务,提升她们的参与能力。其次,建立女性诉求机制,通过了解女性在生产生活中的难题,引导她们了解参与乡村治理的意义。再次,完善信息沟通机制,确保女性对乡村公共事务的知晓度。最后,通过宣传报道、评选优秀、表彰嘉奖等方式鼓励女性参与乡村治理。

参考文献

南储鑫:《乡村性别文化重构》,博士学位论文,中共中央党校,2012。

李娟:《我国农村留守妇女参与村级治理研究》,博士学位论文,华中师范大学,2014。

刘义强:《构建以社会自治功能为导向的农村社会组织机制》,《东南学术》2009年第1期。

张凤华:《乡村转型、角色变迁与女性崛起——我国农村女性角色变迁的制度环境分析》,《华中师范大学学报》(人文社会科学版)2006年第4期。

治理案例篇

Governance Case Examples

B.11
多民族杂居区社会治理模式

——北川羌族自治县桃龙藏族乡实例

昝宝毅*

摘 要: 在经济欠发达的多民族杂居区,社会治理面临更多的挑战,需要以更广泛的视野,贴合当地实际开展工作。北川羌族自治县桃龙藏族乡的社会治理模式是有益的探索。

关键词: 民族 杂居 社会治理 治理模式

基层社会治理体系、治理能力的现代化是大势所趋。在民族自治地区,特别是民族自治区内的多民族杂居地区,受民族文化的历史叠层、国家民族

---

* 昝宝毅,四川省社会科学院禹羌文化研究所副所长、助理研究员,主要研究方向为旅游社会学。

区域自治制度和政策的影响,以国家民族或者政治民族为标准的一体化社会自治体系在实践中面临诸多挑战。化解民族冲突,充分利用民族文化融合的基础,构建体现国家民族主流价值意志的基层社会治理体系,营造和谐安全的社会生活和发展环境,是民族自治地区,特别是多民族杂居地区社会稳定和社会发展的重大课题,须创新探索。

党的十八大,特别是十九大会议以来,桃龙藏族乡党委和政府紧密结合当地实际和中心工作,认真领会、贯彻落实中央治国理政的精神,务实、创新地探索出了一条多民族杂居地区社会治理的路子。

一 桃龙藏族乡基本情况

桃龙藏族乡位于国家级贫困县四川省北川羌族自治县西北部,地处龙门山脉北段断裂带上,境内山高谷深,沟壑纵横。海拔896米~2722米,相对高差500米~1800米;大陆性季风气候特点显著,气候温和、四季分明;雨量充沛,年降水量1300毫米;年平均气温16.3℃,年内最高气温35.8℃,最低气温-4.8℃,年日照时数1379.2小时。人们集中居住于五龙沟、神奇沟两岸,属地质灾害多发区域。

桃龙藏族乡是北川羌族自治县唯一的藏族乡,面积69平方公里。辖6村1社区,35个村民小组。有藏、羌、汉等8个民族,其中藏族人口占总人口的26.1%,羌族人口占总人口55.2%,羌族、藏族和汉族是该乡人口较多的民族。

经济发展状况为"一多"(自然灾害多)、"三无"(无工业、无集市、无财政收入)、"四少"(产业资源少、产业类型少、服务企业少、经济收入少)。中药材种植业为传统支柱产业,兼有小规模养殖业。产业结构极其单一,经济总量较小。2014年,农民人均纯收入仅为4375元。

2014年,该乡有2个省定贫困村(桃红村、九成村)和1个县定贫困村(大鹏村)。建档立卡贫困人口129户440人,贫困发生率为15.6%(含2014年以前回头看情况),扶贫任务重,脱贫责任大。

可见,桃龙藏族乡是一个经济发展水平较低,民族结构多元,一体化社会治理面临诸多挑战的地区。

二 桃龙藏族乡社会治理实践探索

面对一体化社会治理的诸多挑战,针对乡村治理现代化的要求,桃龙藏族乡党委、政府敢为人先,勇于担当,创新探索。

(一)科学领悟,明向定道

行路先定向,定向方有道。

1. 统一思想结共识

依照中央、省、市、县社会治理工作的安排,乡党委、政府班子成员认真学习社会治理的新思想,贯彻落实各级社会治理和乡村振兴会议精神,立足当前中心任务,立足桃龙实情,着眼长远,深刻领会,驻村入户,深入村社、深入居民户,广泛宣传党和国家的社会治理政策,认真听取群众意见,特别是各少数民族群众的意见。准确把握民族群众的基本想法和需求,准确把握社会治理的难点,准确把握全乡经济和社会建设的瓶颈,科学分析,集思广益,结成如下共识。

开展社会治理,创建和谐安全的社会生活、社会生产和社会发展环境是新时代各民族生存和发展的共同需要,是乡党委、政府的长久工作,是全面建成小康社会的保障工程,关系着桃龙经济和社会的健康、稳定、持续发展,关系着桃龙全体人民共享改革发展成果和福祉的全面提升。社会有效治理是乡党委、政府巩固党的基础、巩固基层政权、践行党的群众路线的基本义务和责任,责在必行,行而必胜。

桃龙社会治理面临多民族语言、文化沟通交流存在障碍,经济发展缓慢(涉及基础设施、产业资源、资金技术、项目等方面),文明水平特别是现代文明水平较低,社会发展基础环境较差等瓶颈。

社会治理是一个系统工程,要有序高效推进必须构建强大的动力系统,将牵引力、内燃力、核动力、续航力形成合力。

社会治理是一项长期的工作,只有依据当地实际,建立系统的机制,采取有效的措施,方可取得预期的成效。

社会治理是一项涉及多方利益和族群偏好的全面工程,利益均衡难度大、责任大,要攻坚成功,必须创新。

2. 明确方向定战略

(1)必须坚持全乡"生态立乡,产业富乡,旅游活乡,文明强乡"的总体发展战略。

(2)必须培育各民族群众的自治意识,从基础上提升群众自我教育、自我管理、自我服务和自我发展的能力。

(3)必须走党组织核心引领之路。确保基层治理与国家治理的协调,体现中国特色的社会治理意志,确保群众生活质量的持续和全面改善、文明水平的稳步提升、幸福指数的持续攀升。

(4)必须走各民族融合、协同发展之路。尊重各民族的情感和利益需求,均衡各民族的利益,实现各民族共建共治共享、共同发展。

(5)必须构建有效的动力系统:党政牵引力、群众内燃力、产业发展核动力、文明进步续航力,并形成有效合力。

为此要实施四大战略。

(1)战斗型党组织创建战略,促成社会治理牵引力——党组织的核心引领力。

(2)群众道德提升战略,激活社会治理内燃力——群众自治力。

(3)产业发展提档升级、增效增收战略,催生社会治理核动力——经济支撑力。

(4)文明创建战略,稳固社会治理续航力——持续发展力。

(二)筑堡建队,核心引领

社会治理必须要有强力的党组织的核心引领。

1. 思想治理建堡垒

社会治理任重责大,必须要有敢于攻关、善于攻关的党组织的核心引领,基层党政组织必须适时创新转变职能,提升执政能力,提升组织和党员干部的战斗力。

创建战斗型党组织,既是引领群众社会治理的紧迫需要,也是促进基层党政组织社会治理体系和治理能力现代化的现实需要,更是在服务型党组织、服务型政府创建的基础上进一步践行党的群众路线、密切党群关系的党建需要。

创建战斗型党组织,首先要根除懒政庸政浮政、搞任期盆景工程和政绩面子工程等不良作风,强化立党为公、执政为民的宗旨,培育党组织、党员干部敢于奉献、敢于创新、敢于作为、敢于担责的优秀品质;增强党组织的威信力、政府的公信力、党员干部的影响力、积极群众的说服力,进而形成党政的号召力、群众的向心力、党组织和党员干部的凝聚力和战斗力。

战斗型党组织要引领群众社会治理必须率先进行思想治理,舍去"等靠要赖"的观念,摒弃造假、作秀、不作为的做法,立志定心、创新实干。

为了促进党员干部、群众思想先行自治,牵引社会治理工作有效推进,乡党委、政府创新实行了"四看(看态度、看行动、看亮点、看发展)、四找(找差距、找问题、找经验、找对策)、四有(有触动、有启发、有办法、有改进)"的流动现场会工作方式,有效地促进了党员干部的思想自治和作风转变,有效地发挥了党政组织的战斗堡垒和核心引领作用。

2. "五亮五拼"树榜样

乡党委在全乡党组织及党员中开展"五亮五拼"(亮身份、亮责任、亮奉献、亮评议、亮实效;拼觉悟、拼能力、拼作风、拼形象、拼威望)活动,将党员干部亮于群众视野,广泛接受党组织和群众的监督评议,促使党员转变作风,以党员模范行为提升党和政府的形象,进一步密切党群干群关系，推进党群共建精神文明，促进全社会形成创先争优的良好风气，促进社会和谐发展，确保社会治理工作取得实效。党员干部在服务人民群众、密切党群关系中的战斗堡垒和先锋模范作用，有效地带动和促进了全乡社会治理工作及精神文明创建活动深入扎实的开展。

3. 志愿服务比奉献

在乡党委的指导下，桃龙藏族乡注册成立了以副乡长为大队长，以在乡党员干部、积极群众为成员的桃龙志愿者服务大队；各村（社区）组织建立志愿者服务支队。全乡已建立党员干部志愿者服务队、青年志愿者服务队、妇女志愿者服务队等 30 支，注册志愿者人数达 450 人，占全乡在乡劳动力的 35%。志愿者服务队制定了章程，明确了志愿服务者的职责、服务方向，并将社会治理志愿服务列为当前的首要任务。按照乡党委、政府的要求，志愿者服务大队要建成特别有激情、特别能奉献、特别能吃苦、特别能协调、特别能攻关的"五特"志愿者服务队。定期和不定期开展扶贫济困、邻里矛盾化解、交通劝导、文化服务、清洁卫生、老残留守儿童特护等志愿服务活动；建立活动登记、情况反馈和群众评议制度，示范引领带动群众积极参与社会治理，养成文明行为。

（三）以德服人，自主发力

桃龙藏族乡是多民族乡，群众个人信仰、生活习俗、价值取向差异较大，部分群众对社会治理认识不足，存在以为社会治理是党和政府的事，与自己无关的想法，参与治理的意愿不强，但总体上民风淳朴。

为了充分调动群众参与社会治理的主动性，充分发挥群众自我教育、自我管理、自我服务和自我发展的自治能动性，促成群众自己的事情主动干，在乡党委、政府倡议指导下，各村（社区）设立了道德法治评议堂。

1. 建评议堂，自我崇德

村两委组织、协调、创办了道德法治评议堂，通过党员群众大会，动员推荐德高望重、乐于奉献、组织协调能力强的村民作为评议堂成员。

评议堂由 7~9 名成员组成，设组长 1 名，副组长 2 名。评议堂定期不定期组织开展道德法律宣讲、好人好事公示褒奖、邻里纠纷调解、点评劝导不文明行为、公示批评严重不道德行为、培育良好村风民俗。同时，评议堂还参与村内重大事项决策、重大工程项目监督、重大活动协调等村务工作。评议堂建立评议档案、评议记录、帮扶制度和善行义举公示栏。评议堂评议结果纳入全乡各项文明评比参考指标。目前，全乡 6 村 1 社区 7 个评议堂已开展评议活动 160 余次，有效地传播了道德法治知识，有效地化解了邻里纠纷，有效地提升了群众的道德法治意识和水平。全乡群众自律崇德蔚然成风。

2. 扬人性善，良性攀比

道德法治评议堂看"恶"就评"恶"，看"恶"就帮"恶"。针对一些有"恶习"的群众，评议堂在充分了解他们的现状和需求，他们的特殊困难、特殊好恶的基础上，查找分析原因，充分挖掘人性之善，有针对性地开展了摆事实、讲道理、算得失、讲面子的大讨论活动，广泛组织群众就脱贫、生产发展、文明小康、个人得失、个人面子等问题进行深入的讨论和评议。以事说理，以理说事，辩理明理，让大家清楚地认识到只有自我发展才能过上好日子，只有弃"恶"从善才是有面子，清楚地认识到党、国家、社会开展社会治理工作是创建持续健康发展的安全环境的需要，是人民群众切身利益的有效保障，更是人民群众维护自我合法利益的需要，是人民群众自我发展最有利的机遇和条件。只有积极响应、配合党和政府的社会治理工作，主动思变、从快行动、多想办法、多干实事、主动参与社会治理工作，才能创建出良好的生产、生活安全环境和氛围，才能过上有面子、有保障的好日子。

3. 讲致富经，我要发展

道德法治评议堂积极组织群众开展致富宣传讨论活动，广泛邀请致富能人、致富带头人现场讲解致富经历、致富诀窍、生产经营销售技术、富裕生活和幸福生活目标，让群众特别是贫困群众看到了发展差距、看到了发展目标、学习了致富经验、学习了生产经营销售专业技术。讨论会激发了群众特别是贫困群众自我发展的强力欲望，激发了想富、学富、超富的攀比正能量。

（四）产业核动，经济支撑

社会治理最基本的问题就是构建和谐的人际关系、公民与国家的利益协调关系，国家与公民的共同利益均衡在最基础的层面其实是经济利益的均衡和保障问题。换句话说，有效的社会治理必须要有有效的经济利益支撑，发展产业、有效增加人民群众的收入是社会治理的经济支撑。

1. 改善环境打基础

针对产业发展基础设施较差的状况，几年来，桃龙共争取项目资金5000余万元用于基础设施建设。全乡建设水泥路71公里，成为全县第一个率先实现村村通水泥路的乡镇；新建灌溉池（蓄水）47口，新设管道77000余千米，彻底解决了全乡的人畜饮水和农田灌溉问题；完成全乡高低压线路清障工作，顺利移交电网产权，启动了农村电网改造提升工程；完成了乡客运站、污水、垃圾处理池、消防设施等建设；修复灾毁土地2000余亩；进一步处置地质灾害隐患，保障了群众生命财产安全；全乡广播电视覆盖率达100%，移动通信覆盖率达100%。通过全力推进村社道路、水利、电力、通信等基础设施建设，实现所有村通村硬化路、卫生室、文化室、集体经济和通信网络全面达标。

2. 优化结构重特优

经过充分调研，乡党委、政府反复论证、科学谋划，决定以优势特色农业——中药材种植业为主线，以生态养殖、特色苗圃、乡村旅游、电子商务和互联网为支线，规划建成了"Y"字形产业发展格局，即：以大鹏村为门户，集中成片打造以白果、厚朴、桂花为主的4000亩药材苗圃基地；在马桃路沿线的芽地、铁龙村集中打造以厚朴、黄连等为主的7万亩中药材连片规模化种植基地，在桃红、九成村打造2万头生猪生态养殖基地；在桃铁路沿线的铁龙、桃花村集中打造以4000亩高山核桃、百亩重楼为主的规模化产业基地。

在产业结构优化中,扩大了价高畅销的药材种植规模,更新了低产老化的药材种植格局,新增了白果(采叶)等新品药材,重点扩大了养殖业(生猪、肉牛、白山羊、土鸡等)的规模,发展了以旅游业和电子商务为代表的现代服务业。同时,重点兼顾了贫困村、贫困户的产业脱贫的特殊需要。

3. 发展旅游育新品

桃龙是全县唯一的藏族乡,也是多民族乡,民族文化多彩厚重,生态环境优美,旅游资源富集。乡党委、政府积极挖掘民族文化,以"藏乡桃源"为主题,培育发展乡村旅游产业,集中打造了白果树院子、幸福院子两个农家接待点和九成号藏家旅游接待中心,借力雪顿节、望果节等民间传统活动,大力宣传推介桃龙,发展生态休闲避暑康乐旅游。同时,培育了电子商务等新兴服务业。

4. 增值增收创品牌

在土地资源有限,种植业扩能受限的情况下,乡党委、政府主动变革,力求从"增值"上为产业发展创造新的机遇。大力发展以生猪、肉牛、白山羊、土鸡为主的生态养殖业。广泛推行林下间种或养殖,在木本药材林间套种草本药材,或发展林下药鸡等养殖,扩大了发展空间。同时,变"扩量"为"增值",积极与药博园、安特药业等合作,努力实现短期药材的订单生产和初加工,延长产业链;对中药材进行 GAP 认证,增加产品附加值;盘活壮大合作社,为关内地区中药材生产和营销摸索出一条全新的模式。

着眼绿色生态,创牌增效,打造生态农产品之乡。积极探索"互联网+农特产品、中药材"模式,主动联合药博园、电商企业,广开渠道,注册"桃龙山珍"生态农产品商标,包装提升"桃红"酒、水磨玉米面、生态粮食猪鲜肉及加工、林下药鸡、土蜂蜜等品牌。目前,"桃龙山珍"产品在市场上已小有名气,一些产品甚至供不应求,为农民增收增效开辟了新渠道。

（五）文明创建，奠基续航

社会治理能力提升的着力点在治理主体文明水平的提升、治理环境的净化和治理方式的文明化等方面。精神文明是集中体现，是经济社会发展的社会环境和软实力，对社会治理具有强大而持续的支撑作用。

1. 清洁乡村美家园

按照省、市、县环境综合治理工作的要求，综合桃龙实际，乡党委和政府开展了"两线"（公路沿线、河道沿线）以及"两区"（农户居住集中区、社区街道周边和五龙场镇周边）的环境治理工作。通过集中治理，实现"两个提升"工作目标（消除卫生盲点、死角和其他薄弱环节，提升"两线"容貌秩序和环境卫生管理水平，提升"两线"风貌效果，使"两线"环境状况明显改观，风貌品位上档升级）。

建立城乡垃圾处理池，启动污水处理设施建设，建立门前三包、垃圾分类处理长效机制。完善村道等公共场所清扫制度，大力开展环境综合整治。倡导家园美化行动，全面提升乡场镇绿化美化，"五乱"现象基本清除，基本做到"五常"（地常扫、灰常擦、衣常换、澡常洗、物常理），家里家外干净整洁。打造大鹏村白果树院子和铁龙村幸福院子两个示范点，带动全乡面貌焕然一新。

2. 知识下乡办夜校

为了给群众社会治理提供政策法律知识、市场信息、种养殖技术等支持，创办了以乡党委书记为校长、村党支部书记为副校长的农民夜校，设置了法治、道德、种养殖技术等专门课程，定期、不定期邀请乡内外相关专业人士，乡属机关、站所负责人，乡政府各办公室业务人员，村带头致富能手，种养殖大户等先进带头人开堂授课。夜校的开设进一步丰富了全乡农民群众的文化生活，提高了农民整体素质，培养了一批有文化、懂技术、善经营、会管理的新型农民。

同时，积极推进"固定课堂""田间课堂"一体化建设。组织农民夜校学员到特色（养殖、种植）基地观摩、学习，开阔视野，更新观念，掌握先进的技术和管理经营技能。

3. 尊重民俗树新风

为了引导群众崇尚科学、抵制迷信、破除陋习、养成科学健康的生活方式、形成道德文明向上的社会风尚、发挥村民自治组织的主观作用，各村（社区）成立了村风文明监督小组、红白理事会、禁赌协会、道德法治评议堂，制定了村规民约、红白事项规程、禁赌规定、孝德公约等规章，家家户户都签订并遵守协议。各村（社区）充分利用微信、宣传栏、张贴标语等宣传形式对移风易俗、摒除社会不良风气进行广泛宣传；开展"五提倡五反对"活动（提倡艰苦奋斗，反对奢侈浪费；提倡健康娱乐，反对酗酒赌博；提倡崇尚科学，反对封建迷信；提倡村邻和睦，反对钩心斗角；提倡孝老爱亲，反对薄养厚葬）。重点开展红白事专项治理活动、禁赌专项整治活动、反对封建迷信活动和孝德文化活动，倡导文明新风，促使群众养成好习惯、形成好风气。

4. 文娱进村载歌舞

在乡党委、政府倡议指导下，成立了社区文化服务队，有文娱骨干成员50余人，大力发掘藏羌民族文化资源，编排制作群众喜闻乐见的文化娱乐节目。社区文化服务队走村入户，常年为群众提供演艺服务。村民婚丧嫁娶等民俗活动请社区文化服务队提供文娱服务已成为新时尚。

各村还利用农闲时间，精心组织开展藏歌藏舞、羌歌羌舞、健身操等各类形式的文化活动。定期举办农民运动会、望果节、雪顿节、羌历年等民俗活动。丰富多彩的民俗文娱活动，丰富了群众的业余生活，陶冶了群众的情操。

三　桃龙藏族乡社会治理成效

（一）信心坚定，方向明

思想治理先行，从根本上端正了党政组织、党员干部和群众对开展社会治理工作的认识，有助于树立积极坚定的信心。乡党委、政府立足当地实情和省、市、县社会治理工作的要求，统筹规划、科学安排，明确了社会治理的方向、路径和措施，使相关工作得以快速有效推进。

（二）引领有力，齐上阵

战斗型党组织的创建，有效地推动了党政工作思维、工作方式的转变。"我要治理，我要尽力治理"已成为党政干部工作思维的新常态，"四看四找四有"流动现场会已成为党政干部工作方式的新常态。

桃龙志愿者服务大队自成立以来，已开展了近百次扶贫奔康、纠纷调解、法制宣传等志愿服务，参与人数达到2400人次。帮全乡群众，特别是贫困村贫困户排忧解难、出谋划策、调解纠纷、化解矛盾、联络感情，充分展示了志愿者的模范、示范作用。志愿者服务大队的志愿服务得到了群众特别是贫困群众的认可。

战斗型党政组织的核心引领、"五特"志愿者服务大队的志愿服务在农村社会建设工作中起到了牵引作用，密切了党群政群关系，使党的执政根基更坚实，促进了基层社会治理体系和治理能力的现代化。

党政组织的核心引领，党员干部、志愿者、积极群众的示范和带动，促成了群众的积极参与，党的威信力、政府的公信力、党员干部的模范影响力、群众的向心力和主动力空前提升，并凝聚成了党的强大号召力。

（三）自主治理，发内功

道德法治评议堂自成立以来已开展了60余次活动，生动形象地向全乡群众特别是贫困群众宣传了法律法规知识、文化知识、致富知识，宣讲了党和政府的社会治理政策和工作，有效地化解了邻里纠纷，有效地提升了群众的思想道德觉悟，有效地激活了群众特别是困难群众想脱贫、要脱贫、要发展、要致富的欲望和内生动力，强化了抓住机遇、自我发展的意识。快脱贫、快致富、快发展的正能量攀比，激活了群众参与社会治理的内燃力。同时，道德法治评议堂参与评比出的"好媳妇""慈公婆""好邻居""发展户""最美家庭""最美干部"等先进集体和个人也成为群众点赞学习的榜样。学先进、比先进、赶先进、超先进已成为群众攀比的新风尚,后进学先进、先进带后进,共同做先进已成为桃龙的社会新风尚。

(四)核动初现,再提速

产业发展取得了阶段性成效。全乡围绕"生态立乡、产业富乡、旅游活乡、文明强乡"的发展思路,坚持以优势特色农业——中药材种植业为主线,以生态养殖、特色苗圃、乡村旅游、电子商务和互联网为支线,规划建成了"一门户两沿线"的产业发展格局。

2018年,全乡新发展黄连1600亩、厚朴3000亩、重楼200亩、大黄700亩、其他药材800亩、银杏苗圃850亩,中药材销售收入达3100多万元,占产业总收入的70%以上。生猪、肉牛、白山羊等养殖业销售收入达2802.4万元,产值较2017年增加15%。年产玉米酒70吨,销售额达80万元。全年来乡游客达4万余人次,实现收入60万元,人均增收300元。积极探索"互联网+"模式,大力发展电子商务产业,年交易额达到30万元。因地制宜、多措并举培育集体经济,在充分尊重贫困户意愿且满足其借贷需求的前提下,将88.7万元产业扶持基金入股专业合作社或种养殖大户,实现了村村都有集体经济收益的目标。2018年底,全乡农民人均可支配收入达到15044元,比上年增长8%。产业的发展、经济实力的增强,为社会治理提供了强大的经济支撑。

(五)文明续航,奔小康

在基础设施不断改善、产业经济快速发展的同时,精神文明也同步取得了较大的成绩。"十个一"文化阵地建设实现了群众闲有所趣、趣有所乐、乐有所益。7所农民夜校已授课70余次,培训学员1500余人次,有效地提高了群众的科技知识、种养殖技术、政策法律知识水平。《乡风文明管理办法》、《志愿者服务章程》、村规民约、家风家训等一系列规章制度、民约规定的制定,有效地推动了全乡的精神文明建设。一系列以提升群众道德素质、法律意识、科学知识水平、健康文明作风的精神文明建设主题活动的开展,在群众中形成了"人人争文明,个个讲风尚,人人讲奉献,个个讲友爱,人人争先进,个个比成绩"的桃龙新风尚,促进了乡容村貌、乡风民俗、群众道德水平和文明水平与全乡经济社会同步协调发展,形成了健康、向上、文明的社会风气和好习惯,真正让百姓"住上好房子,过上好日子,养成好习惯,形成好风气"的目标得以实现,让群众实现了物质和精神的"双丰收"。

目前,桃龙干部群众人人斗志昂扬,民族和谐团结,社会稳定有序。桃龙在开展社会治理工作时,创新探索出了"1344"社会治理模式,取得了显著成效。"1",1个核心,以党组织为核心引领;"3",3支模式示范队伍,即党员先锋队、干部带头队、先进群众模范队;"4",4个载体,即新农民夜校、道德法治评议堂、"星级文明户"荣誉榜、志愿者服务队;"4",4种传承,即家训家风道德文明等优秀传统文化传承、民族民俗文化传承、红色文化和革命精神传承、爱心感恩文化传承。在党组织的核心引领,群众内燃的快速启动,产业核动的高效推动下,桃龙的社会治理已快速启动,正在文明提速,奔向全面建成小康社会,高速驶向桃龙人民的"中国梦"。

四 启示

桃龙藏族乡党委、政府面对精准扶贫的攻坚战、全面建成小康社会的决胜战,因地制宜,科学谋划,大胆探索社会治理的新路子,取得了显著的成效,具有一定的经验和启示。

一,社会治理必须先行思想治理,先行立志,先行催生党组织、党员干部和群众的自主意识,坚定必战、必胜的信念。二,社会治理必须构建有效的、强劲的动力系统,协调发力。三,战斗型党组织、政府、党员干部、志愿者队伍是引领群众社会治理的先驱和坚实保障。四,道德提升是激活群众社会治理内燃力的有效手段。五,因地制宜,发展优势特色产业,增值增效是社会治理的支撑动力。六,全面文明进步是社会有效治理、社会和谐发展的持续支撑力。

B.12
四川乡村治理之行动研究案例

王楠 罗丹 李蓉 黎鹏*

摘　要： 在乡村振兴战略背景下，四川省在乡村治理的不同面向上展开行动，呈现了不同成效，其中不同治理主体的行动成效各有千秋。本研究分别从社会组织、自治组织、全省政策行动三个层面，以自治组织行动、农村妇女减贫、殡葬综合改革、乡村儿童保护四个案例，呈现四川乡村治理之不同面向的行动逻辑。

关键词： 乡村治理　治理主体　行动逻辑

一　基层组织：超大城市周边乡村社区治理机制

位于都江堰柳街的金龙社区，地理位置优越，林盘资源丰富，社区文化优势明显。金龙社区从提升公共服务能力、盘活林盘资源、夯实党建等方面入手，推动产业发展，实现了社区发展治理有效落实，乡村振兴稳步发展，形成了独具特色的"柳街新经验"。

金龙社区位于都江堰市柳街镇西面，社区地理位置优越，紧邻成青旅游快速通道，又是"中国田园诗歌小镇"的核心区域。近年来，金龙社区通

---

* 王楠，四川省社会科学院社会学所副研究馆员；罗丹，四川省社会科学院社会学专业硕士研究生；李蓉，四川省社会科学院社会学专业硕士研究生；黎鹏，四川省社会科学院社会学专业硕士研究生。

过综合整治乡村环境、建设农村社区综合体、修建田园绿道、修复林盘资源、发展林盘经济等，将农耕文化、诗歌文化作为社区文化的核心内容进行传承发扬，实现了农商文旅融合发展，开启了乡村治理新思路，走出了一条可复制、可推广、可持续的乡村振兴新路子，真正实现了乡村有变化，群众有感受。社区先后荣获四川省"四好村"和成都市"先进基层党组织"等荣誉称号。2018年，金龙社区还成为首届中国农民丰收节全国六个分会场举办地之一，成功承办了相关活动，进一步提升了社区的知名度，探索出一条超大城市周边乡村治理之路。

（一）以群众需求为导向，提升公共服务能力

金龙社区坚持党建引领带动，社区先后召开千人大会2次、坝坝会110余次、走访群众1200余人次，收集汇总群众意愿上百条，并分类建立台账，对群众需求进行充分了解。根据居民对公共服务的迫切需求，建设15分钟公共生活服务圈，以服务距离为半径，打破村组地域限制，分类分层制定公共服务设施规划，优化配置教育、医疗、文化娱乐、公共厕所等公共设施，实现就近为居民提供公共服务，建成了1200平方米的"七里之乡"乡村服务综合体。

以党群服务中心为平台，整合形成便民服务区、旅游体验区、文化创客区、管理服务区四大功能分区。其中，便民服务区将融入政务服务和生活服务功能；旅游体验区将融入土特产展销和游客中心功能；文化创客区则融入历史文化互动参与和文化创客基地功能；管理服务区则融入社区治安防控及志愿服务功能。乡村综合体的服务功能辐射周边金龙、七里、鹤鸣、五一四个社区8000余名群众。

坚持"小办公大服务"的亲民化理念，打破传统布局，摒弃行政化办公模式，以文旅中心为平台，新设乡村影厅、心灵之家、诗人之家等特色功能区，构建"一中心四厅十家"服务体系，通过引入专业社会组织为留守儿童、妇女、老人提供更专业、更精准化的服务。

另外，社区引进无人值守便利店"缤果盒子"，在其中安装设置了"政

务e站通",将政务服务与生活服务功能叠加,实现24小时全天候的社区服务。

(二)坚持文化创新,推动产业融合发展

金龙社区历史文化底蕴深厚,四川省级非物质文化遗产薅秧歌的发源地就在金龙社区的七里坝。薅秧歌是旧时人们田间劳作时传诵吟唱的原生态诗歌,距今已经有300多年的历史,风靡川西坝子和岷江流域。民间诗歌之风在这里兴起并壮大,当地的民间诗人自发成立了柳风诗社,诗社编辑制作了墙报以及《柳风报》等。2008年,金龙社区所在的柳街被文化部命名为中国民间文化艺术之乡——诗歌之乡,2016年被中国诗歌协会命名为中国田园诗歌小镇,而金龙社区是诗歌文化传承的核心区域。社区党委认识到社区文化是凝聚社区的无形纽带,有利于加深村民对社区的认同感和归属感,提升村民的社区责任感。金龙社区将诗歌文化、农耕文化作为社区文化的核心内容,以此为依托,创新实践乡村治理新路径。

一是将诗歌文化贯穿于社区基础建设中。在社区人文景观、自然景观中巧妙融入田园诗歌文化意境;在田园绿道的修建中以诗歌文化为主题、以诗歌碑林为地标,将社区内的文旅点位串联在一起;在院落的改造中,采用诗歌巷、诗歌墙等方式,具象化地展示社区文化。

二是深度挖掘文化资源,实现产业融合发展。坚持"旅游搭台、文化唱戏"理念,把诗歌文化与传统的农耕文化相结合,深入推进文化、旅游相容互动发展。社区承办了薅秧歌民俗文化节和2015～2018年共四届的中国都江堰田园诗歌吟诵节,组织开展了薅秧歌实景展示、诗歌论坛、田园诗歌资料展览等活动。将草人、草牛等稻草艺术景观自然融入进田间地头,再现川西平原日常的农耕劳作场景。以各种丰富多彩的文化活动作为农耕文化的传承载体,吸引了大批游客走进田野,带动了当地的农业、商业、旅游业发展。在此基础上,金龙社区还联合周边社区一起积极申报七里诗乡AAA级景区,加快开发特色文化旅游产品,推出了"七里诗乡景区一日游",进一步实现跨区域的农商文旅融合发展。

三是以文化促德治，培育社区精神。在社区定期开展好家风、好家训评比活动，以诗歌的方式培育、宣传和弘扬文明乡风、良好家风、淳朴民风，引导广大村民孝亲敬老、与人为善、诚实守信，将社会主义核心价值观贯穿到社区治理发展中。

（三）盘活川西林盘资源，大力发展林盘经济

黄家大院林盘院落位于都江堰市柳街镇金龙社区2、3组，院落总面积109亩，其中集体建设用地44亩、林地54亩、竹林11亩。院落毗邻成青旅游快速通道，周边内部水系丰富，沙沟河、友谊五斗渠穿林而过，农家院落、林木、竹林、耕地、河流等自然环境巧妙地融合在一起，是具有典型川西林盘特点的农村居住环境。金龙社区充分认识到川西林盘的修复保护和开发利用是实现乡村振兴的重要抓手之一，也是完善乡村治理的新路径。林盘资源的保护和整治，必须坚持科学规划、合理布局，金龙社区在前期深入调研的基础上，编制完成了《黄家大院林盘保护和整治规划》。规划贯穿全域旅游总体思路，在修复过程中杜绝大修大建，尽量重现原乡生活生产的场景，让林盘的自然资源与社区文化、新兴业态相辅相融，构建可持续发展的林盘旅游新形态，建设和谐宜居的林盘生活社区。

在黄家大院的林盘保护修复过程中，政府不再采取大包大揽的政策，而是将资金主要投到基础设施建设中，引导和组织社会资金进入，参与林盘资源的修复，帮助农户自行进行林盘风貌的打造。林盘中的公共区域部分一般由公共区域和私人区域（居民的院落）两部分组成。公共区域由政府全部投入进行保护修复，对于林盘中的私人区域部分，即林盘中由个人占用的宅院，则通过以奖代补的形式由政府出资70%、村民自筹30%的资金进行改造。通过实施林盘形态提升、沟渠水系整治、景观风貌塑造等基础配套建设工作，已完成了400平方米的生态停车场、1800米的院落步行道等基础设施建设，完善了相关旅游配套。在林盘保护修复工作达到一定水平，初步具备发展乡村旅游条件时，通过招商引资，引入社会投资者进入，进一步动员筹集更多的资金投入，带动村民发展乡村民宿旅游、餐饮美食、文化传承等

相关产业的发展。目前已打造出集"互联网+"、音乐、旅游美食于一体的创意产出休闲音乐旅游地——"业丹·音乐美食坊",具备国学经典讨论、教学等功能的西林国学院,充满诗意文化的百年木质结构民宿"花满溪",传承巴蜀文化、推广中华优秀传统的"又竹堂"书院,体现农耕文化的网红餐饮耕舍火锅等。黄家大院已形成了特色餐饮、私房菜、乡村咖啡、林盘老茶馆、农村生活体验馆、特色文化民宿等十余种新兴业态,逐步构建出层次多样、内容丰富的文化旅游产品体系。周末可接待游客4000余人,在给游客带来全新体验的同时,提高了村民的经济收入。

(四)夯实党建,多元共建

在社区治理发展上,社区党委特别重视多元参与。金龙社区以院落为单位,每百户组成一个院落,社区共有八个院落,在每个院落建立"一组三会"(即院落党小组、议事会、管委会、监事会),规范院落基层治理架构,形成了党小组提议、议事会决策、管委会执行、监事会监督的自治体系。建立健全群众需求收集、矛盾问题化解、网格化管理服务机制,在社区党委的领导下,由党员骨干领头创办培育了乡村旅游协会、民宿旅游协会、知心婆婆协会、返乡大学生创业联盟等九个社会组织,并在社会组织中建立党组织,不断壮大人才队伍。社区还积极发动本土能人参与社区治理,在发展民宿旅游初期,部分群众"等靠要"依赖思想严重,民宿旅游协会中的党员带头参与改善景观及基础配套,以行动引导群众积极参与。把党组织建在产业链上,建在院落中,建在自治组织里,充分整合社区、企业、党员、居民各方资源,搭建共商共议平台,引导院委会、合作社、乡村旅游协会等围绕环境整治、产业壮大、居民增收、企业发展等面向,民主制定院落章程、村规民约、行业规章400余条,有效地促进了多元参与,实现了社区共建共享。

早在2013年4月,金龙社区率先开展院落环境整治,在房前屋后进行属地化管理,通过党员带头参与,带动了一大批群众参与环境整治和保护林盘生态资源的行动,激发了广大群众参与社区公共事务的热情,引导老百姓成为院落治理的主体。金龙社区的"扫把革命",美化了院落环境,创造了

"柳街经验"。在总结发扬社区治理经验的同时，金龙社区没有止步不前，而是不断探索基层治理的新模式，通过充分挖掘当地人文、历史、生态环境等特色，科学规划布局，整体提升当地的生态、文态、业态，探索"治理+发展"的"柳街新经验"，促进乡村治理模式升级，加快了乡村振兴步伐，正在逐步实现乡村产业兴旺、生态宜居、乡风文明、治理有效和生活富裕。

二 社会组织："姐妹工坊"农村妇女减贫与发展项目的行动研究

2017年10月，党的十九大做出中国特色社会主义进入新时代的科学论断，提出实施乡村振兴战略。乡村振兴战略是关系党和国家工作全局的大事，是决胜全面建成小康社会、全面建设社会主义现代化国家的重大历史任务，是深刻把握城乡关系变化特征、顺应亿万农民对美好生活向往的战略，是对"三农"工作做出的重大决策部署。其中，建立健全党委领导、政府负责、社会协同、公众参与、法治保障的现代乡村社会治理体制，实现乡村有效治理是乡村振兴战略的总要求之一。① 乡村治理与乡村振兴要坚持农民的主体地位，充分尊重农民意愿，切实发挥农民在乡村振兴中的主体作用，调动亿万农民的积极性、主动性和创造性。

农村女性作为农村人口的一部分，她们的减贫和发展对于乡村治理与乡村振兴有重要的促进作用。如何帮助农村女性摆脱贫困，如何为她们增权赋能应是全社会关注的问题。

"姐妹工坊"是由成都爱达迅社会工作服务中心开展的行动项目。成都爱达迅社会工作服务中心是2011年12月在成都市民政局登记注册的民办非企业，2014年被民政部门评为5A级社会组织。该机构主要开展城乡妇女和儿童的社会工作服务和社会发展项目，旨在使服务对象获得教育资源和基

---

① 中共中央国务院：《乡村振兴战略规划（2018～2022）》，http：//www.gov.cn/zhengce/2018-09/26/content_5325534.htm。

础性教育服务，从而提升他们的自我发展能力。"姐妹工坊"农村妇女发展支持计划是成都爱达迅社会工作服务中心妇女主题的公益品牌项目。项目立足于中国农村妇女在城市化进程中的教育和发展需求，以生计培训、文化提高、文娱活动等为主要内容，通过开办妇女友好学习空间、成立妇女互助小组、培育社区妇女自组织等方式来提高农村妇女的综合生计能力，丰富农村妇女的文化娱乐生活，培育农村妇女骨干。据统计，从2014年起，到2018年止，在基金会和政府部门的支持下，机构分别在邛崃市夹关镇、雅安市名山区、雅安市青神县、邛崃市前进镇等地开展"姐妹工坊"项目共计9个（见表1），五年来共计3000多名农村妇女从中直接受益。①

表1　2014~2018年"姐妹工坊"项目实施情况

编号	项目地点	项目时间	项目名称
①	邛崃市夹关镇王店村	2014.7~2014.12	邛崃农村妇女居家灵活就业技能培训
②	雅安市名山区中峰乡	2015.4~2015.9	农村妇女居家灵活就业支持计划
③	邛崃市夹关镇	2015.4~2015.12	农村妇女居家灵活就业扶持扶持项目
④	雅安市青神县	2015.5~2015.12	青神县农村妇女发展项目
⑤	邛崃市夹关镇	2016.6~2016.12	西点烘焙提高培训项目
⑥	邛崃市夹关镇临江社区	2016.12~2017.6	2016年邛崃市夹关镇临江社区营造项目
⑦	邛崃市前进镇	2017.7~2018.7	邛崃市前进镇留守妇女能力发展项目
⑧	邛崃市前进镇	2017.8~2017.11	妇女儿童友好社区建设项目
⑨	邛崃市前进镇前进社区	2017.9~2018.4	前进——我们的幸福家园项目

以成都爱达迅社会工作服务中心"姐妹工坊"项目为例，本文拟采用行动研究的方法梳理"姐妹工坊"项目的发展历程。行动研究是社会科学领域以解决实际问题为导向的研究方法，是一个循环上升的过程。它要求实

---

① 受益人数根据成都爱达迅社会工作服务中心的工作年报及项目书整理。

践者在行动中发现、反思问题,再将反思归纳的结果应用于行动,反复进行,从而使实际工作得以改进。①

(一)行动的计划

2013年4月20日,四川省雅安市芦山县发生了7.0级大地震。在此次地震中,雅安市芦山县、天全县、名山区、邛崃市等地因受灾严重被划为重灾区。为了因地制宜开展灾后重建工作,在制定的灾后重建规划中,邛崃市提出了发展特色茶产业。

一方面,当地政府提出的以茶为载体发展生态旅游业对农村劳动力尤其是农村妇女提出了新的要求,比如餐饮接待、酒店式住宿服务等,而目前当地妇女的能力还不能满足此类要求。另一方面,在城镇化背景下,农村留守妇女是农村社会经济发展的主要劳动力,邛崃当地就有大量的留守妇女,她们希望能够就近获得学习和培训的机会,从而掌握符合生态旅游产业发展需求的技能,实现居家灵活就业。

鉴于此,在成都市民政局培育发展社会组织专项资金的扶持下,成都爱达迅社会工作服务中心"姐妹工坊"项目计划于2014年7月在邛崃市夹关镇开展为期5个月的农村妇女居家灵活就业技能培训项目。在项目前期,项目组通过社区走访、调查问卷等方法了解、搜集项目地妇女的具体需求以及对项目的期待,同时与项目地政府衔接沟通项目开展事宜。然后,在结合各利益相关方实际情况的基础上制定计划和目标,即通过建立"姐妹工坊"学习空间、开办技能培训课程、开展姐妹互助小组活动来带动当地妇女积极学习新技能,为茶产业发展储备合格的生态旅游人才,解决一部分农村妇女的生计就业问题,同时推进当地灾后重建工作。其中,技能培训课程是项目的重点内容,具体分为产业技能培训和就业软技能培训两大板块。

---

① 孙敬霞:《行动研究与高校管理》,《高等教育研究》2014年第9期。

（二）行动的实施

邛崃市夹关镇农村妇女居家灵活就业技能培训项目以"姐妹工坊"——妇女友好学习空间的建立为开端。项目组首先确立了一个固定的地点，装配学习及技能培训的设施设备，为农村妇女提供一个持续学习的开放空间。

在产业技能培训板块，项目组先后开展了四期"姐妹工坊"生态旅游餐饮接待服务培训，教授西式简餐制作和西点烘焙技术。除了餐饮服务培训，该板块还包括客房布置与整理、农家乐经营等相关内容。

就业软技能培训板块共开设四门课程。《农村合作社与电子商务》课程讲授开设和经营网店的知识。考虑到网店产品展示依赖图片的特点，项目组还开设了《基础摄影技术》课程，帮助学员掌握相机的使用方法和基本的摄影构图技巧，同时还介绍了参与式影像记录的基本理念和方法。《家庭营养与健康》课程向学员们普及营养和卫生方面的知识。《亲子关系与家庭教育》课程传授的则是科学的家庭教育理念和技巧，帮助妇女和孩子（尤其是幼龄和青春期的孩子）有效沟通。为了能让当地农村妇女了解先进的现代种养殖技术，项目组还组织她们到青神县的手工业、种养殖业基地参观访问。

（三）行动的观察与评估

在项目中期，项目组观察到无论是产业技能培训课程还是就业软技能培训课程的参与人数都在渐渐减少，由最初的一堂课60~70人减少到30人左右。排除诸如农忙时节、学员的新鲜劲消耗等因素的影响，项目组还在思索这一现象背后的其他原因。

在项目末期，项目组采用定性与定量相结合的方法，邀请各利益相关方参与项目成效的评估工作。通过项目实施效果的评估工作，项目组发现此项目的重点内容，即产业技能培训和就业软技能培训课程的成效并不显著——培训课程的就业转化率偏低，项目最初的目标——解决一部分农村妇女的生计就业问题并未实现。

在后续的走访调查和思考中,项目组总结原因如下。一,培训课程参与人数随着时间逐渐减少与课程形式有关联。课程采用的是培训老师主讲、学员听课的组织方式,学员参与程度较低、积极性容易损耗。二,虽然产业技能培训课程和就业软技能培训课程的就业转化率偏低,但学员对项目的评价仍普遍偏高,究其原因,乃是学员们都在参与项目的过程中有其他的收获——增长见识、认识到更多的人、结交朋友,软技能培训课程的内容帮助她们与家人和孩子更好地相处、增加家庭乐趣等。

该项目原本的目标是帮助当地妇女学习新技能,为茶产业发展储备合格的生态旅游人才,同时解决一部分农村妇女的生计就业问题,项目组也一度认为参加项目的学员们意在生计和就业,但后来的种种结果表明,学员们的实际需求在社会支持网络的扩展、生活品质的提高等与软技能密切相关的方面。

(四)行动反思和持续调整

通过观察与评估,项目组认识到就业硬技能的培训固然不可或缺,但小到妇女自信心增加、亲子关系改善、社会支持网络建立,大到妇女社会工作能力提升、科学文化水平提高,此种软技能的培训才是更加重要的方面。因此,"姐妹工坊"项目在之后的实施中对培训课程做了调整优化,即加大软技能培训课程的比重、丰富软技能培训内容、增加妇女互助小组活动频率、组建妇女种子乡工(妇女骨干)队伍等。

如2015年4月在雅安市名山区中峰乡开展的"姐妹工坊"项目中,项目组将妇女种子乡工服务他人的意识和能力得到提升写进了项目目标中;在此后的培训课程中增加了系列培训课程——种子乡工《社会工作基础》《乡工实务和技巧》《项目申请书写作》等;还通过设立社区种子基金,由社工督导协助种子乡工发现社区问题;协助种子基金申请项目书、实施项目、撰写结项书,在实践中锻炼种子乡工的社会工作服务能力,使其领悟民主参与理念。

2016年12月在邛崃市夹关镇临江社区落地的"姐妹工坊"项目中,为了进一步提升社区骨干妇女的社会工作能力,通过妇女发掘社区社会资本,协助妇女带领其他群体成立自组织参与农村社区营造从而推动农村社区发展,项目组继续增加《志愿者团队建设与管理》《活动组织与管理》《罗伯特议事规则》等软技能课程内容。

在注重培育妇女种子乡工服务社区能力的同时,在2016年、2017年的其他"姐妹工坊"项目中,项目组还通过开展社会性别平等、家庭营养与健康、健康护理等讲座传授给农村妇女科学文化知识,提升妇女自信心,并组织文艺晚会、厨艺大赛、慰问孤寡老人等活动来丰富农村妇女的文化生活,支持她们扩展社会网络。

(五)案例的经验与启示

本节文章运用行动研究的方法,以成都爱达讯社会工作服务中心的"姐妹工坊"项目为例,检视以农村妇女为干预对象的社会干预行动,通过计划、实施、评估、反思的循环,发现了我们设想中的干预对象参与项目的诉求与其实际诉求的出入之处,以及干预行动意料之外的积极效应,并在此后的项目中不断调整干预行动,从注重就业硬技能转变为更加关注干预对象综合能力提升和自我赋权上来。

1. 根植于社会情境的需求分析

"姐妹工坊"项目的行动研究为我们揭示了社会干预项目要求的是在社会情境中行动。行动应当是根植于社会情境的动态变化的,以及最重要的,应当是根植于社会情境的需求的。对干预对象的需求分析应当是在真实情境之下的需求分析。

如在"姐妹工坊"项目中,行动的每一个阶段,无论是计划、实施、观察与评估还是反思和调整阶段,都有一个特定的事件。在计划阶段,4·20芦山地震就是事件,是社会情境。由于这个事件,当地政府启动了灾后重建工作,这样邛崃市夹关镇的农村妇女才参与到这个项目当中。在地震这样的社会情境中,发展生态旅游产业、促进妇女居家灵活就业就是这个社会情境下的需求。等到了观察与评估阶段，参与培训的人数渐渐减少成为事件，社会情境变化了，需求也变化了。于是项目组就要进行分析，思考参与人数减少的原因，思考哪些主体的需求产生了变化，以及应该怎样去调整。

我们做社会干预项目，不能将它看成是静态的，它实际上是流变的。所以，我们对项目的分析要根据流变的社会情境，同时要对社会情境的变化、社会情境需求的变化及时做出回应。

2. 对"意外"后果的接纳和吸收

在社会干预项目中，由于情况千变万化，总是会有意料之外的情形、后果出现。如在2017年邛崃市前进镇的"姐妹工坊"项目中，项目组为了对学员们进行生计技能培训，开设了初级烘焙培训课程，并购买了烤箱作为教学器材，但是学员们将原本用于技能培训的烤箱带回了家中，为家人制作西点，这就是项目组预料之外的情形。对此，项目组反思，这是因为学员们有提高生活品质的需求，于是后来的"姐妹工坊"项目中增添内容以回应这样的需求。所以，就社会干预项目而言，意外的后果是无法避免的，对此，我们要在反思和批判的基础上接纳和吸收，不能视而不见，更不能将其负面化，要有开放和包容的态度。

3. 性别意识的贯穿

另外，从"姐妹工坊"五年来的项目实践当中，可以得出一个重要启示。基于中国传统社会文化中长期积累的两性不平等地位和国家政治、经济的现状，在社会干预行动中，应当注重政策的性别分析视角。首先，要有正确的性别意识，性别意识一定是与两性有关的，它同时涉及男性与女性。不是说农村妇女减贫与发展的社会干预项目就只能由妇女来参与，男性同样也可以参与。进一步说，所有的社会干预项目，都提倡两性共同参与。其次，考虑到目前女性的弱势地位，社会干预项目要注重把握公共政策对男女两性的差异化影响，尤其要注意其对农村女性的负面效益。

国家实施乡村振兴战略，农民是主体，农村妇女作为农民的组成部分，她们的力量不可忽视。帮助农村妇女减贫只是基础性的工作，更重要的是通过为农村妇女增权赋能从而将她们的主体性、积极性调动起来,充分发挥她们的创造力,使其参与到乡村振兴中。但是目前,农村妇女的能力建设严重不足,她们需要的是基于日常生活情境的连接与支持,但是这一块的工作几乎没有。乡村振兴呼唤妇女工作的强化,基层妇联投入关注度与资源,以及成立妇女互助小组来开展各类学习、文娱活动或为可能的路径。

未来的乡村治理与乡村振兴仅仅依靠妇女是不行的,只发挥妇女的主体作用不是完整的农民主体作用。我们应该先把妇女动员起来,再通过妇女将其整个家庭动员起来,从而使乡村始终是有人的。乡村有人,乡村治理与乡村振兴才有基础、有希望。

三 全域行动:四川省乡村殡葬综合改革试点案例

新中国成立之初,毛泽东等国家领导人审时度势,预见到有限土地和不断增长的人口之间的冲突问题,提出移风易俗的殡葬改革倡议。从此,殡葬改革作为移风易俗的社会改革举措,成为政府对社会事务实施管理的重要内容。1965~2016年,相关管理部门以条例、意见、纪要、函等形式颁布的关于殡葬改革和管理的政策法规就有35个。① 1997年7月,国务院发布《殡葬管理条例》(国发〔1997〕225号),按照积极地、有步骤地实行火葬,改革土葬,节约殡葬用地,革除丧葬陋俗,提倡文明节俭办丧事的方针加强殡葬管理,推进殡葬改革,促进社会主义精神文明建设。2009年12月,民政部出台《关于进一步深化殡葬改革促进殡葬事业科学发展的指导意见》(民发〔2009〕170号),目的在于解决一些地区火化率下滑和乱埋乱葬的问题。在该意见的指导下,各地先后出台了一些惠民殡葬政策,不同程度地减轻了群众的丧葬负担,增强了群众参与殡葬改革的主动性和自觉性。2010年,民政部先后印发《关于在全国开展殡葬改革示范活动的通知》

---

① 王伟萍:《论当代中国社会的丧葬治理》,《内江师范学院学报》2019年第1期。

（民发〔2010〕2号）、《关于实施惠民殡葬政策先行地区的通报》（民发〔2010〕45号）、《关于开展全国殡葬工作先进单位和先进个人表彰活动的通知》（民办函〔2010〕140号），通过开展殡葬改革示范活动，树立典型，以点带面，发挥殡葬改革在保障和改善民生、促进社会建设和生态文明建设中的重要作用，实现殡葬改革节约土地、保护环境、移风易俗、减轻群众负担的目标。2012年12月，民政部出台《关于全面推行惠民殡葬政策的指导意见》（民发〔2012〕211号），该意见提出全面推行惠民殡葬政策，为城乡低收入群众乃至全体社会成员身故后提供遗体接运、存放、火化、骨灰存放等基本殡葬服务，鼓励各地遵循先易后难、先起步再提标的原则，有重点、有步骤、分层次地推动本地区惠民殡葬政策实施，逐步从重点救助对象扩大到户籍人口和常住人口，从减免基本殡葬服务费用延展到奖补生态安葬方式。

伴随着经济转轨和社会转型，殡葬改革遇到了一些新情况、新问题，2012年全国火化率下滑到49.5%，违规土葬、滥占耕地、骨灰装棺再葬、重敛厚葬等问题日渐突出，殡葬改革面临严峻挑战。2013年12月，中共中央办公厅、国务院办公厅印发了《关于党员干部带头推动殡葬改革的意见》（中办发〔2013〕23号），针对丧葬陋俗死灰复燃、封建迷信活动重新活跃的问题，充分发挥党员、干部的带头作用，积极推动殡葬改革。2015年5月，民政部印发《开展殡葬管理服务专项整治活动方案》（民函〔2015〕171号），以回应群众关切、维护群众利益、改进工作作风、提升服务水平为出发点和落脚点，通过殡葬管理服务事业单位开展专项整治活动，全面查找殡葬管理服务漏洞，健全规范殡葬管理服务的长效机制。

这些条例、意见、函、通知一再申明，中国当下殡葬改革工作主要围绕两个宗旨开展：推行火葬，以缓解土地资源紧缺问题；文明丧葬，移风易俗。对于火葬和土葬，国家治理的基本价值判断是：火葬最科学、最经济、最卫生，土葬仪礼烦琐复杂、劳民伤财、滥占耕地、污染环境，因此火葬要推行，土葬要改革。

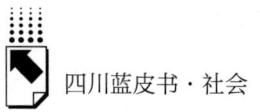

（一）做法及成效

1. 开展殡葬改革综合试点

为推进殡葬改革综合试点工作在全省有序展开，2017年底，四川省民政厅根据《全国殡葬改革综合试点方案》的要求拟制印发了《四川省殡葬综合改革试点实施方案》，确定了3个全国试点地区、16个省级试点地区全面开展殡葬综合改革试点工作。试点工作涉及健全殡葬工作领导体制和工作机制、强化殡葬公共服务、改革殡葬管理服务方式、加强殡葬监管执法、加快殡葬信息化建设、深化殡葬移风易俗、推进节地生态安葬、治理农村散埋乱葬八个方面的重点内容。各试点地区根据《四川省殡葬综合改革试点实施方案》要求，制定了具体的工作方案。

绵阳市以殡葬服务和管理工作为重心，把殡葬事业作为民生工程的重要内容之一，在政策扶持、项目支持、资金保障、群众治丧环境提升等方面加大工作力度，先后投入11021万元对绵阳市、江油市、安县、三台县、盐亭县的殡仪馆进行了重建，重点利用春节、清明节、殡改宣传月（宣传年）等特殊时期广泛宣传《殡葬管理条例》《公墓管理暂行办法》《关于党员干部带头推动殡葬改革的意见》等法规政策。眉山市以绿色殡葬为重点，从编制殡葬规划、建设乡村公益性公墓、推行节地生态安葬、治理散埋乱葬、传播绿色殡葬文化等方面着力，促进殡葬工作整体推进。泸州市以规范城市治丧行为为重点，规划新建城乡集中治丧点，探索社会资本有序进入殡葬服务行业。石棉县、峨边县以治理散埋乱葬为重点，加强乡村公益性公墓建设，推行节地生态安葬方式，促进丧葬旧俗观念改变。成都、内江、宜宾、泸州、广安等地以全域实施惠民殡葬政策为重点，减轻城乡居民丧葬负担，逐步回归殡葬公益属性。从目前情况来看，各地推进进度参差不齐，有的地区的党委、政府重视程度高，党政干部带头动员部署，初步形成了一些经验做法。有的地区存在畏难情绪，以文件转文件，以会议代落实，没有实质性进展。

案例：石棉县宰羊乡殡葬制度改革

宣讲殡改政策。宰羊乡利用广播、微信、横幅等方式，在全乡范围内广泛宣传，同时结合村民大会、村民代表会、院坝会等方式加强殡葬改革政策宣传，达到家喻户晓、人人皆知的宣传效果，宣传知晓率达到100%。

建立信息畅通机制。结合宰羊乡实际情况，全乡设立19名信息员，负责收集近期去世人员信息，第一时间向乡政府报告。乡、村两级干部及时对家属宣讲殡葬制度改革相关政策要求，做好去世人员家属动员工作。

合理推进公益性墓地建设。在考察学习草科乡公益性墓地建设经验的基础上，宰羊乡按照既符合节约资源、保护环境的价值导向，又能满足群众尊重传统习俗的精神需求的原则，科学选择公益性墓地建设场所，及时开展公益性墓地建设工作。

截至2018年底，宰羊乡拆除空坟9座，收缴棺木358副。近期去世人员均采取火化，实行节地生态安葬，殡葬改革工作得到群众大力支持，取得较好的效果。①

2. 惠民殡葬工作全覆盖

全面免除基本殡葬服务费用，对于保障和改善民生、促进精神文明和生态文明建设，解决当前殡葬领域突出问题具有十分重要的现实意义。《四川省殡葬综合改革试点实施方案》要求"免除遗体接运、存放（冷藏）、火化、骨灰盒提供（200元以内）、骨灰寄存（1年以内）等基本殡葬服务费用。公益性公墓（骨灰堂）墓位、墓穴、格位实行低偿或无偿提供，经营性公墓按规划墓穴总数的30%修建壁墓、地宫等立体式节地生态骨灰安放格位，以成本价向公民提供"。四川省全面推行惠民殡葬的初步思路是从2019年开始，对所有四川户籍人口、遗体或人体器官捐献者，重大自然灾

---

① 《石棉县殡葬综合改革试点工作简报》（第7期）。

害死亡人员，全面免除遗体接运、存放、火化、骨灰暂存四项基本殡葬服务费用，所需资金纳入各级财政年度预算，按每具遗体补贴1000元标准测算，省级财政补贴300元，地方财政承担700元。省委、省政府对全面实行惠民殡葬政策高度重视。资金支持方面，2018年省级财政对殡葬设施建设集中投入1亿元，从2019年开始，预计每年再投入接近1亿元用于支持惠民殡葬政策。实施细则方面，民政厅、财政厅将按照"享受对象必须涵盖户籍人口、遗体或人体器官捐献者、重大自然灾害死亡人员；免除项目不得少于遗体接运、存放、火化、骨灰暂存四项服务；补贴资金总额不得低于1000元标准"的总体原则联合下发《全面实施惠民殡葬政策的通知》，对享受对象、免除项目、经费保障等方面做出规定。

3. 殡葬基础设施建设改造

按照《四川省殡葬综合改革试点实施方案》的要求，试点地区根据本地区人口分布状况、经济发展水平等情况，会同发改、国土、规划、林业等部门编织本辖区殡葬设施建设规划。加快完善殡仪馆、火葬场、骨灰堂、公益性公墓等基本殡葬公共服务设施规划、建设与管理。在对现有殡葬服务设施进行统筹整合、升级改造的同时，规划布局新建一批殡葬服务设施，做到每个县级城市都有一个殡仪馆、一个公益性公墓（骨灰堂），每个乡镇都有一个示范性农村公益性公墓（骨灰堂）。坚持公墓适度发展的总体规划原则，严格控制经营性公墓新建、迁建、扩建规模，引导其立足现有规模，向可循环使用的节地生态、立体式骨灰处理方式上转移。2018年，四川省首次将殡仪馆绿色环保标准化改造项目纳入20件民生实事范畴，省级财政下拨1亿元、地方财政配套1亿元，对全省74所公办殡仪馆、200台火化炉进行绿色环保标准化改造。

近年来，四川高度重视殡葬基础设施建设，仅在2015~2018年，中央和省级财政就投入2亿余元用于殡葬基础设施设备更新改造，但发展不充分不平衡的问题仍然突出，与先进省份的差距仍然较大。

4. 突出问题专项整治行动

为进一步规范与加强殡葬管理，四川省民政厅、省发展改革委、省民族宗教委、公安厅、司法厅、国土资源厅、住房和城乡建设厅、林业厅、省卫健委、省工商局于2018年7月初开始在全省范围内联合开展殡葬领域突出问题专项整治行动，整合各方力量，积极稳妥、依法依规整治违规乱建公墓、违规销售超标准墓穴、天价墓、活人墓、炒买炒卖墓穴或骨灰格位等群众反映强烈的殡葬领域突出问题，坚持惩防并举、标本兼治，强化殡葬服务市场秩序，落实监管执法责任，推动建立殡葬管理长效机制，促进全省殡葬行业健康发展。自行动全面展开以来，各地普遍召开了专项整治行动部署会，成立了政府分管领导任组长的领导小组，加强对专项整治工作的组织领导。各医疗机构出租承包给个人或企业经营的太平间，已于2018年6月30日前依法解除合同，终止协议，收归医疗机构管理，各地殡仪馆普遍建立与医疗机构太平间对接机制。取缔无照经营丧葬用品、非法从事殡葬服务商家300余家，约谈和责令整改丧葬中介服务机构200余家。撤除"活人墓"300余座，累计回收处置棺木近万副，对现有散埋乱葬坟墓进行绿化、小化、矮化处理。

（二）案例启示

2018年1月，民政部发布《关于进一步推动殡葬改革促进殡葬事业发展的指导意见》（民发〔2018〕5号），该意见指出殡葬改革工作是一项长期艰巨的任务，殡葬改革发展水平与人民群众期待需求，与经济社会发展要求还有不小差距，思想认识不统一、服务保障不到位、体制机制不健全、监管执法难跟进等问题还较为突出，这也是四川省殡葬改革工作接下来的工作重点。

1. 突出殡葬改革重点，注重制度创新

殡葬改革试点工作涉及八个方面的重点内容，涵盖殡葬领域的方方面面，如在同一个地区全部展开，既不现实，也很难收到成效。只有将试点工作落到实处，突出重点，找准切入点和着力点，拟制具体的实现路径，才能按照既定目标，由易到难地把工作向前推进。殡葬综合改革试点关键在创新，核心就是制度创新。《殡葬管理条例》实行二十余年来，未做大的修订和完善，已严重滞后于形势发展。面对日益增多的新情况、新问题，应当着手开展制度创新，把握最根本、最关键、最核心的问题，在探索破解难点问题上，拿出有效举措办法，为建立一套完整的殡葬制度提供实践依据，以制度创新推动殡葬改革发展。

2. 保障民生，建立适度普惠、全民共享的惠民制度

充分发挥政府在推行惠民殡葬政策中的主导作用，在明确各级政府殡葬公共服务事权和支出责任的基础上，积极争取其加大殡葬公共服务供给和政策支持力度，按照统一与分级相结合的原则，统筹安排惠民殡葬政策配套资金，不断增强惠民殡葬公共财政保障能力；统筹城乡殡葬公共服务供给，加大惠民殡葬政策向农村、贫困地区和城乡低收入群体的倾斜力度，解决好重点优抚对象、城乡低保对象、农村五保供养对象、城市"三无"人员等特殊困难群体的基本殡葬需求问题，有效促进社会公平正义；立足当地经济社会发展水平和殡葬工作实际，合理确定推行惠民殡葬政策的进度安排，优先保障遗体接运、存放、火化、骨灰存放等基本殡葬公共服务的供给，随着经济社会发展逐步增加服务项目，提高惠民标准，丰富惠民形式；切实落实惠民殡葬政策措施，不断加强殡葬公共服务机构设施和能力建设，完善与基本殡葬服务相配套的设施设备，规范惠民相关程序和办理要求，不断提升服务水平，确保殡葬活动的全程救助落到实处。

3. 推动基础设施建设，提升殡葬服务水平

立足当地群众殡葬服务需求，着眼长远发展，加紧制定和完善各地殡仪馆、火葬场、骨灰堂、公墓、殡仪服务站等殡葬设施的数量、布局规划。规划时要严守生态保护红线，重点完善设施空白地区规划，调整优化基础薄弱或服务饱和地区殡葬资源结构，确保殡葬设施种类、数量、服务规模与当地群众殡葬服务需求相匹配，与殡葬改革推行相适应，并严格依照规划审批殡葬设施，做好殡葬项目"邻避问题"防范与化解工作。特别是实行火葬的地区，必须把建设火化设施和骨灰安葬设施作为首要条件纳入工作规划，明确推进的时间表和路线图。改革体制机制，改善服务方式，丰富服务内容，提高服务质量，发挥示范引领作用。对于能由政府与社会资本合作或能由政

府购买服务提供的服务,鼓励和引导社会力量有序参与,推动殡葬服务供给主体和供给方式多元化。依法完善遗体接运、遗体殓殡、遗体殡仪等直接接触遗体的殡仪服务事项管理制度和服务标准,完善市场准入条件,强化事中事后监管,引导各类主体规范提供服务。创新殡葬服务与"互联网+"融合发展的新途径、新模式、新业态,为群众提供更加方便、快捷、透明的殡葬服务。

4. 加强统一领导,持续进行突出问题专项整治

民政部门作为殡葬工作的主管部门,承担着牵头协调的责任,必须抓住党委、政府统一领导这个关键,建立健全领导协调机制,明确部门职责分工,强化目标考核,确保统一部署推进,多部门合力承担整治任务,共同落实整治责任。只有着力加强部门间的走访、座谈、协调这个重点,将责任分解到具体的部门和人头,充分发挥殡葬工作联席会议制度、殡葬工作领导小组等工作机制作用,才能形成党委领导、政府负责、部门协同、公众参与、法治保障的工作格局。

四 四川乡村儿童保护与儿童福利工作案例

随着经济的快速发展和城镇化的快速推进,城乡劳动生产率之间的差距日益显著,一大批有文化、有知识、懂技术、高素质的农村青壮年劳动力涌入城市,留守老人、留守妇女、留守儿童成为农村人口代表。为深入落实习近平总书记关于实施乡村振兴战略的重要论述,全面贯彻党的十九大精神和《中共中央国务院关于实施乡村振兴战略的意见》(以下简称《意见》)、《乡村振兴战略规划(2018-2022年)》,2018年,四川省民政厅在农村开展一系列农村留守儿童关爱保护和困境儿童保障工作。

(一)案例工作内容及成效

1. 成立儿童关爱保护保障工作联席会议

2018年5月四川省民政厅征得农村留守儿童关爱保护工作联席会议各

成员单位意见并报请省政府同意，成立儿童关爱保护保障工作联席会议（以下简称联席会议）制度，得到民政部的高度肯定。联席会议将农村留守儿童关爱保护工作和困境儿童保障工作统一纳入联席会议制度范畴，进一步明确了各成员单位的工作职责，优化了联席会议运行机制，整合各方资源，加强部门联动和信息共享，形成工作合力。

联席会议工作主要由民政厅牵头，各成员单位按照职责分工，认真落实会议议定事项和工作任务，研究制定儿童关爱保护保障工作的政策措施，积极提出工作建议。联席会议办公室加强对成员单位的工作指导和统筹协调，跟踪落实会议议定事项，向省政府报告各成员单位工作情况。

（1）排查弃婴，管理农村留守儿童信息化建设

2018年4月，四川省民政厅组织21个市州开展了检查，督查指导各地对孤弃儿童养育、就医、就学、康复等77项检查指标开展专项检查。全省共排查儿童福利机构262所，其中儿童福利院35所，社会福利院儿童部、综合社会福利（救助中心）227所。全省262所儿童福利机构自查和接受上级检查率达到100%，省厅对儿童福利机构抽查率达30%。

为更加全面地掌握当前儿童工作的开展情况、工作需求以及存在的突出问题，按照民政部的统一部署，四川省将75.6万农村留守儿童全部录入信息系统，包括儿童姓名、身份证号码、住址、监护人情况等基本信息，每季度更新，加强动态管理。同时，将全省5.4万余名儿童福利督导员和儿童主任的单位、职务、津贴等基本情况也一并录入全国村居儿童主任乡镇督导员管理系统。

2. 实施农村留守儿童关爱保护专项行动

四川省民政厅继续联合教育、公安、残联等部门，围绕监护、户口、教育和权益保护等问题开展关爱服务工作，指导全省各地深入开展农村留守儿童"合力监护、相伴成长"关爱保护专项行动，集中解决了农村留守儿童摸排工作中发现的突出问题，认真落实强制报告责任，做好系统应急处置、评估帮扶和监护干预等工作。截至目前，全省1.5万名无户籍儿童落实了户口登记；近2000名失学辍学儿童实现返校复学；近2万名失职父母受到批

评教育；近10万名无人监护儿童和父或母无力监护的农村留守儿童通过委托监护机构临时监护等措施，全部落实了监护人，签署了委托监护确认书。

3. 建立基本生活保障与医疗保障制度

对农村留守儿童和困境儿童在基本生活方面面临的困难和问题，各级民政部门分别通过低保、特困人员供养、临时生活救助等途径加以解决。孤儿方面，全省建立了孤儿最低养育标准自然增长机制，每年省级配套资金6000万元，持续提高孤儿基本生活费。目前机构和散居孤儿基本生活费分别达到每人每月1300元和810元，完全能够满足孤儿在基本生活方面的要求。在艾滋病病毒感染儿童方面，全部参照孤儿养育标准全额执行。在特困儿童方面，将符合条件的儿童纳入特困保障范围，特别是针对凉山州的具体情况，省财政单独下拨资金2300余万元，州、县整合低保资金，基本解决了凉山州1.9万余名特殊困难儿童基本生活问题。

各地将居民基本医疗保险、大病保险、医疗救助和慈善救助等保障政策进行衔接，实施基本公共卫生服务项目，形成了儿童医疗保障合力。督促各级民政部门开展残疾孤儿手术康复明天计划（简称"明天计划"）工作，对社会散居孤儿监护人进行政策宣传，确保所有孤儿及其监护人知晓这一政策。同时针对当前定点医院不能满足现实需求的问题，全省新增"明天计划"定点医院195所，由原来的16所拓展到211所，保证每个县区均有一所定点医院，满足了孤儿的就医需要。通过基本医疗保险制度和"明天计划"专项救助项目，孤儿医疗基本实现零支付。

4. 开展工作调研与宣传培训

2018年4月至5月，联合福利、老龄办等处室，由厅级领导带队，先后深入南充、眉山等地，对当前的儿童服务对象数量、机构建设、保障标准等方面进行了调研。形成了《全省农村留守老人、留守儿童、困境儿童关爱保护工作调研报告》，并向省政府报告。

2018年7月至9月，成都、绵阳等地联合教育、残联、司法等部门，深入一线工地，组织开展百场宣讲进工地专项活动，向外来务工人员宣讲儿童关爱保护政策。共计2000余人次参加了该活动，社会反响强烈，得到农村留守儿童及其监护人的充分认可。四川省民政厅组织各市州及部分县区儿童福利机构人员，对当前的院务管理、机构建设、康复训练、儿童养育等多方面的工作经验和工作技能进行了集中培训，参训人员200余人。

（二）存在的问题

四川省民政厅社会事务处积极探索老人、妇女、儿童保护与行政、家庭、学校、社会保护衔接机制，开展联动机制试点工作，出台了一系列保护困难群体，尤其是保护儿童的政策文件，确保农村留守儿童安全、健康、受教育等权益得到有效保障，推动新形势下农村留守儿童关爱保护和困境儿童保障工作再上新台阶。但仍存在以下不足，有待进一步改善

一是监护能力缺失，家庭监护意识有待提高。大部分农村留守儿童的受委托监护人都是爷爷奶奶、外公外婆，他们年世高、身体差，或责任心不强，或力不从心，监护不到位。有的留守儿童无人监护，出现兄弟姐妹大带小，甚至儿童反照顾老人的局面。个别外出务工的父母缺乏监护责任意识，很少回家看望，甚至长时间不与子女联系，严重影响了孩子的身心健康。

二是留守儿童信息管理系统建设不完善。目前的农村留守儿童管理系统已实现联网，更加方便快捷，但是在使用过程中也存在一些问题，比如照片无法上传、状态无法修改等，最主要的还是无法导出数据，只能看到总人数，看不到花名册，无法对留守儿童的年龄、就学、身体状况、户籍、监护等情况进行分析评估。

三是儿童侵害防治工作有待健全。过去一年，各地性侵儿童案件时有发生，引起全社会的广泛关注。在提升家庭、学校以及全社会的儿童保护意识方面，还存在儿童保护相关制度缺乏专业性，儿童侵害发现和举报机制不完善，在司法实践中被害人的隐私保护难等问题

四是基层儿童工作力度不足。目前四川在省内各乡镇、街道办配备儿童福利主任，各村配备儿童福利督导员，这些人基本上由民政助理员、村文书兼职，但他们并没有专业的儿童工作知识及经历，并且兼顾其他工作，不利于儿童关爱保护工作的有效开展。

五是关爱服务经费缺乏。各地民政局联合相关单位合力解决留守儿童的监护问题、上学问题、户口问题，但是对于他们的关爱活动却没有资金保障。对其中一部分残疾、患病儿童，家庭困难儿童不能开展相应的关爱保护行动；平时的关爱、送温暖活动也只能小范围地开展，无法惠及每一名留守儿童。儿童关爱保护队伍的建设也离不开资金的支持，要想建设一支专职的、专业的儿童服务队伍，必然需要资金的保障。

（三）对策建议

1. 提高资金保障额度

进一步细化困境儿童的类别，针对每个类别的困境儿童提出不同的具体保障金额和措施。尤其针对无法被列为孤儿仅能享受低保或者特困供养的事实，对无人抚养儿童落实更多更实际的政策保障。优化和调整资金支出结构，适当增加农村留守儿童关爱保护和困境儿童保障的工作经费，加大临时监护、生活照料、购买服务、项目建设等方面的投入。

2. 加强基层力量投入

加强顶层设计，恳请以省民政厅名义出台关于进一步完善县、乡镇（街道）、村（社区）三级工作网络的意见。加快公益性岗位开发，为每个乡镇（街道）配备1名儿童福利工作协理员（工资不低于当地最低工资标准），由县民政局和所在乡镇（街道）共同管理；每个村设立1~2名由村（居）民委员会委员、大学生村官或社会工作者等人员担（兼）任的儿童福利督导员，负责政策宣传、监护指导、心理疏导、权益维护等日常工作，每月给予100~300元的补助金。

3. 持续开展农村留守儿童关爱保护专项行动

四川省民政厅应继续联合教育、公安、残联、医疗卫生等部门，围绕监护、户口、教育和权益保护等问题开展关爱服务工作，指导全省各地深入开展农村留守儿童"合力监护、相伴成长"关爱保护专项行动，集中解决农村留守儿童摸排工作中发现的突出问题，认真落实强制报告责任制度，系统做好应急处置、评估帮扶和监护干预等工作。

4. 强化信息共享

在管理农村儿童信息化建设基础上，根据深入开展的工作调研和宣传情况，加强部门信息共享和工作协同推进。各级民政部门要尽快将未登记户口和监护情况较差的儿童及家庭信息向公安部门通报，促请按照国务院及公安部有关要求和职责分工开展户口登记和监护监督工作，要将辍学的适龄儿童情况向教育部门通报，促请落实劝返保学职责。同时，要及时将上述需要重点关注的儿童分别反馈给当地乡镇（街道）和村（居）民委员会，加强协作，形成合力。

5. 加大政府购买服务工作力度

对于一些阶段性、辅助性的儿童关爱保护工作，建议财政部门落实专项资金，鼓励支持各地积极开展政府购买服务工作，发挥社会组织专业、灵活的行业优势，切实减轻政府行政工作压力，合力提高儿童关爱保护水平。

6. 建立有效的预防机制

学校与社区（村）联合建立预防检测机制。一方面，在学校可以设立工作室，配置专业的心理咨询师或社工师，通过班主任传达学生的需求情况。社工师及时与同学交流，开展帮助工作，确保儿童心理健康状况良好。另一方面，在社区（村），应当设立未成年人保护专干，负责对未成年人监护人的监护工作进行督促，定期走访可能存在问题的家庭并与邻居交谈，把握未成年人家庭监护出现的状况。在社区（村）活动中心，定期开展亲子活动、成长乐园活动，提高监护人的监护能力，给儿童营造一个健康成长的空间。

参考文献

孙敬霞：《行动研究与高校管理》，《高等教育研究》2014年第9期。
《2018年四川省政府工作报告》。
王伟萍：《论当代中国社会的丧葬治理》，《内江师范学院学报》2019年第1期。
《石棉县殡葬综合改革试点工作简报》（第7期）。

B.13
乡村治理的有力支撑：攀枝花市农康产业融合发展

四川省社会科学院社会学研究所课题组*

摘　要： 乡村产业发展是乡村治理的支撑条件，本报告聚焦攀枝花市农康产业融合发展，从攀枝花的乡村产业发展资源禀赋分析入手，从新农村建设、农业基础设施、农村公共服务、农业经营主体等方面讨论了攀枝花乡村社会的建设成效。从推进绿色发展、农康融合、品牌建设、森林康养等四个方面详细描述了攀枝花市农康产业融合发展的举措和成效，并从规划引领、政策保障、保险兜底、人才培养、项目支撑、示范带动等六个方面分析了其发展经验。

关键词： 乡村发展　产业融合　农康产业

在乡村社会，产业发展是乡村治理的动能所在，没有产业发展，社会治理缺乏支持力量。同时，没有有效治理，产业发展也会面临诸多秩序上的阻力。2018年中央1号文件《中共中央国务院关于实施乡村振兴战略的意见》把构建农村一二三产业融合发展体系作为培育乡村新动能的重要举措之一，提出"实施休闲农业和乡村旅游精品工程，建设一批设施完备、功能多样的休闲观光园区、森林人家、康养基地、乡村民宿、特色小镇"。四川省

---
* 课题组成员有黄进、廖祖君、刘宗英、金小琴、候蔺、陈成、肖华堂。

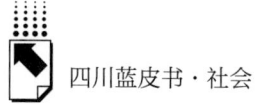

《关于实施乡村振兴战略开创新时代"三农"全面发展新局面的意见》进而提出"以农业供给侧结构性改革为主线,建立健全农村一二三产业融合发展的体制机制",强调"大力发展休闲农业、乡村旅游、森林康养、创意农业、电子商务、农村服务业、乡村共享经济等新产业新业态,推动建立多种业态互相融合、多元发展机制"。近年来,攀枝花市把阳光康养产业作为全市转型发展的支柱产业大力发展,并提出了"康养+农业""康养+工业""康养+旅游""康养+运动""康养+医疗"五大发展方向。在国家和四川省乡村振兴战略指导下,攀枝花市深入推进农康产业的融合发展,探索出一条具有攀枝花特色的乡村振兴道路。

一 攀枝花市农康产业发展资源

攀枝花市地处北纬26°05′~27°21′,东经101°08′~102°15′,归属于北纬26°左右的气候适宜地带。3.7亿年的地质构造运动造就了这里得天独厚的自然地理和气候条件,也铸就了攀枝花市农康产业的核心竞争力。攀枝花市年均温度20.3℃,冬季温暖,夏季凉爽,是中国十大避寒名城。年均湿度为55%~60%,对风湿性关节炎、气管炎等常见疾病具有显著的自然疗效。几近100%的空气质量优良率,特别适合呼吸系统疾病患者静养。温度和湿度的结合,使攀枝花较加德满都、墨西哥城、冲绳、迈阿密等地区的气候更加温润宜人。攀枝花市域内最高海拔4195.5米,最低海拔937米。攀枝花市光热资源异常丰富,小气候复杂多样,生物资源丰富多样,是天然的药物和功能食品原材料基地、芳香植物园和水果蔬菜基地。攀枝花地处有"生物避难所"之美誉的横断山脉腹地,具备热带、亚热带、高山寒带各类植被类型,植物物种的丰富程度和特异程度在全国乃至世界都十分罕见,是中国乃至全世界生物多样性最丰富、最集中的地区之一。

攀枝花的森林康养产业始于2014年。2015年,迷易森林康养基地成为四川省首批十个省级森林康养基地之一。加上后来的"花舞人间""万宝营""岔河同德",目前,攀枝花已有四家省级森林康养基地。2017年,欧方营地森林康养基地先后成功入选全国森林康养基地试点单位(第二批)、四川省首批森林康养国际合作示范基地。按照规划,到2020年,攀枝花市将建设森林康养林30万亩、森林康养基地10处,力争森林康养年综合收入达到5亿元。[①]

攀枝花市现有四川省级文物保护单位10处、市级文物保护单位19处,[②] 其中回龙湾洞穴遗址是旧石器时代晚期人类居住遗址,何家坝遗址、下湾遗址、红星遗址等属新石器时代人类居住遗址。盐边县、米易县和仁和区出土的近20件青铜器包含兵器、工具、装饰品,是青铜时代的代表性文化遗存。到2016年末,全市有户籍人口110.56万人,其中少数民族人口占14.4%。攀枝花市有42个民族,其中彝族最多,占全市人口的11.7%,其次是傈僳族、回族、苗族、傣族、纳西族、满族、白族、土家族等。在长期的民族杂居生活中,各民族的民风、民俗、歌舞、技艺形成了丰富多彩的非物质文化遗产,57项非物质文化遗产资源已进入省、市、县(区)三级保护名录,8人被认定为省级非遗代表性传承人。[③] 2017年,攀枝花市东区银江镇阿署达村、西区格里坪镇庄上村、仁和区平地镇迤沙拉村入选第二批"中国少数民族特色村寨"。众多少数民族聚居,让攀枝花成了一座民族文化博物馆。除了民族文化,攀枝花还有"移民文化""创业文化""大笮文化""迷易文化""迤沙拉文化""漂流文化"等。这些文化共同塑造了攀枝花具有地域特色的文化形象。

二 攀枝花市乡村社会建设现状

(一)新村建设初具成效

攀枝花市已建成一批体现农村特色、农家情趣、农业生产功能、现

---

① 《攀枝花市农业发展"十三五"规划》。
② 《市文物局立碑 标示省市文物保护单位》,《攀枝花市晚报》2016。
③ 《我市举行首届非遗成果展示活动 曾清华等出席》,《攀枝花日报》2015。

代生活品质的新村，包括1个省级新农村建设成片推进示范县、2个省级新农村建设示范片、5个市级示范片，探索建设新农村综合体11个、建设新村聚居点166个，建成"业兴、家富、人和、村美"的幸福美丽新村187个，创建省级"四好村"37个、旅游新村16个，发展农家乐247家、休闲农庄198家。大笮风休闲农庄、益满达休闲渔业度假基地成功成为第一批省级示范休闲农庄。2017年，攀枝花市被评为"中国美丽乡村建设示范地区"。攀枝花市特色新村成为康养基地的格局初步形成。

（二）农业基础设施较为扎实[①]

攀枝花已建成高标准农田36万亩；建成农机生产化道路2609公里；建成蔬菜设施大棚6.8万亩；建成农村沼气池9.2万口、沼气集中供气项目3处，是四川省首批"沼气化市"；建成太阳能提灌站41座，为7000余人、近4万亩土地提供了水源保障；主要农作物耕种收的综合机械化水平达到49.77%。2016年末，全市温室占地面积28公顷，大棚占地面积2611公顷，渔业养殖用房面积26413平方米。

攀枝花市建成出口芒果质量安全示范区1个、部级农业标准化示范园（场）21个、省级现代农业万亩示范基地19个、园艺标准化示范园3个。到2016年底，在攀枝花市的乡镇地域范围内，有火车站的乡镇占22.7%，有码头的乡镇占22.7%，有高速公路出入口的乡镇占27.3%；所有村通公路；20.7%的村村内主要道路有路灯。村委会到最远自然村、居民定居点距离以5公里以内为主（见表1）。总体来说，攀枝花市域干线交通网络、农村公路网络不够发达，道路舒适性有待提高。

2016年末，全市农户做饭、取暖使用的能源中，主要使用电的占91.0

---

① 该部分数据均来源于《攀枝花市第三次全国农业普查》。

表1 2016年底攀枝花市乡镇、村交通设施状况

单位：%

	攀枝花市	东区	西区	仁和区	米易县	盐边县
有火车站的乡镇	22.7	100.0	100.0	14.3	41.7	6.3
有码头的乡镇	22.7	0.0	0.0	14.3	16.7	37.5
有高速公路出入口的乡镇	27.3	100.0	100.0	35.7	25.0	12.5
通公路的村	100.0	100.0	100.0	100.0	100.0	100.0
进村主要道路路面状况						
水泥路面	87.0	50.0	85.2	78.1	93.1	91.8
柏油路面	9.7	41.7	11.1	19.8	2.3	5.3
沙石路面	1.8	0.0	3.7	2.1	3.4	0.6
按村内主要道路路面类型分的村						
水泥路面	82.4	66.7	88.9	87.5	92.0	74.7
柏油路面	2.6	33.3	7.4	3.1	0.0	0.6
沙石路面	4.3	0.0	3.7	9.4	5.7	1.2
村内主要道路有路灯的村	20.7	66.7	66.7	28.1	20.7	5.9
村委会到最远自然村或居民定居点距离						
5公里以内	59.2	83.3	96.3	58.3	33.3	65.3
6~10公里	26.5	16.7	3.7	27.1	39.1	24.1
11~20公里	12.0	0.0	0.0	13.5	23.0	8.2
20公里以上	2.3	0.0	0.0	1.0	4.6	2.4

%；主要使用煤气、天然气、液化石油气的占4.8%；主要使用柴草的占42.9%；主要使用煤的占0.2%；主要使用沼气的占30.2%；主要使用太阳能的占1.1%；使用其他能源的占0.4%（见表2）。全市农村9万余户用上了清洁能源，农村沼气池覆盖率高达86%，被省政府认定为"沼气化市"。

表2　2016年底攀枝花市居民主要生活能源构成情况

单位：%

	攀枝花市	东区	西区	仁和区	米易县	盐边县
柴草	42.9	8.7	49.0	53.4	24.1	56.5
煤	0.2	0.4	0.9	0.3	0.0	0.1
煤气、天然气、液化石油气	4.8	41.3	31.0	4.6	3.5	1.9
沼气	30.2	1.8	5.6	21.1	42.7	27.8
电	91.0	86.5	98.2	94.2	95.5	83.2
太阳能	1.1	10.6	13.5	0.7	0.3	0.5
其他	0.4	0.5	0.2	0.5	0.1	0.5

注：此指标每户可选两项，分项之和＞100%。

截至2016年底，攀枝花市99.0%的村通了电话，76.8%的村安装了有线电视，87.0%的村通了宽带互联网，17.6%的村有电子商务配送站点（见表3）。

表3　2016年底攀枝花市农村能源、通信设施情况

单位：%

	攀枝花市	东区	西区	仁和区	米易县	盐边县
通天然气的村	4.1	0.0	18.5	8.3	0.0	1.8
通电话的村	99.0	100.0	100.0	100.0	100.0	97.6
安装了有线电视的村	76.8	91.7	96.3	79.2	87.4	65.9
通宽带互联网的村	87.0	100.0	96.3	94.8	90.8	78.2
有电子商务配送站点的村	17.6	66.7	29.6	21.9	24.1	6.5

2016年末，攀枝花市79.5%的乡镇有商品交易市场，56.8%的乡镇有以粮油、蔬菜、水果为主的专业市场，6.8%的乡镇有以畜禽为主的专业市场。26.8%的村有50平方米以上的综合商店或超市，14.0%的村开展旅游接待服务，39.5%的村有有营业执照的餐馆（见表4）。

表4 2016年底攀枝花市乡镇、村市场情况

单位：%

	攀枝花市	东区	西区	仁和区	米易县	盐边县
有商品交易市场的乡镇	79.5	100.0	100.0	100.0	91.7	50.0
有以粮油、蔬菜、水果为主的专业市场的乡镇	56.8	100.0	100.0	78.6	66.7	25.0
有以畜禽为主的专业市场的乡镇	6.8	100.0	0.0	14.3	0.0	0.0
有以水产为主的专业市场的乡镇	0.0	0.0	0.0	0.0	0.0	0.0
有50平方米以上的综合商店或超市的村	26.8	75.0	51.9	33.3	19.5	19.4
开展旅游接待服务的村	14.0	41.7	33.3	16.7	10.3	9.4
有营业执照的餐馆的村	39.5	91.7	77.8	47.9	42.5	23.5

到2016年末，攀枝花市93.2%的乡镇生活垃圾集中或部分集中处理，55.1%的村生活垃圾集中或部分集中处理，9.9%的村生活污水集中或部分集中处理，62.8%的村完成或部分完成改厕（见表5）。

表5 2016年底攀枝花市乡镇、村卫生处理设施情况

单位：%

	攀枝花市	东区	西区	仁和区	米易县	盐边县
生活垃圾集中或部分集中的乡镇	93.2	100.0	100.0	92.9	91.7	93.8
生活垃圾集中或部分集中处理的村	55.1	100.0	92.6	63.5	60.9	38.2
生活污水集中处理或部分集中处理的村	9.9	33.3	37.0	13.5	4.6	4.7
完成或部分完成改厕的村	62.8	91.7	92.6	69.8	82.8	41.8

（三）农村公共服务逐步覆盖[①]

截至2016年末，攀枝花市所有乡镇均有图书馆（室）、文化站，

---

① 该部分数据均来源于《攀枝花市第三次全国农业普查》。

18.2%的乡镇有剧场、影剧院，40.9%的乡镇有体育场馆，59.1%的乡镇有公园及休闲健身广场，23.5的村有农民业余文化组织（见表6）。

表6　2016年底攀枝花市乡镇、村文化教育设施情况

单位：%

	攀枝花市	东区	西区	仁和区	米易县	盐边县
有图书馆(室)、文化站的乡镇	100.0	100.0	100.0	100.0	100.0	100.0
有剧场、影剧院的乡镇	18.2	0.0	0.0	7.1	33.3	18.8
有体育场馆的乡镇	40.9	0.0	100.0	100.0	8.3	12.5
有公园及休闲健身广场的乡镇	59.1	100.0	100.0	28.6	33.3	100.0
有农民业余文化组织的村	23.5	50.0	44.4	30.2	13.8	19.4

2016年末，全市100%的乡镇有医疗卫生机构，100%的乡镇有执业（助理）医师，59.1%的乡镇有社会福利收养性单位，52.3%的乡镇有本级政府创办的敬老院，87.2%的村有卫生室（见表7）。

表7　2016年底攀枝花市乡镇、村医疗和社会福利机构情况

单位：%

	攀枝花市	东区	西区	仁和区	米易县	盐边县
有医疗卫生机构的乡镇	100.0	100.0	100.0	100.0	100.0	100.0
有执业(助理)医师的乡镇	100.0	100.0	100.0	100.0	100.0	100.0
有社会福利收养性单位的乡镇	59.1	100.0	100.0	50.0	66.7	56.3
有本级政府创办的敬老院的乡镇	52.3	100.0	100.0	42.9	58.3	50.0
有卫生室的村	87.2	75.0	81.5	80.2	87.4	92.9

（四）农业经营主体渐趋多元[①]

截至2016年末，全市有农业经营单位1927个，其中有以农业生产经营或服务为主的农民专业合作社835个；有农业经营户131233户，其中，规

[①] 该部分数据均来源于《攀枝花市第三次全国农业普查》。

模农业经营户①15983户（见表8）。农业生产经营人员293207人，其中年龄在36~54岁的占54.8%，文化水平在初中及以下的占92.7%，从事种植业的占94.9%。全市共有家庭农场366家、种养大户5236户、农民专业合作社1169家、农业龙头企业84个。

表8 2016年底攀枝花市农业经营主体数量

单位：户，个

	攀枝花市	东区	西区	仁和区	米易县	盐边县
农业经营户	131233	2706	3455	35351	47051	42670
规模农业经营户	15983	41	82	1212	13433	1215
农业经营单位	1927	76	71	557	418	805
农民专业合作社	835	44	19	263	106	403

注：农民专业合作社指以农业生产经营或服务为主的农民合作社。

三 攀枝花市农康产业融合发展的举措和成效

攀枝花市紧紧围绕农业供给侧结构性改革这条主线，突出农业增效、农民增收、农村增绿的任务，以激发消费活力、促进产业升级、推动农康融合为着力点，坚持农耕文化为魂、美丽田园为韵、生态农业为基、传统村落为形、创新创造为径，依托攀枝花独特的气候资源优势，在巩固提升特色优势

---

① 规模农业经营户指具有较大农业经营规模，以商品化经营为主的农业经营户。规模化标准如下。种植业：一年一熟制地区露地种植农作物的土地达到100亩及以上，一年二熟及以上地区露地种植农作物的土地达到50亩及以上，设施农业占地面积25亩及以上。畜牧业：生猪年出栏200头及以上；肉牛年出栏20头及以上；奶牛存栏20头及以上；羊年出栏100只及以上；肉鸡、肉鸭年出栏10000只及以上；蛋鸡、蛋鸭存栏2000只及以上；鹅年出栏1000只及以上。林业：经营林地面积达到500亩及以上。渔业：淡水或海水养殖面积达到50亩及以上；长度24米的捕捞机动船1艘及以上；长度12米的捕捞机动船2艘及以上；其他方式的渔业经营收入30万元及以上。农林牧渔服务业：对本户以外提供农林牧渔服务的经营性收入达到10万元及以上。其他：上述任一条件达不到，但全年农林牧渔业各类农产品销售总额达到10万元及以上的农业经营户，如各类特色种植业、养殖业大户等。

产业的基础上,依托早春蔬菜、晚熟芒果、休闲渔业和种草养畜等基地建设,创新集赏花摘果、乡村美食、康体健身、休闲度假和农事体验于一体的"康养+农业"发展模式,推动结构调整、绿色发展、农康融合、品牌打造和新村建设,不断夯实康养产业物产基础,形成"特色农业支撑康养产业、特色新村成为康养基地"的农康深度融合格局。2016 年,到攀枝花康养的"候鸟老人"突破 15 万人次。2017 年,攀枝花市实现旅游总收入 279.31 亿元,同比增长 15.13%;接待过夜游客 662.92 万人次,占总接待人数的28.61%,占攀西经济区的比重为 34.77%。

(一)推进绿色发展,提高农产品品质

一是加强农业生态环境保护。攀枝花市以绿色生态为导向,加强农业生态环境保护,发展生态循环农业,减少和消除无效低端农产品,推进特色农产品向中高端迈进,使农产品的供给数量和品质质量更加契合消费升级需要。在生态环境保护上,实施化肥农药使用零增长行动,启动特色水果、早春蔬菜、高山茶叶等产业用有机肥替代化肥试点。

二是启动示范工程。实施早春蔬菜、晚熟芒果、生态渔业和种草养畜四大提质增效示范工程,建成全省设施规模最大的早春喜温蔬菜基地 7 万余亩、全国"纬度最北、海拔最高、成熟最晚、光照最强、口感最好"的晚熟芒果示范基地 35 万余亩,建成省级现代农业万亩示范基地 19 个。启动建设大面山"农风光"互补试验示范项目,在光伏板下试种蒲公英、金银花等康养农作物。全面拆除 5 万余口二滩库区养鱼网箱,为将二滩库区打造为国内高水平的"康养+农业"产业示范基地打好基础。

三是制定农业生产标准。通过加强与中国标准化研究院的合作,攀枝花市完成了《攀枝花市农业标准化体系规划纲要》的编制,建立了集产地环境、生产规范、田间管理、产后处理、加工销售于一体的标准体系,完成了现代农业集成创新示范农庄标准化体系建设。目前,攀枝花已制定发布农业区域性地方标准 200 余项,其中,无公害农产品标准 88 项。目前,全市有

"三品一标"农产品76个。①

四是推广绿色生产。启动特色水果、早春蔬菜、高山茶叶等产业用有机肥替代化肥试点，围绕畜禽粪污综合利用，打造"养殖业－沼气－有机肥－种植业"的循环产业链。统筹开展种养结合循环农业试点，重点实施山体生态梯度开发、林果立体间套和水域生态种养，集成推广"稻（菜）－鱼""畜－沼－菜"等生态循环生产模式。

五是构建安全体系。加快建立果蔬、禽畜等农产品质量安全可追溯体系，对农药残留率、有机肥和化肥重金属等有毒、有害物质含量进行品牌全覆盖检测把关，全年抽检蔬菜、水果、畜产品合格率均超过96%。拟建农药残留免费开放快速检测室，鼓励市民买菜送检，防止超标农产品通过终端销售环节进家入户，全力构建"从农田到餐桌"的质量安全监管体系。截至2017年5月，全市建成国家级出口芒果质量安全示范区1个、部级农业标准化示范园（场）21个。②

（二）推进农康融合，提升产业效益

一是打造特色产业基地，推动"产区变景区"。持续打造提升晚熟芒果、冬春蔬菜、国胜茶叶等特色产业基地，开发红格温泉旅游度假区、百花百草百果观光园等一批农康养生项目，配套开发民宿旅游、养生居住等特色服务，打造老慢农庄、桑蚕茧体验观光等"慢生活"景区景点。目前，全市已建成休闲农业景区17个、产业基地景区16个、乡村旅游产品78个，③初步形成"春赏花、夏避暑、秋品果、冬暖阳"的农康产业格局。

二是发展休闲观光农业，推动"田园变公园"。结合仁和石榴节，务本桃花节，米易樱桃采摘节、"三花"节，盐边茶叶采摘节、西瓜节、桑葚节

---

① 《攀枝花奋战国家现代农业示范区"下半场"》，四川省人民政府网站，最后访问时间：2017年6月20日。
② 《碧水蓝天的攀枝花实践》，《农民日报》2017年11月14日。
③ 《攀枝花市大力推进"康养＋农业"发展踏入乡村振兴新征程》，攀枝花公众信息网，最后访问时间：2017年11月29日。

等农业特色节庆活动，探索"休闲观光+采摘体验+农耕展示""旅游休闲+农村民俗体验"等农康融合模式，加快打造现代农业庄园、农业主题公园、农业科普园和生态田园综合体，建成鱼米阳光度假基地、青松林农业公园等省级示范农业主题公园，以及攀西地区第一家现代农业科技示范园。创建开发新山梯田体验游、海塔赏花品果体验游等五条康养农业观光精品线路，培育发展团宝山、碧水居、梅花园等康养休闲度假中心，米易县成功创建为国家农业产业融合发展试点示范县。

三是开发康养功能产品推动"产品变礼品"。深度挖掘本土特色名小吃，打造"米易味道""盐边大笮风"等特色餐饮品牌。试点推出康养套餐，创新开发桑葚干、红糖、咖啡等具有保健功效的40余种特色农产品作为"伴手礼"。① 鼓励农业高等学校、科研院所、龙头企业建立产业联盟，重点开发块菌、苦荞、油橄榄、黑根等特色食药农产品，推动普通农产品功能化，功能农产品市场化。

（三）推进品牌建设，拓展市场空间

一是"区域品牌+企业品牌"双品牌唱响攀枝花农产品。组建攀枝花农业品牌管理协会，成功注册"阳光米易"区域公共品牌。"攀枝花芒果"荣登"中国百强农产品区域公用品牌"并获得全国首个欧洲良好农业规范（GAP）认证。培育锐华、田园等企业品牌290个，创建"盐边国胜茶"等地区农业品牌9个。

二是线上线下多渠道推广攀枝花农产品。与淘宝、京东等知名电商合作，打造"攀枝花特色馆""爱米易"等网络平台，集中展示特色康养优质农产品。升级改造丙谷、川云西路等13个农产品交易市场，建立"米易－沃尔玛"等农超对接基地，推动国胜乡绿茶、块菌酒等特色农产品走进伊藤洋华堂、红旗连锁等大型超市。

---

① 《攀枝花：三字之变激发"康养+农业"创新改革新动能》，中国新闻网，最后访问时间：2017年7月29日。

三是国际国内全世界营销攀枝花农产品。引导帮助葡萄酒、国胜茶等食品企业办理外贸出口资质，依托香港贸易发展局、新疆霍尔果斯口岸等，推动攀枝花芒果远销新加坡、韩国、哈萨克斯坦等十余个国家。同时在北京、广州、成都等地建立特色康养农产品展销体验店，持续提升康养农产品知名度。

（四）推进森林康养，扩展农康市场

攀枝花的森林康养产业始于2014年。2015年，迷易森林康养基地成为首批全省十个省级森林康养基地之一。加上后来的"花舞人间""万宝营""岔河同德"，目前，攀枝花已有四家省级森林康养基地。2017年，欧方营地森林康养基地先后成功入选全国森林康养基地试点单位（第二批）、四川省首批森林康养国际合作示范基地。攀枝花森林康养产业的商业模式主要有两种。一是锁定森林康养的最佳群体，以定制服务为主体开展健康型商业活动，建设高水平的森林康养体验中心、森林康养基地，提供专业化的康养服务，在创新大健康服务方式基础上获得森林康养的社会效果与经济效益。二是服务方式创新。攀枝花森林康养产业本着高起点、高质量、高效率、高品质的理念，有针对性地为细分市场消费者提供高、精、尖的专业化健康服务。[①] 按照规划，到2020年，攀枝花市将建设森林康养林30万亩、森林康养基地10处等，力争森林康养年综合收入达到5亿元。[②]

四 攀枝花市农康产业融合发展的经验借鉴

（一）规划引领产业有序发展

攀枝花市已编制了《中国阳光康养旅游城市发展规划（2012～2020

---

① 《阳光康养》，https://cd.qq.com/cross/20161129/2V16DOI9.html。
② 《攀枝花市农业发展"十三五"规划》。

年)》《攀枝花市老龄事业发展规划（2013～2020年)》《攀枝花国家森林城市建设总体规划（2013～2025)》《攀枝花市现代特色农业发展规划（2009～2020年)》《攀枝花市现代农业示范区建设规划（2012～2020)》《攀枝花市农业发展"十三五"规划》等多个有关"康养＋农业"的发展规划，明确了在河谷地区优先发展早春蔬菜、晚熟芒果、冬春枇杷等产业，在中高山区大力发展草食牲畜、亚热带和温带水果等产业，推动"康养＋农业"互融互促、健康发展。此外，攀枝花还发布了《攀枝花市康养产业基础术语》《攀枝花市候鸟型养老服务规范》等13项区域性地方标准，为攀枝花市农康产业快速有序发展奠定基础。

（二）政策保障促进项目聚集

攀枝花市设立每年不低于5亿元的康养产业发展专项资金，出台都市现代农业发展奖励扶持办法；为"康养＋农业"产业项目在立项、用地、规划、环评等审批环节开辟"一条龙"绿色通道，吸引北京市西城区、川煤集团等外地单位、企业来攀开发康养项目。将农业农村各项用地列入市、县（区）土地利用总体规划，新增建设用地计划优先保障农业农村发展需求，将年度新增建设用地计划指标的8%用于支持农村新产业、新业态的发展。此外，在设施农业发展用地的管理上，除国土资源部、农业部和四川省相关规定已明确的生产设施用地、附属设施用地和配套设施用地按照设施农业用地进行管理外，攀枝花市还支持旅游、康养道路、停车场、观景台、森林康养健康指导中心、接待中心等配套设施的建设。在控制农村建设用地总量、不占用永久基本农田的前提下，加大盘活农村存量建设用地，通过村庄整治、宅基地整理等措施对节约的建设用地采取入股、联营等方式支持乡村休闲、旅游、养老等产业和农村三次产业融合发展。

（三）农业保险保障农户收益

攀枝花市制定了《进一步深化特色农业保险试点工作的意见》，在全市范围开展芒果、肉羊、蔬菜、枇杷、樱桃等农产品的保险工作。在全国首创政策性芒果价格指数保险,实行保险费用分摊和风险分摊机制,除去财政补贴部分,投保人仅须自筹244.8元/亩保险费的30%,最高赔付率可达300%。实施过程中,通过对早、中、晚熟不同品种、不同上市周期的芒果制定不同价格指数,采取离地价格采集、风险对冲等方式,确保了果农基本收益。

(四)专业教育缓解人才之急

攀枝花市深化与中国热带农业科学院、海南大学等高等院校合作交流,建立"人才+项目+平台"的本土化康养产业人才培育阵地;采用PPP模式组建成立攀枝花国际康养学院,梯次培养"康养+农业"等康养专业人才,2017年9月已招生243人。依托攀枝花学院、攀枝花党校等教育资源,开办老年服务与管理、农康产业运营等知识专题讲座,培训农康专兼职从业人员3367人次。截至2017年,全市专门从事康养产业的人才超过7万人。[①]

(五)重点项目支撑产业发展

攀枝花市启动金河-纳尔河5万亩芒果主题公园、布德千亩莲藕产业观光示范园、沙坝现代农业产业园、和爱乡田园综合体和26度庄园等休闲观光农业重点项目建设,重点推进阿署达尾矿库生态恢复治理、工矿废弃地复垦种植芒果等项目,有效拓展"康养+农业"发展空间。加快推动恒业黑鸡枞综合利用项目、厦门东庆行中医药健康旅游示范基地、辣木种植及深加工等30余个"康养+农业"重点项目建设,全市"特色农业支撑康养产业、特色新村成为康养基地"的产业融合发展格局逐步形成。

(六)示范农庄带动融合发展

推广"龙头企业+康养基地+农户""公司+新村+农户"等经营模

[①] 《我市康养产业人才队伍逐步壮大 总人数7万余人绝大多数从事创新创业一线服务》,《攀枝花日报》2017年5月7日。

式，启动米易县顶上枇杷农庄、盐边县金河芒果农庄、仁和区翩娜石榴农庄、西区紫玉葡萄农庄四个现代农业集成创新示范农庄建设，探索合作经营、股份集资等多种利益分享机制。借鉴台湾精致休闲农业模式，全力打造红格逸品敲冰巧克力庄园、金河沃尔森芒果现代集成农庄等特色农庄，力争到2020年全市建成示范农庄80家，辐射带动农业产业经营面积30万亩，农庄经营产值达10亿元以上。

附 录
Appendix

B.14
2018年四川省城乡社区治理大事记

黎 鹏*

1月15日 四川省民政厅等16个省级部门联合制定了《四川省城乡社区服务体系建设"十三五"规划》。规划提出十三五期间社区服务体系建设的六大任务：加强城乡社区服务机构建设，扩大城乡社区服务有效供给，完善城乡社区服务设施建设网络，推进城乡社区服务人才队伍建设，加强城乡社区服务信息化建设，创新城乡社区服务体制机制。

1月17日 四川省人民政府印发《关于全面放开养老服务市场提升养老服务质量的实施意见》，有效期5年。根据《意见》，到2020年，养老服务市场全面放开，全省政府运营的养老床位数占养老床位总数的比例不超过50%，护理型床位占养老床位总数的比例不低于30%。90%以上的城镇社区和60%以上的农村社区纳入居家社区养老服务网络。

1月25日 四川省委办公厅、省政府办公厅正式印发了《关于加强乡

---

* 黎鹏，四川省社会科学院社会学研究所硕士研究生。

镇政府服务能力建设的实施意见》（川委办〔2018〕4号）《意见》指出，到2020年，乡镇公共服务中心服务设施全覆盖，开展"一站式"服务达到100%。

1月30日 经民政部实地验收，四川省成都市温江区、绵阳市江油市大康镇官渡村、广元市利州区赤化镇泥窝村、遂宁市蓬溪县常乐镇拱市村、宜宾市兴文县僰王山镇永寿村被命名为首批全国农村幸福社区建设示范单位。

2月10~13日 中共中央总书记、国家主席、中央军委主席习近平来到四川，考察脱贫攻坚和经济社会发展工作，看望慰问各族干部群众，并发表重要讲话，既充分肯定了党的十八大以来四川经济建设、政治建设、文化建设、社会建设、生态文明建设和党的建设取得的成绩，又着眼党和国家全局，对四川着力抓好党的十九大精神贯彻落实、着力推动经济高质量发展、着力实施乡村振兴战略、着力保障和改善民生、着力加强党的政治建设等五个方面重点工作提出重要要求，为做好新形势下四川工作提供了根本遵循。

4月9日 四川省民政厅、省发展改革委、公安厅、财政厅、中国人民银行成都分行等26个部门联合印发了《四川省居民家庭经济状况核对办法》，对居民家庭经济状况核对目的、适用范围、原则、主管部门及核对机构职责、核对机制平台、核对委托、核对对象、核对内容、核对方式、核对流程、核对时限、相关部门职责等做了明确规定。这标志着我省社会救助体系建设进入新的发展阶段，有利于社会救助管理的科学化、精细化、规范化，有利于社会救助对象的科学精准认定，有利于社会救助政策的公平公正实施。

4月10日 四川省安排资金4700万元用于支持全省社区公共服务设施建设和设备购置更新、社区信息化建设等。其中，安排资金3500万元，用于支持21个市（州）、147个县（市、区）的230个社区公共服务设施建设和设备购置更新项目；安排资金1200万元，支持绵阳、德阳、广元、遂宁、宜宾、广安、资阳、巴中等8个市建设城乡社区公共服务综合信息平台。为深入推进"最多跑一次"改革，大力推进社区信息化建设，四川省计划从2018年起，分三年支持19个市（州）（成都、攀枝花已建成）建设城乡社区公共服务综合信息平台。

4月18日 四川省委、省政府印发《关于进一步加强和完善城乡社区治理的实施意见》。在健全城乡社区治理体系上，着力抓好加强社区党建、突出政治引领，坚持政府主导、厘清权责边界，优化社区布局、深化居民自治，培育多元主体、增强社会协同等四个方面的工作；在提升城乡社区治理水平上，着力抓好丰富活动载体、增强参与能力，加强设施建设、提高供给能力，强化文化引领、提高文明程度，推进依法治理、建设法治社区，提升化解能力、建设平安社区，强化科技支撑、增强治理能力等六方面工作；在补齐城乡社区治理短板上，着力抓好优化资源配置、改善人居环境，推进社区减负、增强为民实效，改进物业管理、保护合法权益等三方面工作。

5月7日 经四川省政府同意，民政厅、省发展改革委、财政厅、省统计局、国家统计局四川调查总队联合发布了2018年全省城乡居民最低生活保障标准低限：城市居民最低生活保障标准低限为500元/月，农村居民最低生活保障标准低限为310元/月，从2018年1月1日起执行。

5月10日 第九届"国家综合防灾减灾与可持续发展论坛"在成都举行。论坛重点围绕汶川特大地震十年、防灾减灾救灾体制机制改革、防灾减灾救灾科技应用与产业发展、防灾减灾科普宣传教育等展开了研讨。

5月24日 为加强农村留守儿童关爱保护工作和困境儿童保障工作的组织领导和统筹协调，强化部门之间的协调配合，四川省政府同意将全省困境儿童保障工作，整合纳入省农村留守儿童关爱保护工作联席会议制度，拓展联席会议工作职责任务，建立四川省儿童关爱保护保障工作联席会议。新的联席会议制度的主要职责是：在省政府的领导下，统筹协调全省农村留守儿童关爱保护工作和困境儿童保障工作，研究拟订政策措施和年度工作计划，指导各部门开展工作。加强政策衔接和工作对接，完善关爱服务体系，健全救助保护机制。督促和检查儿童关爱保护保障工作相关政策的贯彻落实，及时通报工作进展情况。

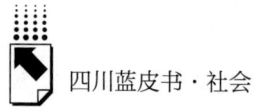

6月9~10日 社会工作者职业水平考试在全省20个市（州）考区及省直考区举行。据统计，今年四川省共有18288人报名参加全国社会工作者职业水平考试，报名人数比上年增加43.9%，创历史新高。

6月29~30日 中共四川省委十一届三次全体会议在成都举行，全会深入学习贯彻习近平新时代中国特色社会主义思想和习近平总书记对四川工作系列重要指示精神，审议通过了《中共四川省委关于深入学习贯彻习近平总书记对四川工作系列重要指示精神的决定》和《中共四川省委关于全面推动高质量发展的决定》，全会指出，在城乡发展方面，要学习贯彻习近平总书记关于"牢牢扭住经济建设这个中心""推动城乡区域协调发展"等重要指示，深刻把握新时代治蜀兴川的第一要务，大力实施"一干多支"发展战略，构建"一干多支、五区协同"区域发展新格局。

7月4日 成都市召开"打造社区商业消费新场景 构建社区优质生活服务圈"专题会，公布了《成都市打造社区商业消费新场景 构建社区优质生活服务圈工作方案（2018~2022）（征求意见稿）》，《征求意见稿》提出，成都要着力从旧城改造、现代消费、国际消费和农村社区四个方面进行规划，打造符合成都特色的社区商业新场景。通过进行22项重点工作，加快打造多元化社区商业消费新场景。到2022年，全市拟打造社区商业消费新场景200个，新建社区便民服务示范点300个，新增加社区商业文化主题店、特色店、体验店1000个。

7月23日 四川省质量技术监督局发布公告，正式批准发布《社区公共服务综合信息平台技术规范》（DB51/T 2508-2018）、《收养能力评价指南》（DB51/T 2509-2018）、《生活无着的流浪乞讨人员救助管理工作规范》（DB51/T 2510-2018）三项民政服务地方标准，并于2018年8月1日起正式实施。三项民政服务地方标准主要对我省社区公共服务综合信息平台技术要求、儿童收养能力评估以及生活无着的流浪乞讨人员救助管理涉及的各项服务工作做出规范。

8月30日 四川省民政厅等9部门联合发布《关于加强农村留守老年人关爱服务工作的实施意见》（以下简称《意见》）。《意见》明确要求落实赡养义务人主体责任、发挥村（居）民委员会权益保障作用，整合社会力量广泛参与关爱服务、建立健全农村留守老年人救助保护机制，力争到2020年，农村留守老年人关爱服务工作机制和基本制度全面建立，关爱服务体系初步形成，关爱服务普遍开展，养老、孝老、敬老的乡村社会氛围更加浓厚，全省农村贫困留守老年人全部脱贫。

10月23～26日 四川省民政厅在省民政干部学校举行了全省社区治理工作示范培训班，培训班紧扣城乡社区治理和脱贫攻坚工作主题，邀请了成都市温江区民政局、成都市理工大学社区研究中心、四川省扶贫移民局国际合作与社会扶贫处相关负责同志和专家做了专题讲座。培训过程中，还组织参训人员在成都市温江区万春镇幸福村和柳成街道光华社区进行了实地参观和现场教学。

11月15日 中共四川省社会组织第二综合委员会第一次党员大会在成都召开，会上，178名参会党员选举产生了11名四川省社会组织第二综合党委第一届委员会委员。按照省委组织部《关于同意成立中共四川省社会组织第二综合委员会的批复》，四川省社会组织第二综合党委主要负责统辖和管理无业务主管单位的全省性社会团体（包括与行政机关脱钩后的行业协会商会）、民办非企业单位、基金会，以及民政厅直管的社会组织的党组织和党员。

12月10日 中国共产党四川省第十一届委员会第四次全体会议在成都举行。会议指出，要统筹推进乡村振兴和新型城镇化建设，推动城乡规划、基础设施、产业发展、公共服务等一体布局，构建工农互促、城乡互补、全面融合、共同繁荣的新型工农城乡关系。大力实施乡村振兴战略，加快发展川粮（油）、川茶、川药、川菜、川竹等特色优势产业，深入实施村容村貌"六化"工程，突出抓好农村垃圾治理、污水治理和"厕所革命"，建设一批"美丽四川·宜居乡村"达标村。大力推进以人为核心的新型城镇化，优化城市空间布局和功能形态，统筹推进城市群、区域中心城市、县城建设，积极开展公园城市建设试点，扎实推进"百镇建设行动"，强化城镇管理，加快住房保障体系建设，有序推动农业转移人口市民化。

12月21日 由民政厅牵头制定的《社会组织登记规范》地方标准经《四川省地方标准公告》（2018年发字第6号）正式批准发布，定于2019年1月1日起实施，这是全国首个社会组织登记工作的规范性地方标准。该标准充分总结了民政部门在开展社会组织行政审批过程中的工作内容、人员要求和工作要求，对包括社会团体、社会服务机构、基金会在内的社会组织登记、变更、注销以及章程修改核准、慈善组织认定、公开募捐资格等相关行政审批事项进行了从办事材料到服务流程、从示范文本到审查指引的全方位规范。该地方标准的实施，填补了我省社会组织工作领域标准的空白，对全面提升我省社会组织登记管理水平，规范全省民政行政审批工作，推进我省民政"互联网+政务服务"建设具有重要意义。

后　记

经过大半年工作，《四川社会发展报告（2019）：乡村振兴与乡村治理》终于顺利出版。本书全面、系统地反映了四川省乡村振兴视阈下的乡村治理发展现状与水平，是对四川省乡村治理工作的总结，也为下一步工作提供了经验与参考。

本书得到了四川省社会科学院、四川省民政厅相关领导的关心和支持，特别是李后强（四川省社会科学院党委书记、教授、博导）、向宝云（四川省社会科学院党委副书记、院长，研究员）、益西达瓦（四川省民政厅厅长）、胡学举（四川省社会科学院副院长，编审）、廖永康（四川省民政厅副厅长）、郭晓鸣（四川省社会科学院原副院长，研究员）、冉敬军（四川省民政厅基层政权与社区处处长）等同志对本书的调研、基础资料的收集和协作给予了充分的指导与帮助，在此深表谢意。

四川省社会科学院社会学研究所作为主体力量，组成了本书编写组。主编黄进研究员组织制订了总体编写提纲和具体编写方案，对本书进行了审定。副主编刘伟副研究员在编写文稿、制定调研方案、收集整理资料、采选案例和统稿修改过程中做了大量细致入微的工作。

本书各部分写作人员是（依本书内容顺序）：黄进研究员和硕士研究生崔玲，冉敬军处长、童浩男副处长和刘伟副研究员，黄熹微研究实习员和蒋晨曦中级社工师，硕士研究生程淑玲，金小琴助理研究员和龙兴云助理研究员，杨华军副研究员和张祥荣副所长，陈成助理研究员、徐杰研究实习员和王海蓉助理研究员，胡勇助理研究员，刘宗英助理研究员和李兴睿助理研究员，昝宝毅助理研究员，王楠副研究馆员，硕士研究生罗丹、李蓉和黎鹏。

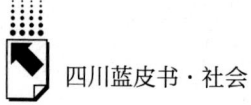

由于编写时间紧、任务重,书中难免出现各种错误,敬请各位读者、同仁批评指正。

本书编写组
2019 年 4 月

Abstract

"Sichuan Social Development Report (2019): rural revitalization and rural governance" is an annual report compiled by the institute of sociology of SiChuan academy of social sciences. Relevant leaders of sichuan academy of social sciences and Sichuan civil affairs department gave strong guidance and help to the research, basic data supply and writing of this book.

This year, the theme of the report focuses on rural revitalization and rural governance. The book consists of two main reports and 12 sub-reports, which are composed of four chapters: general report, governance content, governance capability and governance case. It tries to present a comprehensive and objective panorama of sichuan province's annual social development and social governance, especially the rural governance under the background of rural revitalization. Systematically sort out, predict and analyze the challenges facing rural governance in sichuan province, and put forward countermeasures and Suggestions for rural governance in sichuan province. This report covers rural social organizations, collective economic organizations, rural social development, rural education, rural governance in ethnic areas, rural women's participation in rural governance, rural cults and anti-cults, etc. , trying to present different aspects of rural governance in sichuan from different perspectives.

This year, the research method of the report still adheres to the basic orientation of empirical research, and the research data try to be objective, comprehensive and authoritative, which can effectively reflect the basic situation of sichuan province. The help of the civil affairs departments at various levels in sichuan province, the author successively in chengdu in sichuan province, jianyang, nanchong, suining city, leshan, meishan city, deyang city, mianyang, yibin, mr. zhang, ganzi Tibetan autonomous prefecture, aba Tibetan and qiang autonomous prefecture, liangshan yi autonomous prefecture of the typical rural has carried out the depth of field investigation and questionnaire survey, collecting a large amount of valuable firsthand material, can reflect the objective, authority of sichuan rural governance panoramic view.

Rural governance is an important aspect of the rural revitalization strategy. The types of villages in sichuan province are diverse, ranging from modern villages around megacities to less developed villages in the old, young, frontier and poor areas. There are not only the gathering villages of ethnic minorities in the plateau and the multi-subject fusion villages in the ethnic corridor, but also the han villages in the shallow hilly plain and the mountain villages in the depths of qinba, as well as the deep impoverished villages in liangshan mountains, which have been attached by the general secretary. On the one hand, the imbalance and inadequacy of development among regions are very prominent; on the other hand, such diversity can also contribute diverse samples to different development paths of rural governance in China.

Keywords: Sichuan Province; Rural Revitalization; Rural Governance

Contents

I General Reports

B. 1 The Social Development Situation Analysis and Forecast

Report of Sichuan Province in 2019

Huang Jin, Cui Ling / 001

Abstract: Since the 18th, Sichuan has gone through an extraordinary six years. In 2018, it was the 10th anniversary of the Wenchuan Earthquake, and the social construction including post-disaster reconstruction has achieved remarkable achievements. First, to strengthen and improve social governance, from "big government small society" to "big government big society"; second, further increase people's livelihood investment, optimize public services, improve people's happy living index, and promote the establishment of a comprehensive well-off society; Rapidly promote the Jiuzhaigou earthquake and the reconstruction of the Lushan earthquake, sum up the lessons learned from post-disaster reconstruction, and improve the ability to cope with natural disasters. Fourth, overcome the "hard bones" of precision poverty alleviation, accurately target the actual needs, and ensure the poverty-stricken population to get rid of poverty. The achievements of social construction in Sichuan Province are not only the result of a series of guarantee and innovation policies from the central to the local, but also the result of good interaction between the government, society and the people. In the face of the imperfect poverty alleviation and the complete construction of a well-off society, the time is tight and the task is heavy. Sichuan's social construction still

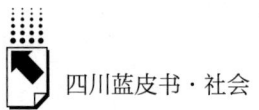

faces challenges and some structural contradictions, but Sichuan still faces good development opportunities and is fully qualified to take advantage of the situation. Social construction has reached a new level.

Keywords: Sichuan Province; Social Governance; Social Development

B.2 The Report on Current Situation and Countermeasures of Rural Governance of Sichuan in 2019

Ran Jingjun, Huang Jin, Tong Haonan and Liu Wei / 038

Abstract: This study has been to chengdu, dazhou, ziyang, mianyang, guang'an, suining, and other cities and states of the 26 towns and 59 villages in-depth investigation, the basic situation of the province's rural governance capacity, the existence of problems were more in-depth investigation, formed a research report. The study found that rural governance in sichuan province has achieved the following results: strengthening the guidance of party building and promoting the transformation of old and new drivers of organizational construction. Secondly, activate the ability of autonomy and promote the growth of endogenous vitality of grassroots organizations. Third, explore the symbiosis of "three governance" to consolidate the foundation of rural multiple governance. At the same time, there are still the following difficulties in rural governance in sichuan: first, the core leadership role of party organizations in villages (communities) persists and is not fully played. Second, the backward governance technology and the modern rural "flow" characteristics do not match. Third, various types of grassroots affairs are onerous, and the administrative nature has not been fundamentally changed. Fourth, the relationship between "one core" and "three governance" has yet to be clarified. Fifth, rural collective economic development is generally backward. Sixth, the governance ability of rural cadres is insufficient. Seventh, the social participation of rural residents is still very insufficient. The report puts forward some Suggestions to improve the modern rural governance system in sichuan province.

Keywords: Rural Governance; Current Situation and Dilemma, Modern Rural Governance System

Ⅱ Governance Contents

B.3 A Study of Social Work Development in Sichuan Rural Areas

Huang Xiwei, Jiang Chenxi / 060

Abstract: As the development of social work profession, the role of rural social work in rural social governance has been recognized by different authorities. Rural social work in Sichuan Province has begun to thrive since post-disaster relief in 2008. Based on realistic situations in Sichuan, it has achieved much progress in rural community governance, poverty alleviation, populations at risk, and new service methods in internet era. However, there are many obstacles to be overcome, such as limitation of funding, professional recognition, professional individuals, and service evaluation. These obstacles need government, academic and practitioner to come together and work out solutions.

Keywords: Social Work; Rural Social Work; Social Governance

B.4 The Development of Sichuan Rural Social Organization

Huang Jin, Cheng Shuling / 077

Abstract: By the end of 2018, there were 42,282 social organizations in the Sichuan Provincial Civil Affairs Department, of which 3,959 organizations registered in the fields of agriculture and rural development. The specific work areas of rural social organizations cover education, financial loans, physical and mental health, disaster mitigation and relief, poverty alleviation and development and environmental conservation. Referring to the latest statistics of the China Rural

Development Cooperation Network in 2018, the "List of Social Organizations and Funders in the Field of Rural Community Development", 45 institutions working in Sichuan Province are mainly small-scale institutions, and 35 of them are under 10 employees. There are only 10 institutions have more than 10 employees. There are 36 institutions with funds ranging from 0 to 100,000 and 9 with more than 1 million. The work area is concentrated in Chengdu and Ya'an, and the work targets include children, women, the elderly, young and middle-aged people, and two organizations serve cooperatives and voluntary organizations. In addition to this, there are a large number of self-organized organizations in Sichuan Province that have not registered. This paper focuses on the characteristics, work patterns and work results of social organizations that work in rural areas.

Keywords: Rural Social Organization; Rural Poverty Alleviation; Rural Community Governance

B.5 Research on Current Situation and Reform of Rural Collective Economic Organizations in Sichuan Province

Jin Xiaoqin, Long Xingyun / 093

Abstract: Developing and strengthening rural collective economic organizations is not only an urgent need to implement the strategy of rural revitalization, but also an important measure to win the battle against poverty and lead farmers to achieve common prosperity, and also an important guarantee to realize diversified governance of rural communities. Therefore, how to develop and reform rural collective economic organizations deserves our attention. This study combines the reform and development status of rural collective economic organizations in Sichuan, and systematically summarizes the main practices and typical experiences. It points out that Sichuan collective economic organizations are facing problems such as unbalanced regional development, improved sustainability, non-standardized internal governance, imperfect institutional mechanisms and lack of development elements, and then it puts forward some feasible suggestions.

Keywords: Rural Collective Economic Organization; Rural Revitalization; Sichuan

B.6 Report on the Development of Rural Education in
Sichuan Province *Yang Huajun, Zhang Xiangrong* / 104

Abstract: High-speed and high-quality urbanization is not only the major policy of the country, but also the direction of the overall prosperity of the country. Under the background of urbanization, how to ensure that the development of rural education does not fall off a cliff is a realistic and urgent problem. On the premise that the urbanization rate of the whole country will reach about 60% in 2020, this paper discusses how to realize the double-excellent development of urban education and rural education in Sichuan from the perspective of education. Sichuan's rural education from 2017 to 2018 is generally good, but challenges and opportunities coexist. At the same time, problems and development space are more prominent. Some characteristics and highlights of rural education in Sichuan have better value and growth, such as the "Wenxuan Education's Sun Star Public Welfare Action's Rural Education Dream Activities Promoted by the" "Sichuan Rural School Revitalization Alliance" and so on. On the basis of the analysis, this paper puts forward (1) adjusting the structure, strengthening the backbone, and exploring the realizing mode of drawing materials close to rural education; (2) Widening channels for the flow of high-quality educational resources to the countryside; (3) Explore the realization mode of the compulsory education stage funds co-ordinated by the whole province; (4) Speed up the formulation of standardized after-school service landing programs, and gradually alleviate the negative effects of the problem of Left-behind Students and other specific suggestions.

Keywords: Sichuan; Countryside; Education against poverty; Problems; Countermeasures

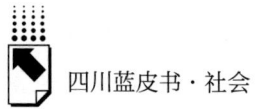
四川蓝皮书·社会

Ⅲ　Governance Capabilities

B. 7　The Present Situation and Countermeasures of "Changing Customs" in Rural Areas of Ethnic Minority of Sichuan

　—Take The Embian County As an Example

The Study Group of Sociology Research Institute,

Sichuan Academy of Social Sciences / 116

Abstract: This report systematically describes the characteristics and specific practices of "changing customs" in rural areas of sichuan's ethnic minority areas by taking mount embian yi autonomous county as an example. . At the present stage, the basic characteristics of the work of changing customs in yi autonomous county are obtained. And from the rural customs, thrift, compliance with the law and other aspects of the contract, to do a systematic evaluation and evaluation of the status quo. Finally, countermeasures and Suggestions are given from four aspects

Keywords: Customs; Changing Customs; Rural Order

B. 8　The Collective Forest Rights Reform and Community Governance System

　—Take The Li County for Example　　Cheng Shuling / 143

Abstract: Since 2008, the promotion of collective forest rights reform in whole China promoted the clear property rights of collective forests and contracted to households, solved the long-standing contradiction of forest rights, and guaranteed farmers' income to achieve aims that forest resource growth, farmers' income increases and keep ecologically forest. Li County, Sichuan Province, is part of Sichuan's ecological function zone. Li County set up 88 collective forest management boards in 81 villages based on the principle of splitting the shares regardless of the mountains, and sharing the benefits regardless of forests that followed the forestry policies of the Central Government and Sichuan Provinces, combined with its actual situation that located in the steep mountain area and difficult to classify forest land. The system promote community participate in collective forest management. The community can extract 10% −20% of public funds from collective forest compensation funds to support the public affairs of collective forest management. The system of collective forest management and collective forest compensation in Li County enables the community to participate in the collective forests management and with the implementation of the supervision, evaluation, reward and punishment system, the management effect was improved. The collective forest management in Li County provides the object and public funds for community governance. It is a practical exploration of the combination of grassroots policies and rural governance. On the one hand, it promotes the effectiveness of collective forest management in rural areas and has achieved certain effects; on the other hand, it faces some challenges such as the villagers lack of motivation and the imperfect community governance system, the collective forest management would be unsustainable.

Keywords: Collective Forest Reform; Collective Forest Compensation; Collective Forest Management Board; Rural Governance

B. 9　The Rural Governance From the Perspective of Informal Institution

　　—*Take Baoshan Village As an Example*　　　　*Hu Yong* / 156

Abstract: Baoshan village of Pengzhou is an exemplary one of rural governance in Sichuan Province. Its successful governance experience, apart from the implementing relevant policies and regulations on the rural of CPC and the central government, is actively applying villagers'action rules. It covers many

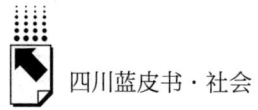

aspects of rural social governance requirements. Its contents keep pace with the times. Its effect of the governance is obvious. In the new era, Baoshan experience has important theoretical and practical reference for promoting rural governance and rural revitalization in China.

Keywords: Rural Governance; SiChuan; Villagers'Action Rules; Informal Institution

B.10 The Study on Women's Participation in Rural Governance in Sichuan　　　　　　　　　　*Liu Zongying, Li Xingrui* / 172

Abstract: Influenced by many factors such as traditional family culture, social gender concept, policies and systems, and family division of labor, women have been "marginalized" in rural governance for a long time. Sichuan is a province with a large outflow of labor force. Since the reform and opening up, with the transfer of a large number of rural male labor force, women have gradually become an important force in rural economic development, and some scholars even believe that the phenomenon of "rural feminization" has emerged. In this context, this paper proposes to promote and facilitate the better participation of rural women in rural governance in sichuan province through the reconstruction of rural gender culture, the strengthening of gender awareness in system design and the cultivation of female rural social organizations.

Keywords: Rural Governance; Rural Women; Female Participation

Ⅳ Governance Case Examples

B.11 The Social Governance Model in Multi-ethnic Mixed Residential Areas　　　　　　　　　　　　　　*Zan Baoyi* / 197

Abstract: In the economically underdeveloped multi-ethnic mixed living areas, there are many differences in ethnic languages, lifestyles, modes of production, and beliefs. Social governance faces many challenges such as large differences in ideas, prominent conflicts of interest, difficulties in communication and coordination, and low investment in governance. Work needs to be based on a broader perspective and local realities. Beichuan Qiang Autonomous County Taolong Tibetan Township's "1344" social governance model is a useful exploration.

Keywords: Nation; Mixed Living; Social Governance; Governance Mode

B. 12 The Case Study of Rural Governance in Sichuan Province
Wang Nan, Luo Dan, Li Rong and Li Peng / 212

Abstract: Under the background of rural revitalization strategy, Sichuan province has taken action on different aspects of rural governance, showing different results, among which the actions of different governance subjects have varied. In this chapter, we present the diverse action logic of rural governance in Sichuan from three levels of social organizations, autonomous organizations, and provincial policy actions with four cases of rural women's poverty reduction, comprehensive funeral reform, rural child protection and autonomous organization action.

Keywords: Action Research; Governance Objects; Action Logic

B. 13 Strong Support of Rural Governance Take the Integrated Development of Panzhihua's Agricultural Health Industry as an Example
The Study Group of Sociology Research Institute,
Sichuan Academy of Social Sciences / 237

Abstract: The development of rural industry is the supporting condition for rural governance. This report focuses on the integration and development of the agricultural and recreational industries in Panzhihua City. It starts with the analysis of the resource endowment of rural industrial development in Panzhihua, from the aspects of new rural construction, agricultural infrastructure, rural public services, and agricultural management subjects. The construction of Panzhihua rural society has achieved results. And from the four aspects of promoting green development, integration of agriculture and health, brand building, and forest health, the measures and effects of the integration and development of the agricultural and recreational industries in Panzhihua City are described in detail, and they are guided by planning, policy protection, insurance, personnel training, and projects. Six aspects of support and demonstration drive analyzed its development experience.

Keywords: Rural Development; Industry Convergence; Agricultural and Industrial Integration

V Appendix

B.14   Chronicle of Community Governance for 2018

Li Peng / 253

Postscript   / 259

权威报告·一手数据·特色资源

皮书数据库
ANNUAL REPORT(YEARBOOK) DATABASE

当代中国经济与社会发展高端智库平台

所获荣誉

- 2016年，入选"'十三五'国家重点电子出版物出版规划骨干工程"
- 2015年，荣获"搜索中国正能量 点赞2015""创新中国科技创新奖"
- 2013年，荣获"中国出版政府奖·网络出版物奖"提名奖
- 连续多年荣获中国数字出版博览会"数字出版·优秀品牌"奖

成为会员

通过网址www.pishu.com.cn访问皮书数据库网站或下载皮书数据库APP，进行手机号码验证或邮箱验证即可成为皮书数据库会员。

会员福利

- 已注册用户购书后可免费获赠100元皮书数据库充值卡。刮开充值卡涂层获取充值密码，登录并进入"会员中心"—"在线充值"—"充值卡充值"，充值成功即可购买和查看数据库内容。
- 会员福利最终解释权归社会科学文献出版社所有。

数据库服务热线：400-008-6695
数据库服务QQ：2475522410
数据库服务邮箱：database@ssap.cn
图书销售热线：010-59367070/7028
图书服务QQ：1265056568
图书服务邮箱：duzhe@ssap.cn

卡号：165275941671
密码：

S 基本子库
SUB DATABASE

中国社会发展数据库（下设12个子库）

全面整合国内外中国社会发展研究成果，汇聚独家统计数据、深度分析报告，涉及社会、人口、政治、教育、法律等12个领域，为了解中国社会发展动态、跟踪社会核心热点、分析社会发展趋势提供一站式资源搜索和数据分析与挖掘服务。

中国经济发展数据库（下设12个子库）

基于"皮书系列"中涉及中国经济发展的研究资料构建，内容涵盖宏观经济、农业经济、工业经济、产业经济等12个重点经济领域，为实时掌控经济运行态势、把握经济发展规律、洞察经济形势、进行经济决策提供参考和依据。

中国行业发展数据库（下设17个子库）

以中国国民经济行业分类为依据，覆盖金融业、旅游、医疗卫生、交通运输、能源矿产等100多个行业，跟踪分析国民经济相关行业市场运行状况和政策导向，汇集行业发展前沿资讯，为投资、从业及各种经济决策提供理论基础和实践指导。

中国区域发展数据库（下设6个子库）

对中国特定区域内的经济、社会、文化等领域现状与发展情况进行深度分析和预测，研究层级至县及县以下行政区，涉及地区、区域经济体、城市、农村等不同维度。为地方经济社会宏观态势研究、发展经验研究、案例分析提供数据服务。

中国文化传媒数据库（下设18个子库）

汇聚文化传媒领域专家观点、热点资讯，梳理国内外中国文化发展相关学术研究成果、一手统计数据，涵盖文化产业、新闻传播、电影娱乐、文学艺术、群众文化等18个重点研究领域。为文化传媒研究提供相关数据、研究报告和综合分析服务。

世界经济与国际关系数据库（下设6个子库）

立足"皮书系列"世界经济、国际关系相关学术资源，整合世界经济、国际政治、世界文化与科技、全球性问题、国际组织与国际法、区域研究6大领域研究成果，为世界经济与国际关系研究提供全方位数据分析，为决策和形势研判提供参考。

法律声明

"皮书系列"(含蓝皮书、绿皮书、黄皮书)之品牌由社会科学文献出版社最早使用并持续至今,现已被中国图书市场所熟知。"皮书系列"的相关商标已在中华人民共和国国家工商行政管理总局商标局注册,如LOGO( )、皮书、Pishu、经济蓝皮书、社会蓝皮书等。"皮书系列"图书的注册商标专用权及封面设计、版式设计的著作权均为社会科学文献出版社所有。未经社会科学文献出版社书面授权许可,任何使用与"皮书系列"图书注册商标、封面设计、版式设计相同或者近似的文字、图形或其组合的行为均系侵权行为。

经作者授权,本书的专有出版权及信息网络传播权等为社会科学文献出版社享有。未经社会科学文献出版社书面授权许可,任何就本书内容的复制、发行或以数字形式进行网络传播的行为均系侵权行为。

社会科学文献出版社将通过法律途径追究上述侵权行为的法律责任,维护自身合法权益。

欢迎社会各界人士对侵犯社会科学文献出版社上述权利的侵权行为进行举报。电话:010-59367121,电子邮箱:fawubu@ssap.cn。

社会科学文献出版社